本书为福建省教育科学"十四五"规划2023年度"协同创新"专项课题"认知负荷理论视域下高中语文深度学习课堂模式的建构研究"（课题批准号：Fjxczx23-145）、厦门市高中"提质增效"专项学科带头人课题"指向深度学习的语文大单元教学设计策略研究"（课题批准号：XMXD2023041）的科研成果。

好课多磨

高中语文名篇精品课设计38例

◎ 黄艳明 余倩雯 著

海峡出版发行集团
福建教育出版社

图书在版编目（CIP）数据

好课多磨：高中语文名篇精品课设计38例/黄艳明，余倩雯著. —福州：福建教育出版社，2024.7（2025.9重印）
ISBN 978-7-5334-9946-4

Ⅰ.①好… Ⅱ.①黄… ②余… Ⅲ.①中学语文课－教学设计－高中 Ⅳ.①G633.302

中国国家版本馆CIP数据核字（2024）第080132号

Hao Ke Duo Mo

好课多磨

——高中语文名篇精品课设计38例

黄艳明 余倩雯 著

出版发行	福建教育出版社
	（福州市梦山路27号 邮编：350025 网址：www.fep.com.cn
	编辑部电话：0591-83779615
	发行部电话：0591-83721876 87115073 010-62024258）
出 版 人	江金辉
印 刷	福建新华联合印务集团有限公司
	（福州市晋安区福兴大道42号 邮编：350014）
开 本	710毫米×1000毫米 1/16
印 张	22.5
字 数	332千字
插 页	2
版 次	2024年7月第1版 2025年9月第4次印刷
书 号	ISBN 978-7-5334-9946-4
定 价	59.00元

如发现本书印装质量问题，请向本社出版科（电话：0591-83726019）调换。

序

厦门集美中学黄艳明老师辗转找到我的联系方式，嘱我为其新著《好课多磨——高中语文名篇精品课设计38例》作序，这种信任，当然弥足珍贵。

我与艳明老师相识大约在十年前。其时，我负责为期三年的福建省中学语文名师培养对象高级研修班工作。因此之故，约在2013年秋，我去泉州安溪，看望一中副校长、语文名师培养对象高级研修班学员赵艺阳老师。那时，艳明老师还在安溪一中，他到宾馆看我，送来他刚出版的《高考议论文、记叙文文体高分突破攻略》《审视与建构——中学语文教育之道探索》两本新书。那时他大概三十岁，十分年轻，以那样的年龄，一位中学语文教师连着出版两本书，无论如何总让人刮目相看。

所以，虽是匆匆一面，艳明老师却给我留下深刻的印象。这么好学刻苦的青年，应该不多见。况且他教学成绩骄人，教研成果丰硕，也非仅凭刻苦就能做到。这样想，心下对这位年轻人就格外佩服。

课例研究，是世界各国教师教育研究的一块热土，是教师职前职后教育一个非常有效的教学教研方式。课例，带着丰富与繁杂，带着实践的现场感与现实感，将诸多角色、诸多关系以及时间空间纠缠到一起。当你不能驾驭它，会觉得它一地鸡毛，甚至浑身是刺，研究它，不知从何下手。一旦熟悉，把握它的特性，就会发现，其中蕴涵着丰富的经验、知识与智慧，呈现出可能的空间，与不可能的约束。因此，课例在表面的繁杂中，自然蕴涵着它自身内在的机理，显示课堂教育实践的结构与运作逻辑。本书中艳明老师与他徒弟余倩雯老师的大量课例，也不同程度体现了课例的这一特点。

以第8篇《咬文嚼字莫辞劳，斟酌涵泳兴味长——〈故都的秋〉教学课例》为例，艳明老师课前设计了"前置任务"：

> 最近，厦门市东坪山水库周围栽种的落羽杉悄然披上了红妆，一树树深红如火，在如洗的碧空之下，在演漾的绿水之间，尤显壮美。一些游客被吸引而至，拍照上传朋友圈，"厦门秋光"话题竟登上热搜。青春不应只在那学校的四围天空之下，胜景不能只存于书本描绘的天地之中，有感于此，语文老师遂布置了一项周末秋游作业——"采撷厦门秋光，书写鹭岛秋韵"活动。活动任务有：（1）选择厦门的某座山或某处公园，拍摄你所见的美景，选择其中具有较浓秋意的照片来发布朋友圈；（2）为这些照片，在贵朋友圈中，写上一段描述性的文字片段，可摹写风景，可书写怀抱，字数100—200字。

显然，老师考虑到南国厦门学生的生活环境，考虑到今天学生对秋的情感体验实际，是想以此链接学生与文本。这样安排，就是照顾到教育对象与教育环境因素的内在特点。

艳明老师在设计"学习活动一：从来少年负壮气，敢与前哲试争锋——写景文段大PK"时，用意大概一在调动学生阅读积极性，二在助学生以"写"悟"读"，三在设法消除学生畏惧写作的心理。

> 要与郁达夫PK写景文段，为公平起见，我们选出几位总评为A⁺的同学出列参赛。而郁达夫为故都五幅秋光图配了五段文字，我们也择取其着墨最多、用力最深的"破屋秋晨图"所配文字进行PK。

果然，当艳明老师问"哪位同学敢先揭此英雄帖"时，课堂出现了老师期待的结果：

诸生纷纷表示：非曰能之，愿学焉。

从这段设计及后来的课堂效果可见，教学环节设计的合理性，往往来自特定的"现场"，而不是理论教条。

再比如，艳明老师"阅读思考"的设计，就不是简单听从专家所谓"平等的首席""助学者（facilitator）"。老师在这里，既有"点拨"，也有"讲解"，并不受理论的俗规约束。

"皇城人海"与"一椽破屋"，前者"皇城"乃富丽堂皇之地，"人海"乃人声鼎沸、人潮如织的繁华之所；而后者，一椽破屋，一爿小屋，破败不堪，远离喧嚣的灯火阑珊之处。作者为什么不往富丽繁华深处行，反而偏向萧索落寞处栖隐呢？

这是因为，作为课堂教育实践者，艳明老师清楚，教学（育），不仅受空间的约束，同时不可避免也受时间的限制，"无休止地等待"学生阅读、体悟与探讨，实际上是教学实践不可能支付得出来的时间成本。所以，艳明老师虽设计"阅读思考"，推动学生主动学习，合作学习与探究学习，但是，他知道，时间并非无限宽裕。

在后面"点拨启悟"环节，艳明老师说：

二者形成了鲜明的对比。以皇城的富丽、繁华、喧嚣，反衬出破屋的破败、萧索、落寞。这种有悖于常人的选择，其一，可能跟其忧郁的个性有关，阅读郁达夫的其他作品，苦闷、彷徨、压抑，甚至精神上的病态、变态是其作品的主题。其二，这种个性影响作者对北平秋意的记忆，就集中定格在"清""静""悲凉"的意韵上。因此，这"清""静""悲凉"不仅影响了作者对故都秋景的选择，比如这里的一椽破屋，而且也是故都北平的秋在作家意念上的总投影，它构成了文章的基调和底色。

可见，在学生完成应该和可能的阅读、思考与探究之后，老师应走到前台，进行讲解与范读。

这一设计的合理性，应该由"现场"的学生评断，由这个班长久以来形成的学生语文学习气氛评断，由学生与艳明老师之间形成的师生关系状态评断。如果一切教学、评价都是"公平的"，都是"民主的"，都是"认真的"，那我想，这样的要求就不算过分吧。

这就是艳明老师与他的徒弟余倩雯老师带来的案例提供给我们学习、研究的价值。

就像理论总有局限一样，不要苛求案例。每个人阅读，都会发现案例中存在"自己认为的"不足，甚至错误。这不需要大惊小怪，这是案例的多元性与丰富性特点决定的。

每个老师都这样严肃对待自己的专业活动，每个老师都这样珍惜自己的思维成果，教师队伍专业素质的提升，就不仅仅是可期的，也是实在的。这是艳明老师与他的徒弟余倩雯老师提供的这些案例给我们的启示。

鲍道宏

2023年4月16日于福州旗山望月斋

（鲍道宏，华东师范大学教育学系毕业，教育学博士，福建省地方课程建设专家委员会委员，厦门一中课程发展与规划首席专家，曾任福建教育学院教授，福建省中学语文名师培养对象高级研修班负责人，福建省中学、小学语文学科教学带头人培养对象高级研修班首席专家）

目 录

1. 以词入画探技法，词画互证窥笔意
   ——《沁园春·长沙》(上阕)教学课例/1

2. 一隅当以三隅返，新诗品鉴有良方
   ——《峨日朵雪峰之侧》教学课例/8

3. 择视角，揽叙事洞天；控节奏，体张弛法度
   ——《百合花》教学课例/19

4. 欲借杜康浇块垒，敢效周公匡社稷
   ——《短歌行》教学课例/31

5. 栖隐岂是平生志，朴拙恰为诗之风
   ——《归园田居（其一）》教学课例/40

6. 曰"仙"云"圣"为哪般？品"仙"论"圣"道非凡
   ——《梦游天姥吟留别》《登高》联读教学课例/50

7. 惟有破得彻底，方能立得坚定
　　——《拿来主义》教学课例/61

8. 咬文嚼字莫辞劳，斟酌涵泳兴味长
　　——《故都的秋》教学课例/68

9. 删减调换莫作等闲看，笔意技法应以慧心观
　　——《我与地坛》（第一节）教学课例/76

10. 梳意脉，须辨"她"与"我"；细涵泳，当论"形"与"意"
　　——《我与地坛》（第二节）教学课例/84

11. 千古聚讼论未休，百端求证意难足
　　——《赤壁赋》教学课例/94

12. 你问我答春风熏乎，彼"哂"此"与"师道大矣
　　——《子路、曾皙、冉有、公西华侍坐》教学课例/102

13. 行王道应重次第之序，施仁政当收内外之效
　　——《齐桓晋文之事》教学课例/111

14. 欲识庖丁解牛意，须共庄生逍遥游
　　——《庖丁解牛》教学课例/119

15. 笔底风云出我辈，外交争锋仰古贤
　　——《烛之武退秦师》教学课例/129

16. 走进历史现场，激活经典演说

——《在〈人民报〉创刊纪念会上的演说》教学课例/138

17. 重复别具匠心，叙事自有洞天

——《祝福》教学课例/147

18. 理足气盛辩护新政，"名"正行"实"更革旧法

——《答司马谏议书》教学课例/165

19. 复盘文本创作过程，推演作者思维路径

——《六国论》教学课例/178

20. 须知少年拏云志，曾许人间第一流

——《沁园春·长沙》教学课例/189

21. 宏大叙事下的一朵奇葩

——《百合花》教学课例/196

22. 人生归处是田园，田园深处听波涛

——《归园田居（其一）》教学课例/204

23. 梦不出心境，旷然成远游

——《梦游天姥吟留别》教学课例/212

24. 琵琶一曲肠堪断，伤人伤己更伤时

——《琵琶行》教学课例/220

25. 困顿人生中的生命诗意
　　——《念奴娇·赤壁怀古》教学课例/228

26. 以心抗世，以笔唤天的至情之语
　　——《声声慢》教学课例/235

27. 置身自然之景，细品心灵之秋
　　——《故都的秋》教学课例/243

28. 泰山顶峰的精神突围
　　——《登泰山记》教学课例/251

29. 置身外交情境，领略游说艺术
　　——《烛之武退秦师》教学课例/258

30. 审视"文本罅隙处"，巧解"匠心密码锁"
　　——《鸿门宴》教学课例/266

31. 一书何令天堑化坦途
　　——《谏逐客书》教学课例/272

32. 缱绻儿女情，纵横英雄气
　　——《与妻书》教学课例/280

33. 是谁打开了地狱之门？
　　——《祝福》教学课例/288

34. 破套而出，何以可能？
——《装在套子里的人》教学课例/296

35. 满纸荒唐语，一掬辛酸泪
——《促织》教学课例/303

36. 故作惊人之语，积忧成愤作谏书
——《阿房宫赋》教学课例/311

37. 灰烬深处仍有余温
——《六国论》教学课例/321

38. 再探蜀道之"难"，体悟李白之"心"
——《蜀道难》教学课例/330

后记一　主动成为一个自觉而深刻的"内自讼者" /黄艳明/338

后记二　三十而立，繁星不怕被看作流萤/余倩雯/344

＊第1—19个课例由黄艳明设计、撰写，第20—38个课例由余倩雯设计、撰写。

1. 以词入画探技法，词画互证窥笔意

——《沁园春·长沙》（上阕）教学课例

【前置任务设计】

师法《沁园春·长沙》的笔意技法，创作一幅插图。要求：擅画者力求形似，尽量再现毛主席笔下湘江秋景图的景观；不擅画者追求神似，力求体现毛泽东同志的青年壮怀。

【教学过程】

一、情境导入

在学习《沁园春·长沙》之前，我们布置了一个前置任务，请同学们师法《沁园春·长沙》的笔意技法，为本篇课文创作一幅插图。有同学说自己不擅画画。其实，不论擅画与否，或取其形似，或取其神似，皆可放手创作。今天收到同学们的插图作品，发现这些作品天然分为两派：一为写实派，此是擅画者所为，他们追求形似，"名公绎思挥彩笔，驱山走海置眼前"；一为写意派，此是不擅画者所为，他们追求神似，"意足不求颜色似，前身相马九方皋"。两派同学，都有精彩表现。

二、学习活动一：由词入画，观其技法——写实派的构图技法借鉴

我们先来欣赏几位写实派小画家的优秀作品，这几张作品，展现了这

几位同学良好的美术功底。他们都没有到过湖南长沙的橘子洲，仅由词境展开想象来作画，能画出这样的作品，已殊为难得。

师：天地有大美，描摹何其难。不论是作词，还是作画，都有章法可循。我们请这几个同学，谈谈如何从毛泽东同志的词境汲取灵感，进行创作。首先请许同学来谈谈创作心得。

（一）关于意象选取

生：一方山水，百态千姿，我首先找出毛泽东词中的典型意象，把这些意象组合成图。

师：具体意象有哪些？

生：万山、层林、漫江、百舸、鹰、鱼。

师：你在处理这些意象，有没有遇到什么困难？

生：处理这些意象，极富挑战。有万山、层林、漫江之大、之多，又在鹰、鱼之小、之少；有鹰击长空之至刚，有鱼翔浅底之至柔。

师：分析得不错。这些意象，充斥着大与小、多与少、刚与柔的两极对立。但你有没有想一下：词人为什么会选取这些两极对立但又统一协调的意象来构图？

[点拨启悟] 多元乃生物繁荣之奥秘。参差多态才构成世界的洋洋大观。正是这些充满大与小、多与少、刚与柔等看似矛盾的意象，构成了充满生机、气韵生动的广袤世界。

（二）关于构图艺术

1. 关注视角变化。

师：这些极富两极对立的意象，你是如何组合成图的？毛主席的词作给你怎样的启示？

生：我们关注到毛主席在词中构图，涉及视角的变换。

纵：鹰、鱼。　　　　　横：万山、层林、漫江、百舸。

远：万山红遍，层林尽染。　近：漫江碧透，百舸争流。

上：鹰击长空。　　　　　下：鱼翔浅底。

师：词人从纵横、远近、上下的维度为我们呈现一幅怎样的画面？这

1. 以词入画探技法，词画互证窥笔意
——《沁园春·长沙》（上阕）教学课例

样的画面境界，我们画出来了没？

学生摇头。

[**点拨启悟**] 纵横、远近、上下，几个维度，在词作中，其实拓展了、深化了湘江秋景图。远近亘无边，纵横无其极，虽是短短几十字，尺幅寸笺之间，毛主席以其雄深之笔，便为我们营构一幅广袤无边、纵横无极的画面。

2. 关注颜色设置。

师：在毛主席笔下，主要用到什么颜色？你的图画，是否严格按照这些颜色进行着色？

生：在这首词中，主要运用红、碧两种颜色。但我在作画时，为了画面的完整，我多着了几种颜色。

[**点拨启悟**] 该同学的处理是正确的。古人着墨，往往以少写多。两个色彩艳丽的颜色，其实暗指姹紫嫣红、明媚多姿的世界。从颜色上，词人给我们呈现了一个色彩明丽的世界。所以，我们在设色时，不必拘泥于两种颜色，但选择的颜色必须以明丽为主。

3. 关于动静。

师：山川胜景多是静态的。但太静则易给人沉寂之感。我看你空中的鹰、水中的鱼，点染几笔，便有几分生气。所以，你这是借鉴毛主席词作中什么笔法？除了鹰、鱼之外，还有哪些意象也运用这种手法？

生：动静结合。静——万山红遍、层林尽染、漫江碧透；动——百舸争流、鹰击长空、鱼翔浅底。

师：这位同学分析得很到位。但要关注到你所分析的静景里，也都用了极富动态的词。那么，为什么要用这种艺术手法呢？

生：让整幅图极富艺术的张力，极富生命的奋发力。

4. 因点及面，由实入虚。

师：在毛主席笔下，湘江秋景图，如果只运用了山、林、江、舸、鹰、鱼等意象，这几个意象足以构成一幅完整的图吗？你又怎么处理？

生：一方山水，万千生灵栖息于此，肯定不止这几种意象。

师：那你觉得毛主席的这幅画里，仅用了这几种意象，画面格局会不会很窄？

生：毛主席在这些具体的意象之外，还有这一句词：万类霜天竞自由。这一句，进一步拓展、丰富了画面的空间。

[点拨启悟] 毛主席的笔下，万山、层林、漫江、百舸、鹰、鱼，画面里的一个个"点"，是实写。但画面的拓展并不止步于此。从一个个实写的"点"，蹈实入虚，升级到"万类霜天"的"面"。因点及面，蹈实入虚，一下子拓开了整幅画的气象、格局，为我们展现了一幅明丽、纵横无极、大气象、大格局的画面。

三、学习活动二：由画悟词，体其诗心——写意派的笔意借鉴

宋代诗人陈与义说："意足不求颜色似。"有的同学虽不擅长画画，但他们细品词境，细体诗心，粗糙而不失豪放的线条，张扬而热烈的画风，大开大合的画面布局，也颇有几分展现毛主席大气象、大格局之画意。我们请写意派的几位小将来谈谈他们如何从毛主席的词作中受到启发而进行创作的。

（一）关注修饰词

生：我们在作画时，关注到毛主席填词，所用词语似乎是简单而又粗糙。山是"万"山，且都红"遍"，林是"层"林，且都"尽"染；江是"漫"江，且都碧"透"，舸是"百"舸，尽都"争"流。

师：关注词人笔意壮怀的同学，有一个很有意思的发现。确实，与以往我们读词经验很不一样，毛主席用语确实不精致、不细腻，虽看似粗糙，读来却有豪迈高蹈之气魄。

北师大教授王宁说："一千一万座山要红就要红个遍，一层层的树林要染就一丝不剩地尽染，漫江的水要碧蓝就蓝个透底……"正是这样的铺排蓄势，才有紧承而来的那句"万类霜天竞自由"，才能由点及面，蹈实入虚，给我们呈现自然界这一幅彻底的自由之态、奋发之状的湘江秋景图。

（二）关注诗人意

师：这样大气象、大格局的画面，其背后包蕴的是词人青年壮怀之大

1. 以词入画探技法，词画互证窥笔意

——《沁园春·长沙》(上阕) 教学课例

抱负、大胸襟。而词人能具有这样的雄浑大气的艺术掌控能力，恐怕与他的大抱负、大胸襟有莫大关系。上阕结句，同学们有没有发现，一"怅"一"问"，如虬飞蠖动，似笔阵纵横，极有天地之壮怀。那么，词人在饱览湘江天地之胜景，因何而"怅"，又"问"了什么？

1. 何以"怅"：天地胜景在眼前，诗人何事起惆怅？

[**点拨启悟**] 江天如此辽阔，万类如是自由，自然界如此生机勃勃。而人世间呢？此词作于 1925 年秋天。1925 年的旧中国是一种怎样的情状，学过近代史的同学，应该都熟悉，无须老师赘言。我姑且列举鉴湖女侠秋瑾《如此江山》的只言片语，让同学们感受一下身处旧中国的文人心里何其苦闷。

[**PPT 投影展示**]

> 外侮侵陵，内容腐败，没个英雄作主。天乎太瞽！看如此江山，忍归胡虏？豆剖瓜分，都为吾故土！
>
> ——秋瑾《如此江山》

如此江山，豆剖瓜分，每一个有家国之怀的人，岂能坐视，焉能无感？所以，你能理解并体会词人"怅寥廓"的深沉厚重与慷慨激昂吗？"怅"之愈深沉，感慨就越激昂，情感就越澎湃，情怀就越宏大，也才有紧随而来的千古一问。

2. "问"什么：千古一问，谁主沉浮？

师：九十多年前，一个伟人，伫立在湘江之畔，目睹岳麓秋光的盛景，发出了"怅寥廓，问苍茫大地，谁主沉浮？"的千古一问。如词人所问，大好河山，谁主沉浮？请诸君畅言之。

生₁：自古及今，前仆后继的仁人志士。

生₂：抛头颅、洒热血的英雄豪杰。

生₃：人民是历史的创造者，是广大人民。

生₄：少年强则国强，青年是国之未来，是热血青年。

[点拨启悟] 同学们的说法各有道理。但现在，我想请大家关注一个人物角色，那就是词人自己。在这"谁主沉浮"的千古一问中的"谁"，有没有可能指自己？或虽也包含其他人，但"自己"是责无旁贷的最主要的那个人？

[PPT 投影展示]

孟子去齐，充虞路问曰："夫子若有不豫色然。前日虞闻诸夫子曰：'君子不怨天，不尤人。'"曰："彼一时，此一时也。五百年必有王者兴，其间必有名世者。由周而来，七百有余岁矣，以其数则过矣，以其时考之则可矣。夫天未欲平治天下也，如欲平治天下，当今之世，舍我其谁也？吾何为不豫哉？"

——《孟子·公孙丑下》

两千多年前，当孟子离开齐国的时候，有学生问他为什么不高兴，孟子说："五百年必有王者兴，其间必有名世者。"五百年必能出现一个能行王道、施仁政、平治天下的人。而现在，从时间上推算，已远超五百年了，这样的人该出现了。这个人会是谁呢？孟子认为，"当今之世，舍我其谁"。

师：同学们试着思考一下，毛泽东在发此一问的时候，有没有一种可能，也怀着一如孟子"舍我其谁"的大抱负、大胸襟？

[点拨启悟]

子曰："当仁，不让于师。"
子曰："志士仁人，无求生以害仁，有杀身以成仁。"

——《论语·卫灵公》

保国者，其君其臣肉食者谋之；保天下者，匹夫之贱与有责焉耳矣。

——顾炎武《日知录·正始》

1. 以词入画探技法，词画互证窥笔意
——《沁园春·长沙》（上阕）教学课例

毛泽东所处的时代，虽说西学东渐，但毛泽东所受的教育，更多的还是中国传统的教育。古代文人读书的终极目的是什么？修齐治平，即修身齐家治国平天下。许身家国、匡正天下，是古代读书人的梦想，孔子有"当仁不让"的说法，孟子有"舍我其谁"的抱负，历代贤士有"拯大厦于将倾，解黎民于倒悬"的志向。因此，我们也同样有理由相信，毛泽东在发此一问的同时，有号召、呼吁的意味，而他自己，也必是一个未曾缺席、不容忽视的重要角色。

四、小结

朗吉弩斯说："崇高是伟大心灵的回声。"咫尺应须论万里，毛泽东将天地"驱山走海置眼前"，以大手笔，营构了一幅充满生机、充满自由的具有大格局、大气象、大境界的楚国山水图。而词人能具有这样的雄浑大气的艺术掌控能力，恐怕与其这一份许身家国、舍我其谁的大抱负、大胸襟有莫大关系。正是有这一份大抱负、大胸襟，才能领略得到这样雄浑大气的天地大观。古人云："诗言志，歌永言。"良有以也。

五、板书设计

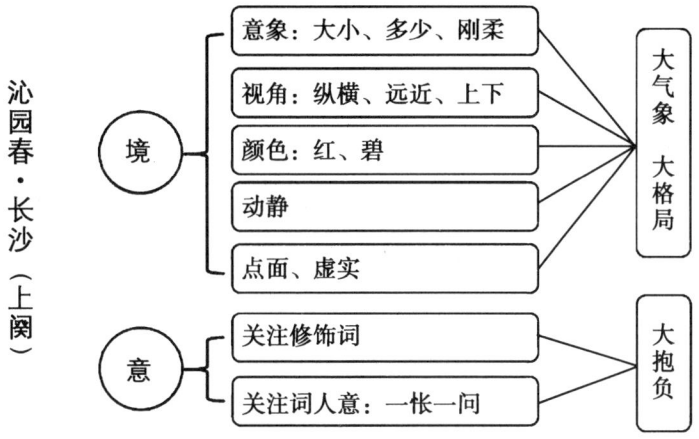

2. 一隅当以三隅返，新诗品鉴有良方

——《峨日朵雪峰之侧》教学课例

【前置任务设计】

1. 汇编、出版班级新诗集《新诗语》。成立《新诗语》编委会；发动全体同学人人荐诗、写推荐语；设计版式，编辑成册；发动家委，印刷出版。

2. 召开新诗品鉴会。环节：编委会成员畅谈编辑《新诗语》背后的故事与心得；新诗朗诵；新诗品鉴、交流。

【教学过程】

一、情境导入

我们班编辑的新诗集《新诗语》已近尾声，即将付梓。老师手中这一沓厚厚的书册，就是《新诗语》的样稿。这两周来，编委会的同学们从发动全体同学荐诗、写推荐语，到版式设计，再到编辑成册，做了很多的工作，付出了很多的努力，在此，老师提议，让我们用热烈的掌声向他们致以诚挚的谢意。感谢你们，也祝贺你们！

《新诗语》出版之日，就是我们新诗品鉴会召开之时。这几天，陆续有一些同学向老师咨询一个共同的问题：如何去品鉴一首新诗。很多同学

对此很茫然,因为同学们从小读多的、读惯的是古典诗词,大家熟悉的古诗词品读的方法与手段,似乎全然不适用于新诗。到底该如何去品鉴一首新诗?其实,这个困惑,并不是同学们独有的问题,而是新诗从诞生之日起乃至发展到今天一直困扰诗坛与学界的问题。相较于成熟的传统诗歌而言,中国现代新诗的百年历程,依然难掩其尴尬之处,即新诗至今尚未能完全找到一种足以与传统文言表达分庭抗礼的全新话语逻辑与成熟言说范式,而且,不同个性的诗人,极具个人化的表达,让新诗一直处在一种动荡的变化之中。这种动荡变化,给新诗的品鉴带来极大的困难。

不因困难而止步,方法总比困难多,这是我们历来的态度。今天,老师就以《峨日朵雪峰之侧》为例,带领同学们去认识新诗,品读新诗,也为同学们提供一些品读的角度、方法或路径,希望能给同学们打开一扇窥见新诗堂奥的窗。

二、学习活动:新诗的特征与品鉴的角度

(一)诉诸感性:诗歌的跳跃性与非逻辑性

这首诗一共由5组或长或短、进行分行的句子组成。老师在品读之时,突发奇想,对这首诗的语序进行了变动。大家比较一下这两首诗,在没有改动文字,而只对语序进行调整之后,两诗有什么不同?其诗歌品质或诗歌的韵味、内涵是否依然保持一样?或者你觉得原诗与改诗哪一首更好?为什么?

峨日朵雪峰之侧(原作版)

③这是我此刻仅能征服的高度了:

④我小心地探出前额,

惊异于薄壁那边

朝向峨日朵之雪彷徨许久的太阳

正决然跃入一片引力无穷的

山海。②石砾不时滑坡,

引动棕色深渊自上而下的一派嚣鸣,
像军旅远去的喊杀声。
①我的指关节铆钉一样揳入巨石的罅隙。
血滴,从撕裂的千层掌鞋底渗出。
⑤啊,真渴望有一只雄鹰或雪豹与我为伍。
在锈蚀的岩壁,
但有一只小得可怜的蜘蛛
与我一同默享着这大自然赐予的
快慰。

峨日朵雪峰之侧(改后版)

①我的指关节铆钉一样揳入巨石的罅隙。
血滴,从撕裂的千层掌鞋底渗出。
②石砾不时滑坡,
引动棕色深渊自上而下的一派嚣鸣,
像军旅远去的喊杀声。
③这是我此刻仅能征服的高度了:
④我小心地探出前额,
惊异于薄壁那边
朝向峨日朵之雪彷徨许久的太阳
正决然跃入一片引力无穷的
山海。
⑤啊,真渴望有一只雄鹰或雪豹与我为伍。
在锈蚀的岩壁,
但有一只小得可怜的蜘蛛
与我一同默享着这大自然赐予的
快慰。

2. 一隅当以三隅返，新诗品鉴有良方
——《峨日朵雪峰之侧》教学课例

师：首先，第一个问题，比较一下原诗与改诗，同学们发现了什么问题？二诗有何不同？

生：老师的改后版似乎更合乎攀岩的顺序——时空之序与心理之序：①句先写登山之难；②句写登山导致的石砾滑坡，以石砾滑坡的嚣鸣再衬托登山之不易；③句写诗人历经之前的百般艰苦，终至力所能及的高度；④句写身在高处所见的夕阳西下的壮阔场景；⑤句写登临高处的情感体验。而诗人的原作，似乎不讲逻辑，不按我们常识中认可的顺序进行创作。

师：非常好。该同学发现了新诗一个显著的特征，那就是不讲逻辑，即非逻辑性的。如果我们把改后的顺序标上序号，那么按照常情常理，写作的顺序应该是：

①→②→③→④→⑤

而诗人的写作顺序却是：

③→④→②→①→⑤

师：老师把诗歌的顺序调回大家认可的合乎常理常情的顺序，这样改后的作品，有没有超越原作，变得更好？

生：没有。

师：那为师就奇怪了，这首无序的、非逻辑性的诗歌，何以能更好？

生：细品两诗，还是觉得原诗更有诗味，更有让人震撼、触动的空间，更有让人回味的空间。

师：那我们以后写诗是不是可以先按正常顺序写出，再随意打乱顺序，然后就成了一首诗？

生：应该不能。

师：是的。当代新诗虽以非逻辑性为重要特征，但这并不意味着我们就能随意用打乱语序的方式来作诗。心有敬畏，心怀诗意，始可与言诗，始可谈作诗。闲言不叙，我们回到本诗。诗歌的非逻辑处理，不是目的。那诗人这般处理目的何在？我们且来看看，诗人将哪些语序调到了前面？为什么要这样调序？

[点拨启悟]

诗人将③"这是我此刻仅能征服的高度了"放置最前。这是攀岩的结果。结果置前，而后谈登山之难，有类于小说中的倒序，设置了悬念，吸引读者的阅读兴趣。

紧随③之后，诗人并没有回到攀岩的常序上，来告诉我们这一路攀登而来的艰难。紧随其后的是④②。诗人迫不及待地想要跟我们分享，他登临高处的所见与所闻。在这绝壁之上，在这人力所能达到的最高点，诗人探出前额，看到的是这幅景象："朝向峨日朵之雪彷徨许久的太阳/正决然跃入一片引力无穷的/山海。"这是诗人身处雪峰之巅，在万山之上，所看到的天地之大观。夕阳西下这一寻常之景，在诗人独有的位置和独有的视角下，在高耸的雪峰的参照之中，在万山丛的衬托之中，被诗人渲染得气象雄浑，光辉灿烂，瑰伟奇崛，震人心魄。

在领略完视觉上的大观之后，诗人又急切地与我们分享听觉上的雄澜。②"石砾不时滑坡/引动棕色深渊自上而下的一派嚣鸣/像军旅远去的喊杀声"，攀岩时踩掉的石砾，其一路坠入深渊幽壑的声音，石头的深坠，音响的叠加，万山的回响，交织而来，就有如千军万马气壮山河的喊杀声。小时候，老师也常爬山，也有踩到石头而致石头下坠的情形。石头下坠，愈下愈急，声音迅急而猛烈，以及所引起的万山的绵延回响，着实有惊心动魄之感。

诗人为什么要摒弃常理常情中的顺序，至此，我们应该明白了，诗人以这种非逻辑处理方式，实是想把他在万山之上所看到的视觉上的天地大观、听觉上的音响雄澜先分享给我们，想把他在雪域之巅所领略到的震撼之情先告诉我们。诗人不惜越过逻辑，任由感性情感喷发，将最直击其内心、最具震撼的所见之景、所闻之声，诉诸视觉与听觉的描摹，直呈于我们面前。诗歌是想象的艺术，在诗人具有强烈画面感的描摹下，我们有如身临其境一般，与诗人一起看，一起听，一起领略这份震撼。

刘熙载在《艺概》中说："大抵文善醒，诗善醉，醉中语亦有醒时道不到者。"严羽亦云："诗有别材，非关理也；诗有别趣，非关书也。"不

2. 一隅当以三隅返，新诗品鉴有良方
——《峨日朵雪峰之侧》教学课例

求逻辑，以收无理而妙之功，古诗亦有，而新诗尤重，于本诗可见一斑。

（二）诉诸语言：诗家语

诗歌是语言的艺术。故诗歌的语言，应是超越于其他文体的更精粹的语言，故诗有"诗家语"一说。

[问题提出] 本诗中，你觉得有哪些"诗家语"运用得新颖、独到，让你一瞥即惊艳，细品又耐回味的？

[点拨启悟]

1. 情态词的运用。

比如，写西下的夕阳，"朝向峨日朵之雪彷徨许久的太阳/正决然跃入一片引力无穷的/山海"。面对峨日朵之雪的圣洁，本应西下的夕阳，却因之"彷徨"许久；而面对"引力无穷的山海"，夕阳又复"决然"跃入。两个情态词的运用，赋予了夕阳以人的情态，写尽夕阳在"峨日朵之雪"与"引力无穷的山海"之间的两难选择与矛盾争斗，让本是寻常的夕阳西下的景观，趣味盎然，摇曳生姿。

2. 动词的运用。

比如，写夕阳西下，诗人用"跃入"一词，夕阳"跃入"山海，有如跳水健将，以完美之姿跳入泳池一般，既有人的动态之美，又极富画面感，形象而生动。比如，写攀岩，"我的指关节铆钉一样揳入巨石的罅隙"，"揳入"一词，本是写木工把楔形之物用强大的外力插入或捶打到物体里面，这里用这个词，极写攀岩之难，而人力之坚韧。

3. 颜色词的选用或暗示。

诗中直接描写颜色的词不多，但有关颜色的暗示则处处可见。直接写颜色的，有一处，即以"棕色"修饰"深渊"，这一颜色词的运用，大胆奇特，但细加回味，又是何等妥帖准确。试想，万山之间所形成的幽壑深谷在暮色的晕染之下，就像是一个无底的深渊，呈现出独特的棕色，给人以视觉上的威压与震撼。

而有关颜色的暗示则比比皆是。峨日朵雪峰之洁白，夕阳的光辉灿烂，天空之湛蓝，岩壁之锈蚀乌黑，加之幽壑深谷所形成的"棕色深渊"，

这是一幅何等壮丽的雪山夕照图啊。

4．多种修辞的运用。

写"彷徨许久"的夕阳，用了拟人的手法；写石砾滑坡的嚣鸣，"像军旅远去的喊杀声"；写指关节，像"铆钉一样"用了比喻；"揳入巨石的罅隙"则不免略有夸张。短短的篇幅之中，综合运用了拟人、比喻、夸张等手法，形象生动，具有浓烈的画面感。

（三）诉诸节奏：诗人的心绪意脉与节奏同构

诗之与小说、散文的大不同，即诗歌的灵魂在于韵律与节奏。作为人类最精致的语言形式，杂沓紊乱的言说永远与诗歌绝缘。一首优秀的诗歌，浅陋者或许看到的只是回车键所带的分行，而诗评家看到的是分行背后诗歌的节奏。

我们请班级几位朗诵高手为我们朗诵一下本诗，请注意把握诗歌的节奏。

[**同学朗诵展示**]略。

[**教师评点**]几位同学的朗诵，字正腔圆，节奏准确。但是，佳则佳矣，似乎少了些许灵魂。老师年轻时，也曾作过诗，也曾混迹于一些诗歌朗诵会的现场。当年，有一些诗人朋友，普通话可能不那么标准，但是，当他朗诵自己的作品，他的作品仿佛有了生命一般，绽放着光芒。我那时才恍然明白，惟有与情感深度契合的节奏，才能读出诗中的灵魂。而分行，往往是诗人想要通过这种方式告诉我们诗的节律。我们的同学刚才所读，看似完美，实则与作品相疏离。究其原因，就是尚不能以我心契诗心，故于节奏的把握，能做到准确，却失了个性，少了韵味，缺了灵魂。老师不擅诵读，故亦有自知，不敢在此作诵读示范。但从刚才同学的诵读中，有几处地方，似乎未能深切明白诗人的苦心孤诣处，诵读的处理，犹有值得商榷的地方。

[第一处]

朝向峨日朵之雪彷徨许久的太阳

2. 一隅当以三隅返，新诗品鉴有良方
——《峨日朵雪峰之侧》教学课例

  正决然跃入一片引力无穷的
  山海。石砾不时滑坡，
  引动棕色深渊自上而下的一派嚣鸣，
  像军旅远去的喊杀声。

  "朝向峨日朵之雪"宜读出向往、崇敬之感。"彷徨许久的太阳"宜读得舒缓，有留恋之意。而"决然跃入"则宜读得决绝、果断。

  [问题提出]此处，最不好处理的当属在这一组长句之后仅以两字就单独分行的"山海"。而"山海"却又不独立成行，连接了石砾滑坡所引发的嚣鸣的场景。诗人为什么要这样处理？

  [点拨启悟]

  1. "山海"二字，为何单独分行？

  诗歌是一种想象的艺术，我们朗诵时，要借助诗行，插上想象的翅膀，去回溯诗人此时所处的情境与心态。诗人此际，独立高山崖壁之上，天地大观尽收眼底。而此时，夕阳西坠的场景正撞入他的眼帘。那一轮贪恋雪峰胜景的夕阳，在"彷徨许久"之后，终于"决然跃入"了那一片万山丛中。万山汇聚如海，是何等磅礴壮观的场景，比之于孤耸于万山之中"峨日朵之雪"，必是另一番让人难以抗拒的天地大观。在峨日朵雪峰与汇聚如海的万山丛之间，在两种胜景抉择间，虽曾在两难间徘徊，但最终亦在两者中作了决断。所以，诗人将"山海"二字，单独成行，应是有深意，他或许想让我们在神往"峨日朵之雪"胜景的同时，亦能细品这万山成海的大观。故"山海"二字，单独成行，亦应读得沉醉悠长。

  2. "山海"二字，为何单独分行，却又不单独成行？

  在前面我们分析新诗的非逻辑性特征时，提到诗人不惜违背常规的写作顺序，而要把"视觉"之所见，与"听觉"之所闻，放置到前面。其原因在于，诗人急切地想将他在万山之上所看到的视觉上的天地大观、听觉上的音响雄澜先分享给我们，想把他在雪域之巅所领略到的震撼先告诉我们。这种天地大观给诗人的震撼太过于强烈，所以，他的这种急切、迫

15

切，体现在内容上，视觉、听觉优先置于其他内容之前，而不计逻辑之有无；体现在分行上，诗篇从视觉走向听觉，诗人干脆在此加强了此二觉的"紧密度"，不作分行的处理。

［第二处］

　　啊，真渴望有一只雄鹰或雪豹与我为伍。
　　在锈蚀的岩壁，
　　但有一只小得可怜的蜘蛛
　　与我一同默享着这大自然赐予的
　　快慰。

诗人似乎喜欢在一组长句的堆叠铺叙后用极短的词语，与前文单独断开成行，如之前的"山海"，以及此处的"快慰"。在万山之上，在岩壁之巅，诗人想要将他领略到的天地大观，以及内心所受的震撼，与人分享。但是，在这天地孤绝处，雄鹰或雪豹亦敛踪无迹，惟"有一只小得可怜的蜘蛛"，能登临此地，与我共享。所以，这里单独成行的"快慰"，有领略奇绝的快意与满足，有与微小生灵如蜘蛛一起共享的欣慰与喜悦，故"快慰"二字，承载诗人丰富的情感，宜读得舒缓、陶醉、自得。

［小结］现代新诗的节奏往往与抒情主人公的心绪意脉起伏构成了某种深度契合与微妙同构。现代诗的节奏形式，多以分行的形式出现。品读新诗，尤其要注意诗歌分行中的特异之处，因为其中，常常就是诗人的心绪微妙变化处，是诗人苦心之所在，匠心之所寄，不可忽之。

（四）诉诸矛盾：矛盾冲突下的生命体悟

现当代的新诗，常常会在浅易的白话文表述与深刻的哲理思考之间构建起一种新的艺术张力，给人以启迪、思考。

［问题提出］本诗是一首书写攀岩的诗，篇幅极短，但给人回味的空间极大。那么，这种艺术张力，在本诗中如何体现？或许，这个问题比较抽象。我们换一种表达，即文艺作品中的艺术的张力，往往通过矛盾来体

现，本诗中有没有什么矛盾对立而又统一的关系？

[点拨启悟]

1. 上与下。

西下的夕阳，在处于"上"方的峨日朵之雪与处于"下"方的山海之间，"彷徨许久"；滑坡的"石砾"从"上"方的崖壁向"下"方"棕色的深渊"坠落。诗人身外的空间，似乎都在无可阻挡地从"上"往"下"坠落。但攀岩中的"我"，一任"指关节铆钉一样揳入巨石的罅隙"，一任"血滴，从撕裂的千层掌鞋底渗出"，也依然顽强而坚韧地从"下"往"上"不断攀登。即使是穷尽一切努力，也只达到"这是我此刻仅能征服的高度了"，诗人也并没有停止生命的进一步探索，"我小心地探出前额"，去看这天地之大观，去听这深渊之嚣鸣。这种生命体悟，颇有王维"行到水穷处，坐看云起时"的雅范与风致。

2. 大与小。

诗人登临万山之上，身处崖壁之巅，身处孤绝之境，领略奇绝之景。此时此刻，此情此景，诗人想与"雄鹰或雪豹"为伍，但是现实却是，在这孤峰独峙的崖壁之上，只有一只"小得可怜的蜘蛛"与诗人相伴。"雄鹰或雪豹"代表着大，代表着强；而"蜘蛛"小得可怜，弱得可哀。王弼《周易·明象篇》中有言：

> 夫象者，出意者也；言者，明象者也。尽意莫若象，尽象莫若言。言生于象，故可寻言以观象；象生于意，故可寻象以观意。意以象尽，象以言著。故言者，所以明象，得象而忘言；象者所以存意，得意而忘象。

"象"与"意"在诗人的笔下，本就是物我同构的关系。物象"雄鹰或雪豹"代表着强大，是不是也代表诗人内心的渴望？而物象"蜘蛛"意味着弱小，是不是代表着某种现实，也是诗人的某种写照？强与弱，何尝存在着不可逾越的鸿沟？君且看，在这天地孤绝处，强大如雄鹰或雪豹敛踪无迹，而弱小如蜘蛛，却登临那些强者们所不能达到的最高处。这里，"大"与"小"引发我们对生命的思考。但这种生命的体悟与思考是什么呢？诗人只负责通过意象的对比去呈现它，而不是讲述它。这或许就是诗歌的魅力之所在，它的留白，它的跳跃，需要由读者自己去建构与体悟。佛祖拈花而坐，迦叶会心一笑，以心传心，以心会心，是佛子所尚；读诗亦然。

[小结] 香港浸会大学中文系教授黄子平从这首短诗中读到了对生命的热爱、对生命力的赞颂。老师深表认同。这首诗初读，不过是一首描述攀岩感受的诗；细品，则发现这是一首书写生命体悟的诗。生命，是昌耀诗歌的总主题。呈示生命、体悟生命，是昌耀全部诗歌的根本目的和内在逻辑。昌耀将深刻体验到的生命理念、立场、情感，倾注、融贯到精心选择的生命意象中，雕铸了一幅幅真实而顽强的生命图画。

三、作业设计

新诗品鉴会召开在即，你将获邀在品鉴会发言。请你就你所推荐的名家新诗，写一篇评论、品鉴的文章。不少于600字。

四、板书设计

峨日朵雪峰之侧

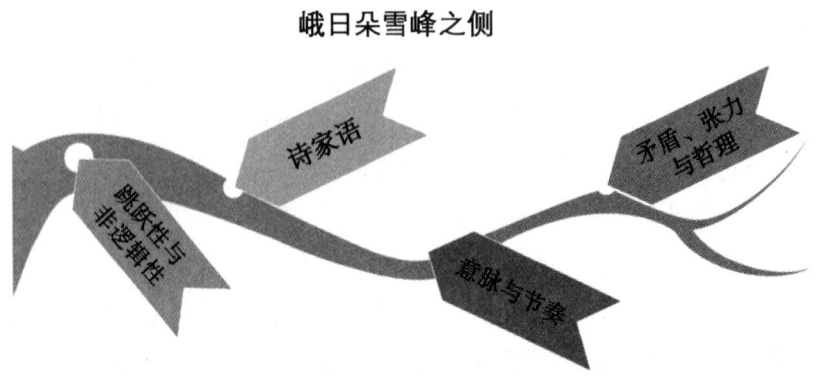

3. 择视角，揽叙事洞天；控节奏，体张弛法度

——《百合花》教学课例

【前置任务设计】

按照传统情节梳理方法，小说后半部分"小通讯员牺牲、新媳妇缝破洞"应为高潮部分。但这种"高潮"与我们习见的情节类小说的"高潮"大不一样。比如，小说避开了宏大的战争场景，不直接叙写英雄人物的壮烈牺牲；又如，这里的情节，只有闲庭信步般的情节推进，没有大开大合、大起大落的紧张刺激感；只有静水流深式的情感表达，没有呼天抢地、狂风骤雨式的情感喷发。小说为什么这样处理？请试析之。

【教学过程】

一、情境导入

我们都清楚，小说情节基本的运行模式是"发生—发展—高潮—结局"。按照这种情节梳理方法，小说后半部分"小通讯员牺牲、新媳妇缝破洞"应为高潮部分。但是，有同学向老师提出质疑，《百合花》这部分的内容，怎么能算高潮呢？小说的高潮，应该是叙述小通讯员如何与敌人英勇战斗，如何壮烈牺牲，应该重点描述宏大的战争场景，重点塑造可歌可泣的战斗英雄，而不是聚焦于后方——包扎所的鸡毛蒜皮与儿女情长。

确实，作品这样的处理，与大家认知经验中的高潮很不一样。大家认为的高潮，应该是矛盾冲突发展到最尖锐、最紧张的阶段，是各种要素如各类角色的命运、各种内外矛盾、各方的博弈等汇聚一处，产生激烈冲突与碰撞的瞬间。

同学们有这样的认知，显然是基于平日阅读的经验而言的。同学们平日阅读的小说，多为情节小说，如义务教育阶段老师要求大家进行整本书阅读的《西游记》《水浒传》等传统名著。这类小说多追求情节的跌宕起伏、紧张刺激。但是，进入高中，同学们的阅读触角要向更广阔的文学领域去拓展。如果有同学曾经读过不同类型的小说，他们就应该知道，小说的类型其实远不止于情节小说，如有以人物刻画为中心，旨在表现人物成长的人物小说；如有淡化情节，注重场景描写，突出抒情特点的散文化小说；也有我们以后会慢慢接触到的现代派小说如魔幻现实主义小说、荒诞小说、意识流小说等等。显然，《百合花》不是追求以情节取胜的情节小说，那它是一部什么样的小说？

对，散文化小说。那我们就以文中此部分内容为例，来探析这类小说是如何讲述故事的。

二、学习活动一：关注叙述视角，探寻叙述者与他所讲故事的关系

[问题提出] 首先，我们回到刚才同学们的质疑。小说为什么避开宏大的战争场景，不直接叙写英雄人物的壮烈牺牲？

[点拨启悟] 英国乔纳森·雷班在《现代小说写作技巧》中指出："我认为，在整个复杂的小说写作技巧中，视角起着决定作用——所谓视角即叙述者与他讲的故事间的关系。"故事怎么讲述，故事内容如何呈现，它其实受叙述视角限制的。我们此前讲过，叙述视角有全知视角，有限知视角。传统的小说，故事多采用全知视角来讲述。这类作品，叙述者如上帝一般俯瞰人间，对所发生的故事来龙去脉、各个人物性情心理都了如指掌。而限知视角，以本文为例，叙述者是"我"，文工团的一个女战士，故事由"我"的所见所闻所思所感来展开，我们只能见其所见，闻其所

3. 择视角，揽叙事洞天；控节奏，体张弛法度
——《百合花》教学课例

闻，而不能见其所不见，闻其所未闻。所以，受到这种视角的限制，纵然读者渴望读到小说在各类矛盾、各种要素层层叠加后碰撞出紧张刺激的情节或场面，但作者办不到，因为讲述者是"我"，"我"受限于文工团创作室女战士的身份，不能亲上一线，而只被安排在后方的包扎所，所以，故事的接续，作品不能追着"他"——小通讯员上战场，而只能随着"我"来到包扎所。这里的视角，是两种身份的叠加：其一，叙述者"我"的视角；其二，女性的视角。

[问题提出] 那么，有同学可能会问，那是不是意味着这种视角不好呢？

[点拨启悟] 要解答这个问题，我们首先要明确一个问题，是不是所有的革命文学都该塑造高大全的英雄人物，都该描写紧张激烈的战争场景？答案显然不是。上个世纪五六十年代的革命文学，不乏这样的作品，但是，过多的、过于同质化的写作模式会给人带来审美疲劳，所以，茹志鹃登上文坛，就以其女性别样的视角和俊逸的文风，给当时燥热的文坛吹来的一缕清新之风。现在《百合花》的经典性已是定论，不容置疑，这也意味着以这种视角来写作革命文学取得了巨大的成功。那么，作家采用这种视角，妙处何在？

[明确]

1. 叙述者"我"的视角。这一视角真实亲切，既能拉近作品和读者的距离，也便于抒发情感，贴合散文化小说的体式特征。"我"既是故事情节的讲述者，又是其中的见证者，由"我"来讲述，真实可信。读者也容易进入"我"的视角，随着"我"一起去看、去听、去感受，从而拉近作品和读者的距离。"我"同时也是事件的参与者、亲历者，置身事中岂无感，触目百端皆生情，故也便于表达"我"的感受，抒发"我"的情感。

2. 女性的视角。其一，因其女性特殊的身份，不能亲上战场，故而无奈避开了宏大、紧张、刺激的前方战争场面的描写，但是也因此将视角转向少为人知的后方救援场面，呈现男性作家比较不会关注到的细节、场

景与内容，拓展并丰富了革命文学的写作空间，比如包扎所中，妇女们是如何救助伤亡人员的。其二，以女性独特的视角和敏锐的观察力，将细节刻画得更加细致，将情感抒发得更加细腻。比如，对新媳妇两次"短促地'啊'了一声"的这种细节的捕捉；再如，对新媳妇"缝破洞"这一情节聚焦式的细致的刻画；又如，对月亮的"憎恶"，由干菜月饼引发对故乡的追思，以及文中某些场景引起"我"的"胡思乱想"；还有"我"以母性的情感笔触，表达出来的对小通讯员及新媳妇的独特情感；等等。这些未必是男性作家所能、所愿意刻画的。其三，以女性独有的富于浪漫气质的想象，使作品充满抒情的色彩，有诗意之美。比如，"我"对故乡中秋习俗的追忆与描写，语言不多，却是残酷战争背景下田园牧歌式的场景的建构，给人以美好与温情之感，充满诗情画意。

但是，我们不否认，受限于叙述者"我"的所见所闻，故事的讲述与呈现会受到一定的限制。比如小通讯员回去团部，发生了什么；在战场上，作为小通讯员的他，做了什么；等等。作者会故意隐藏一些环节或情节，作为悬念与留白，留给读者自己去推理、判断与评价。可是，有一些情节，虽然作者未能亲见亲闻，但决不可少，比如战场上的战况如何，比如小通讯员是如何牺牲的。这些信息如果缺漏必然带来情节的不完整，这可是小说写作的硬伤。

[问题提出] 那么，小说是如何弥补这种视角的叙述缺陷的？

[明确] "我"作为主视角，囿于所见所闻，必然带来一些情节上的缺失。所以，采用限知视角的小说，往往还会设置一些副视角，通过主副视角的切换讲述，从而将故事的主要情节填补完整。比如鲁迅《祝福》中祥林嫂嫁进了贺家墺之后所发生的事，也是"我"所不知道的，但这部分的故事，于祥林嫂命运的转折大有关系，不交代清楚，我们由何知晓残酷的命运又给祥林嫂什么样的打击呢？所以，作品增设了卫老婆子这一叙述视角，补充、完善了祥林嫂在贺老六家的故事线，也弥补"我"这一视角的不足。

[追问] 那么，本作品中，作者增设了哪些叙述视角？

3. 择视角，揽叙事洞天；控节奏，体张弛法度
——《百合花》教学课例

[明确]

1. 从前线送下来的伤员。关于战场的战况，"我"没有亲历战争一线无由得知，但身在后方的包扎所，根据陆陆续续从前线送来的伤员的数量、伤势，也可以推知一二。小说中，也通过一些伤员的简短描述，来呈现战场的惨烈。如"下来的伤员只是简单地回答'在打'，或是'在巷战'"，语言虽然简单，但让战场的战况就真实可信起来。

2. 担架员。小通讯员是如何牺牲的？小通讯员送到包扎所时，已然牺牲，所以他的就义过程，就只能通过担架员之口来描述。通过担架员之口，我们知道小通讯员是为了救他们而义无反顾地选择牺牲自己。担架员"负罪"的陈述，更充分地表现了小通讯员的英勇无畏和高尚品质，使人物的形象更真实可信、丰满立体。而且，通过担架员充满情感的转述，也增强了故事的传奇色彩，增强了故事于现场的感染力。

要言之，同一文本内的视角切换，可以多角度、多侧面呈现事件，有利于展示事件的多面性和丰富性，并能在不同叙事的互为补充中还原事件的全貌。

三、学习活动二：关注叙述节奏，探寻叙述节奏与情节推进的关系

很多同学不赞同作品这部分为小说的高潮，其中很重要的一个原因，就是这里的情节，只有闲庭信步般的情节推进，没有大开大阖、大起大落的紧张刺激感；只有静水流深式的情感表达，没有呼天抢地、狂风骤雨式的情感喷发。但《百合花》以其经过历史岁月考验的不容辩驳的经典性告诉我们，所谓情节的高潮，未必一定都要开阖起落；所谓情感的高潮，也未必一定要嘶吼式、喷发式的情感宣泄。

[问题提出]那么，问题来了，小说这里的情节是怎么运行的？这种与我们认知不同的情节运行方式，有何独特的魅力？

[必备知识补充]

这里，老师要引进叙事学的一个概念：节奏。小说的叙事节奏指"由小说诸事件所包含的时间总量（故事时间）与描绘这些事件过程中的时间

总量之间（叙事时间）的关系"。这里同学们要区分两个"时间"，它与我们现实的时间是不一样的。故事时间，是作者预设的故事发生、发展到结束的时间，它是以现实时间为参照并对应的。叙事时间是指作者讲这个故事的时间，它与故事时间或现实时间，可能相贴合，也可能大不同。比如传统小说常说"有话则长，无话则短"，所谓"有话则长"，是指小说叙事的时间，可能远超故事本身发生的时间，故情节推进慢，则叙事节奏相对平缓；而"无话则短"，则指的是小说叙事时间，可能远小于故事本身发生的时间，如"一夜无话"，漫漫长夜就以区区四个字一笔带过，类似这样的情节处理，故事进展快，则其叙事节奏也快。所以，简言之，节奏指的就是小说情节在故事叙述中所表现出来的快慢缓急。

平铺直叙、波澜不惊的叙述是没有韵味的。所以，作家会追求情节的进展应张弛有致、起伏有序、缓急有度，会在叙述当中采用不同的叙事节奏来产生多变的叙事速度，让作品富有艺术张力。接下来，回归我们刚才的问题，本文这里的"非典型性"的高潮部分，其情节是怎样运行的？

[明确] 这一部分，写夜里要发起总攻前的事，如与新媳妇的交谈，如对月光的描写，而后又荡开笔墨写故乡的中秋，叙事延宕，用笔舒缓；战争打响后，包扎所的紧张、忙碌，笔调加速。通讯员牺牲，仅以担架员寥寥数语讲完，节奏较疾；而新媳妇缝破洞的情节，以近乎工笔的笔触进行详写慢叙。

[追问] 小说这样张弛有致、缓急相间的节奏是怎么做到的？

[明确]

1. 闲笔与伏笔。

小说节奏舒缓处，甚至情节延宕处，多用闲笔。但闲笔不"闲"，或为伏笔，或蕴深意，颇值得回味。

师：请同学们找出文中你认为是闲笔或伏笔的情节，并试析其用意及文学效果。

生_1：新媳妇来包扎所帮忙，并询问"我"小通讯员的情况。此处为闲笔，亦为伏笔。小说主要人物小通讯员回团部参加战斗，他的"离场"，脱离了"我"的视野，也就难以再接续到接下来的情节中。所以，小说另一个主要人物新媳妇接过了情节推进的接力棒，进入我们的视野。新媳妇在这里轻鸢剪掠式的出现，为后文埋下伏笔，让后文新媳妇为牺牲的通讯员缝破洞的情节，就显得顺理成章。正是因为她在这里的"登场"，才使后文她的"在场"，不至于那么突兀。同时，拓展丰富了小说的故事，让单线式的人物故事，变成双线交织的讲述；也为后文丰富和升华了小说的主题作了铺垫，让小说得以从表现小通讯员的高尚精神转向军民鱼水情的歌颂。

生$_2$：关于故乡中秋节的描写。此处为闲笔，但闲笔不"闲"。作者对故乡中秋节的描绘越是安宁美好，越是反衬出战争的残酷，表达对敌人的憎恨之情。同时，小说情节推进，在这里出现延宕。这种延宕与舒缓，并不意味着情节的停滞。相反，正是这种延宕，为下文战争来袭、包扎所的紧张忙乱蓄势，正是这种一张一弛，让故事的讲述富有张力。

生$_3$：关于馒头的叙写。小通讯员牺牲了，在新媳妇忙着缝破洞之时，"我"无意触碰到小通讯员给"我"的"馒头"。这一细节，看似漫不经心的一笔，实为照应，呼应之前小通讯员临走前的"赠馒头"，前呼后应，恰是作者匠心所在。小通讯员之前的"赠"，体现了他体贴、关心他人的美好品质，同时，也激起了读者对这个小通讯员的喜爱之情，从而为下文因失去这么好的战友而悲痛蓄势。而此刻"我"无意的"碰"，则是触物思人，勾起"我"对小通讯员的深切思念。这"饱含着战友之情"的两个馒头，直击"我"内心的柔软之处，也直击每一个读者的心灵；既深切表达了"我"痛失战友的内心悲痛之情，也引起了读者的强烈共鸣。

2. 场景与情节。

小说这部分有两处关于"月亮"的场景描写。两处着墨不多，均各为一句，分别是"天黑了，天边涌起一轮满月""外边月亮很明，也比平日悬得高"。

师：请试析这两处的场景描写，有何作用？

生$_1$：中秋之夜，"月亮"自是不可缺少。所以，月亮的升起，意在提醒读者不要忘了，今晚发起总攻的时间节点是中秋佳节。中秋佳节，本是万家团圆的美好日子，残酷的战争即将打响，小通讯员的牺牲亦将上演。故，在战争背景下这个时间节点的设置，引起了下文"我"对月亮的憎恨，易于激起读者的同仇敌忾之情；也容易引起"我"作为女性的温柔细腻的情思，从而引出下文对故乡中秋的怀想，对小通讯员的想念与担忧。小通讯员和许许多多的革命战士牺牲在这个月光明朗的晚上，也突显战争的残酷，增添了小说的悲剧氛围。

生$_2$：前后两处中秋之月的描写，从天黑之际的月之初起，至夜半之时月正高悬，从战斗尚未打响，到战斗行将结束，预示着时间的流逝，推动着情节的发展。残酷的战争就在这月起之时，突然打响；这场战斗在月正高悬之际，进入尾声。作者并没有着墨于战争残酷的描写，只着力于讲述后方包扎所的紧张救治，似乎有意消解战争的残酷性。枪声稀落，月正高悬，战斗即将结束，一切似乎又将复归于美好。但是，就在"我"与读者在月光之下放松了所有"戒备"之时，情节却迎来令所有人猝不及防的突转——小通讯员牺牲了，本来渐趋舒缓的节奏，又因之紧张起来。两处月亮场景的描写之于情节，颇似戏剧里的幕间音乐，起到推动情节发展以及调整叙事节奏的作用。

3. 断与续。

小说叙事节奏还体现在情节的断开与接续上。"断"不是叙事的终止，有"断"必有"续"，似"断"而实"连"，这是常采取的叙事手段。比如，随着小通讯员回团部而去，作为小说主要人物的"他"在"我"的叙述中也因此"下线"，情节"断开"。但情节必须向前推进，因此，作家在这里就荡开笔墨，叙写小说的另一个主要人物——新媳妇，让她及时登场，从而使故事得以接续。这一"断"一"续"，让小说的叙事节奏，迂曲而舒缓。

师：除了刚才老师讲的这个例子，请同学们在小说中这部分内容里找出你认为是有"断"有"续"、似"断"实"连"的情节，并试析作家为何这般处理。

3. 择视角，揽叙事洞天；控节奏，体张弛法度

——《百合花》教学课例

生：这部分有"断"有"续"、似"断"实"连"的情节，依然是集中在小通讯员身上。从活着的"他"的回团部而"下线"到牺牲了的"他"以一具冰冷的尸体再度"上线"，这中间有较长跨度的情节推进。这一部分情节，作者别具匠心地运用各种身份、各种方式，让小通讯员保持着"存在感"与"在线感"。具体方式有：（1）以新媳妇的"同志弟"存在，接力上线的新媳妇一登场，便"东张西望"地寻找这个"同志弟"，寻而不得便鼓起勇气问"我""同志弟"的情况。（2）以"我"的"小同乡"的身份存在。"我"怀想起故乡的中秋习俗，也顺带想起了这个"小同乡"，想象"他"以前在故乡的场景、现在在团部的场景。（3）以重伤员身上"通讯员"的符号存在。虽然挂有"通讯员"符号的重伤员并不是"我"认识的小通讯员，但引起了"我"的一场虚惊，也引发了"我"对小通讯员现状的关心。以上场景，让小通讯员虽然"离场"，但时时保持的叙事的存在感，虽"断"而有"续"，似"断"而实"连"。

师：为什么不能让小通讯员彻底"下线""离场"呢？

生：首先，由小通讯员在小说中的功能决定的。"他"不仅是小说的主要人物，还是小说故事的主线人物，"他"承担着串联起全文的故事情节的功能。所以"他"就不能较长时间地离开我们的视线，实体的人物既然不能在场，那就通过交谈、想象等"虚"的方式存在。其次，由小通讯员与"我""新媳妇"的关系决定的。一个"青春期女性交往恐惧症"的小通讯员，将"我"与"新媳妇"二人，紧紧联系在一起。她们与小通讯员交往时间虽短，却都对他念念不忘，正是突显了小通讯员身上具有的纯朴善良，害羞单纯等美好品质。最后，由小说情节发展的需要决定的。正是通过这些细节的层层铺垫，"我"与小通讯员的革命战友之情，新媳妇与小通讯员的纯洁军民之情，得到充分的体现。也正是这样的铺垫，在面对小通讯员的牺牲时，新媳妇执意要缝衣服上的"破洞"，要为他铺上她的百合花被子等情节便顺理成章。也正是这些蓄势，让"我"与新媳妇因通讯员的牺牲所带来的巨大的悲痛合情合理。小说因之迎来情感的高潮，也就水到渠成，没有违和或窒碍感。

4. 显隐与详略。

省略是小说叙述的一个必要的手段或技巧，作家为了某种意图或受限于叙述视角，会有意无意地对小说中一些人与事采用简省的方式处理。省略即为隐，有隐必有显，所谓的显，即为作家要突出强调的人物或情节，这些内容往往也是作家要详细叙写的。作家省去不必要的芜杂的枝蔓，即有意隐蔽了一些人与事，其功能，一者可以留出更多的悬念与留白，给人想象、回味的空间；一者可使想要突显的内容更为聚焦、集中或紧凑。所以，于叙事节奏而言，隐的部分，或一笔或数语匆匆带过，节奏快疾；显的内容，精雕细镂，详描细写，节奏舒缓。

师：请同学们在小说中这部分内容里，找出作家有意要"隐""略"或"详""显"的情节，试析其意图。

生₁：隐去残酷的战斗场面的描写，突显后方救治伤员的紧张忙碌。战斗场面描写的缺席，是因为"我"的不在场，是视角的限制。虽然避开了宏大、紧张、刺激的前方战争场面的描写，但是将视角转向少为人知的后方救援场面，呈现较不为人所熟知的后方的细节、场景与内容，拓展并丰富了革命文学的写作空间，也借此表现了军民互助的鱼水情，揭示了作品的主题。

生₂：隐去小通讯员参加战斗的详细细节，突显新媳妇缝补破洞、盖被子等情节与情感。因为担架员的讲述，我们知道小通讯员是如何牺牲的，但是，小通讯员回团部以后，如何参加战斗，又怎么会出现在巷子里，这些情节的来龙去脉、前因后果，"我""担架员"均受限于各自的视角，不得而知。如前所言，这种省略，可以省去不必要的枝蔓，重点突出小通讯员是如何牺牲的，体现了小通讯员舍己为人的高尚情操，同时，也给读者更多的悬念与留白，给人想象、回味的空间。

而作家将小通讯员的牺牲过程处理得极简省，却将镜头聚焦在了新媳妇缝补破洞、盖被子等情节上。不论是得知小通讯牺牲时的两声"短促地'啊'了一声"，还是"庄严而虔诚地给他拭着身子"，抑或是不听医生和"我"的建议去缝破洞，乃至于执意要给死去的小通讯员盖被子，这一个个镜头，都是重点聚焦，细致叙写，新媳妇的形象就在这些细节中生动、立体起来，庄重、圣洁的氛围也被营造了出来，有利于表现纯洁深厚的军民之情，进而表达了作家对高尚的人性美和人情美的赞美和讴歌。

[小结] 热奈特在分析叙事时间时，区分出四种叙述运动：停顿、场景、概要和省略。叙事文学作品中这四种叙述运动形式的交替变换构成了叙事节奏。这四种叙述运动，在本节小说中，具体表现为闲笔与伏笔、场景与情节、断与续、显隐与详略等处理方式。这些方式手段的交替使用，使情节张弛有致、疾徐有序、缓急有度，给人以独特的艺术美感。

四、作业设计

英国的乔纳森·雷班认为，在整个复杂的小说写作技巧中，视角起着决定作用。比如，茹志鹃这篇《百合花》，它的叙事，是从一位文工团女战士的视角展开的，所以，故事的讲述以及叙事节奏的把握，都深受这个视角的限制与影响。假如，同样是这个故事，如果是小通讯员的视角或新媳妇的视角，甚至是上帝的全知全能的视角，那这个故事，将如何讲述？小说的叙事节奏又将会怎样？请同学们选择以上其中一个视角，改编小说的高潮部分，并思考视角与故事的讲述，以及讲述的节奏之间的关系。

五、板书设计

百 合 花

学习活动一：

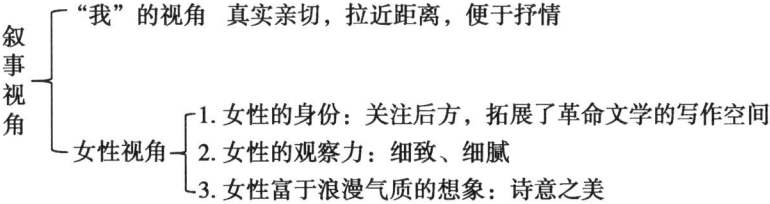

学习活动二：

4. 欲借杜康浇块垒，敢效周公匡社稷

——《短歌行》教学课例

【前置任务设计】

1. 补充《诗经》中《郑风·子衿》《小雅·鹿鸣》两诗，思考"子衿""鹿鸣"等意象在原诗以及化用进入本诗后其意义有无不同。

2. 补充曹操《求贤令》《敕有司取士毋废偏短令》《举贤勿拘品行令》三文的节选片段，思考曹操为求贤，采取什么举措。

3. 补充曹操《述志令》片段，重新审视曹操其人。

【教学过程】

一、情境导入

登高必赋，宴集必诗，这是古代文人骚客间常有之举动。诗仙李白曾与诸从弟会于桃花之芳园，畅叙天伦之乐事，他于《春夜宴桃李园序》中极写聚会宴饮之乐。而苏子与客夜游赤壁，饮酒乐甚之余，触发愁肠，发出"寄蜉蝣于天地，渺沧海之一粟。哀吾生之须臾，羡长江之无穷"之浩叹；王勃在滕王阁上，"四美具，二难并"，宴酣之乐之余，也发出"天高地迥，觉宇宙之无穷；兴尽悲来，识盈虚之有数"的悲吟。文人骚客，在宴集之上，乐天派如诗仙李白者，耽于逸乐，无暇忧愁，而失意客如苏

子、王勃者，却往往兴尽悲来，别寄失意之悲。在建安十三年冬天的一个月圆之夜，天气晴明，曹操大宴文武众官，亦赋诗一首，名曰《短歌行》。曹公于诗中所寄怀抱，是忧是乐？

二、学习活动一：假如"我"是曹操，"我"当何以歌之？

这场宴集，发生在赤壁之战的前夕。此时的曹操，刚刚平定了北方，他挟新胜之威，号百万之众，旌麾南指，视夺取江南如探囊取物。话说当日：

[PPT 投影展示]

> 天色向晚，东山月上，皎皎如同白日。长江一带，如横素练。操坐大船之上，左右侍御者数百人，皆锦衣绣袄，荷戈执戟。文武众官，各依次而坐。操见南屏山色如画，东视柴桑之境，西观夏口之江，南望樊山，北觑乌林，四顾空阔，心中欢喜。……时操已醉，乃取槊立于船头上，以酒奠于江中，满饮三爵，横槊谓诸将曰："我持此槊，破黄巾、擒吕布、灭袁术、收袁绍，深入塞北，直抵辽东，纵横天下：颇不负大丈夫之志也！今对此景，甚有慷慨。吾当作歌，汝等和之。"
>
> ——《三国演义》（第三十八回）

师：当此之际，假若你是曹操，正是志得意满，不可一世之时。你横槊赋诗，会写什么内容，抒发什么情感？请诸君畅言之！

生：书豪情，写壮志。

师：那此诗的情感是像李白一样书写自己的快意，还是像苏子、王勃一样，兴尽悲来，抒写愁情？

生：曹操此时应没有悲伤的理由，论理他的诗应该是抒写自己的豪情与快意。

师：你说得很对。那么，曹操这首《短歌行》是否如你所言，只是抒发志得意满的豪情与快意呢？请同学们自行诵读《短歌行》两三遍，思考

4. 欲借杜康浇块垒，敢效周公匡社稷
——《短歌行》教学课例

曹公写了什么内容，其情是喜是忧。

三、学习活动二：块垒直须烈酒浇——探究曹公其忧

师：晋朝陆机《文赋》有云："立片言以居要，乃一篇之警策。"故文有文眼，诗有诗眼。诗眼是理解诗歌的一把钥匙，抓住了诗眼，主旨、情感亦不难把握。刚才同学们诵读了几遍诗歌，请问本诗的诗眼是什么？以此可知诗人的情感基调是忧是喜？

生：诗眼为"忧"。"何以解忧？唯有杜康"，情感基调是书写忧愁的。

师：一位志得意满、看似没有忧愁理由的枭雄，提笔却是满腹忧愁。这是为什么呢？他到底在忧什么呢？请同学们再读诗篇，细细探究曹公所忧者何。

（一）一忧人生苦短

> 对酒当歌，人生几何！譬如朝露，去日苦多。
> 慨当以慷，忧思难忘。何以解忧？唯有杜康。

师：本是宴酣之乐，何忧人生苦短？诗人以朝露设譬，喻指流逝的岁月极多。其中一"苦"字，足见岁月流逝之多，已经给诗人带来深切的生命痛感。同学们此时年正芳华，总觉得有大把的时间可供挥霍，有无穷的未来正等待自己，所以不会滋生这种生命苦短的体验。只有时日无多的人，才会对时间倍感珍惜，也才会倍感人生苦短。同学们试想，曹操此时大概几岁，才会让他生出人生苦短的这般慨叹？

[点拨启悟]"吾今年五十四岁矣。"曹操在写这首诗，已经54岁。54岁，放之于今日，犹是年富力强的当打之年，但在三国的大乱世之中，战争而死，流离而死，饥疫而死，不知凡几。学者易中天教授曾经表示三国时期平均寿命为26岁。我对这个数据的科学性存疑，但这至少说明，三国时期平均寿命极低。故54岁于当时三国而言，已迫晚景。故其"人生几何"之喟叹，实亦宜矣。

（二）二忧贤士难得

青青子衿，悠悠我心。但为君故，沉吟至今。
呦呦鹿鸣，食野之苹。我有嘉宾，鼓瑟吹笙。

师：此八句，引用《诗经》两首诗，请思考引用《诗经》名句，其意为何。

［PPT 投影展示］

青青子衿，悠悠我心。纵我不往，子宁不嗣音？
青青子佩，悠悠我思。纵我不往，子宁不来？
挑兮达兮，在城阙兮。一日不见，如三月兮！

——《诗经·郑风·子衿》

［明确］《诗经·郑风·子衿》本是描写一个女子是如何深切地思慕她的心上人的，曹操却借此表达他对贤才的一片渴慕之情。

［PPT 投影展示］

呦呦鹿鸣，食野之苹。我有嘉宾，鼓瑟吹笙。吹笙鼓簧，承筐是将。人之好我，示我周行。
呦呦鹿鸣，食野之蒿。我有嘉宾，德音孔昭。视民不恌，君子是则是效。我有旨酒，嘉宾式燕以敖。
呦呦鹿鸣，食野之芩。我有嘉宾，鼓瑟鼓琴。鼓瑟鼓琴，和乐且湛。我有旨酒，以燕乐嘉宾之心。

——《诗经·小雅·鹿鸣》

［明确］

《诗经·小雅·鹿鸣》本是描绘君王"燕群臣嘉宾"的和乐盛况。曹操借此表达的是，贤才若能来到，必待以嘉宾之礼，借此表达诗人礼遇贤才的态度。

> 明明如月，何时可掇？忧从中来，不可断绝。
> 越陌度阡，枉用相存。契阔谈䜩，心念旧恩。

此八句，先以明月设譬，喻指人才如明月高远难得。诗人思及此，又"忧从中来，不可断绝"，再度表明自己深忧贤才难得之意。后四句，讲贤才到来，自己将如何礼遇之。

师：此八句，从内容、情感上看，与上八句，都是表达贤才难得之忧，表明自己礼待贤才的态度。似乎有点重复，可以删去吗？

[点拨启悟]

不能删去。这前后两节，各八节，并不是简单的重复。其一，正如屈原作《离骚》："其存君兴国而欲反复之，一篇之中三致志焉。"曹操对于贤才，一篇之中，也是三致其意，以示自己对贤才的渴慕之意。这种"一篇之中三致志焉"的方法，让全诗更有抑扬低昂、反复咏叹之致，也加强了抒情的浓度。其二，前八节，借用《诗经》名句，来为自己代言，深婉有致；后八节，直抒胸臆，亦直陈自己礼待贤士的举措，直白浅露；这八句，是对前八句的解释、强调和照应。

这里，老师想补充说明一下，曹操求贤若渴，绝不止于口头说说，诗中写写而已。多年前有一部电影叫《天下无贼》，里面有一句经典台词："21世纪什么最贵？人才最贵！"其实，无论在哪个朝代，人才都是最核心的竞争力。曹操他深切地明白了这点，他多次颁布《求贤令》，同学们看看以下三份求贤令，便知其求贤之迫切，礼贤之诚意。

[补充拓展]

求贤令（节选）

……今天下尚未定，此特求贤之急时也。……若必廉士而后可用，则齐桓其何以霸世！今天下得无有被褐怀玉而钓于渭滨者乎？又得无有盗嫂受金而未遇无知者乎？二三子其佐我明扬仄陋，唯才是举，吾得而用之。

敕有司取士毋废偏短令（节选）

夫有行之士，未必能进取；进取之士，未必能有行也。陈平岂笃行、苏秦岂守信邪？而陈平定汉业，苏秦济弱燕。由此言之，士有偏短，庸可废乎？有司明思此义，则士无遗滞、官无废业矣。

举贤勿拘品行令（节选）

……今天下得无有至德之人放在民间，及果勇不顾，临敌力战，若文俗之吏，高才异质，或堪为将守；负污辱之名，见笑之行，或不仁不孝而有治国用兵之术：其各举所知，勿有所遗。

古人认为，德才兼备是谓贤。在倡导德行教化的古代，对人才的考量标准，德无疑是要被放在首要的。但我们看看首重事功、务求实效的曹操，他在三国乱世之中，敢冒天下之大不韪，三下求贤令，毋废偏短，勿拘品行，甚至于德行有亏之士人，但有一技之长，皆能取用。可见，曹操能在三国之中一家独大，决非幸至，良有以也。

（三）三忧功业未竟

月明星稀，乌鹊南飞。绕树三匝，何枝可依？
山不厌高，海不厌深。周公吐哺，天下归心。

师：诗人写乌鹊绕树，是眼前所见之景，还是别有寄托？
生：诗人当日所见之景多矣，而偏取"乌鹊"入诗，必有深意。
师：非常棒。"写物以附意，飏言以切事"，诗人的物象选择，必有其用意。你知道其意何在？
生：乌鹊绕树择枝而依，就好比诸雄鼎立，良禽当择木而栖，人才当择明主而事。

师：非常准确。那你能再说说接下来"山不厌高，海不厌深"，诗人想表达什么吗？

生：山不满足于其高，海不满足于其深，曹操也不会满足于人才之多。诗人以此表达自己礼遇贤士的诚意，但有所长，毋废偏短，勿拘品行，来者不拒。

师：答得特别棒，为你点赞。其实诗人其意尚不止于此。这句话出自《管子·形势解》，同学们来看看原句："海不辞水，故能成其大；山不辞土石，故能成其高；明主不厌人，故能成其众；士不厌学，故能成其圣。"读了原句，再回到诗歌的情境中，同学们有没有读到更深层的意义？

生：诗人想与很多的贤士成就一番伟大的事业。

师：对。诗人才会在接下来的最后收结的句子里，表达自己想要像周公一般，礼贤下士，让民心归附，一统天下。曹操自述："吾自起义兵以来，与国家除凶去害，誓愿扫清四海，削平天下；所未得者江南也。"诗人通篇，忧人生苦短，忧人才难得，其实都是忧功业未竟，天下未平。

四、学习活动三：虽千万人吾往矣——探究曹公其志

在诗歌的收结处，诗人用了"周公吐哺"的典故。周公礼遇贤士，一饭三吐哺，一沐三握发，犹恐失去贤才。诗人借用这个典故，表示想像周公一样热切殷勤地接待贤才。这一点，在这里，并无疑义。老师偶然读到曹操的一篇文章《述志令》，在该文中曹操也用到了周公的典故。这让老师不禁产生一个疑惑：自古礼贤者何其多也，曹操何以屡用周公为例？那么周公何许人也？

[PPT 投影展示]

周公，周文王第四子，周武王之弟。武王卒，成王年幼，周公摄政。摄政期间，天下谤议，谓周公将有异志。七年后，周公归政成王，并作《金縢》之书以自明。后人誉周公为圣人。

细看周公简介。曹操之所以屡以周公为例，盖二人有诸多相似之处：（1）均是摄政，扶助弱主。（2）均受天下谤议，世人都认为他们有异志。曹操在《述志令》中陈述了自己遭受非议的不平之意："或者人见孤强盛，又性不信天命之事，恐私心相评，言有不逊之志，妄相忖度，每用耿耿。"

思考：那么，问题来了，曹操有"一统天下"之志，究竟是欲效周公辅政，还是怀虎狼之心，取而代之？请结合你们关于三国的历史常识，议一议。

[补充拓展]

……齐桓、晋文所以垂称至今日者，以其兵势广大，犹能奉事周室也。《论语》云："三分天下有其二，以服事殷，周之德可谓至德矣。"夫能以大事小也。……所以勤勤恳恳叙心腹者，见周公有《金縢》之书以自明，恐人不信之故。

——曹操《述志令》

[点拨启悟]

是否有狼子野心，这个问题，本无定议。至少终曹操一世，有僭越的非分之举，终无篡汉自立之实。他在《述志令》自述愿效齐桓、晋文来奉事周室，愿效周公辅佐幼主。

我们再回归文本，再反观诗人使用周公之典，则应有更丰富、更深层的内涵：（1）学习周公，礼贤下士，广纳人才；（2）愿效周公，匡扶社稷，扶助弱主；（3）欲为周公，天下归心，天下一统。

五、作业设计：知我罪我任评说——探究曹公其人

太祖运筹演谋……抑可谓非常之人，超世之杰矣。

——陈寿《三国志》

4. 欲借杜康浇块垒，敢效周公匡社稷
——《短歌行》教学课例

子治世之能臣，乱世之奸雄。

——罗贯中《三国演义》

在京剧脸谱中，曹操均绘白脸。白脸是奸臣之相。这显然是受了《三国演义》的影响。罗贯中写作此书，有一个立场，即视刘备为正统，所以曹操也就被塑造成一个"治世之能臣，乱世之奸雄"的人物形象。而陈寿在《三国志》则对曹操推崇备至，谓之"非常之人，超世之杰"。那么，历史上的曹操究竟是忠是奸？请结合本节课补充的资料，谈谈自己的看法。写一段不少于500字的文章。

六、板书设计

短歌行

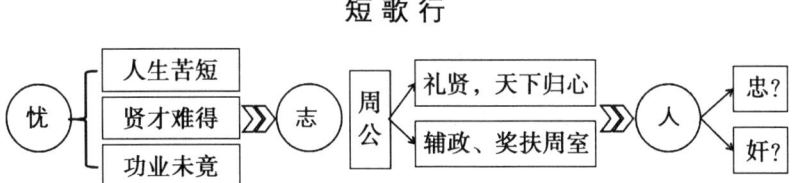

5. 栖隐岂是平生志，朴拙恰为诗之风

——《归园田居（其一）》教学课例

【前置任务设计】

1. 樽中酒，篱下诗，可甘了此一生？——探究诗人之志。
2. 质而绮，真且醇，宜乎传之千古？——探究诗歌之风。
3. 出世入世两殊途，试问诸君怎么看？——探究曹操、陶潜的人生之道。

【教学过程】

一、情境导入

数年前为师教授《归园田居（其一）》一课之时，将品鉴本课的主题定为"读诗之趣在审美"，即从美的角度，品读本诗。数年之后，虽不敢说"老境相催"，但经历渐多，读书渐多，对这首诗的品读，也有了更深的思考与体悟。再读此诗，对自己数年前的解读，亦不甚认同，彼时以"美"解读此诗，但此际觉得诗人作此诗，其志并不在美。北京大学袁行霈教授曾为陶渊明纪念馆撰写了一副楹联：

樽中酒，篱下诗，岂甘了此一生；

5. 栖隐岂是平生志，朴拙恰为诗之风
——《归园田居（其一）》教学课例

质而绮，真且醇，自可传之千古。

袁教授对陶渊明下的断语，可谓得诗人之三昧，纵诗人复起，亦必不易此言。上联论的是诗人志趣，大意是樽中酒，篱下诗，看似林泉悠游，恐非诗人之素志，此中当有不得已者；下联论的是诗人的诗风，质、绮、真、醇，四字亦深得诗人作品神髓，非仅如黄老师之前的鄙陋，只以一"美"字概之。

二、学习活动一：樽中酒，篱下诗，可甘了此一生？——探究诗人之志

[问题提出] 袁行霈教授的上联，我斗胆改了一个字，作为我们的学习活动一：樽中酒，篱下诗，可甘了此一生？陶渊明弃官归隐，躬耕南亩，栖守田园，是否出于本心，源于素志？他是心甘情愿的吗，还是此中有大不得已？欲知陶氏甘愿与否，难凭主观臆断，我们还得回归文本寻找证据。请同学们以小组为单位，细致讨论。同时，请同学们也拿出我们设计的《学生课堂表现性活动评价量表》，参照量表的要求，组织好发言提纲。待会儿各组推荐一位同学来回答，其他同学可结合量表给予评价。

[小组发言]

1组同学发言：老师、同学们好。我们组一致认为陶渊明归隐园田，是心甘情愿的。依据一——"少无适俗韵，性本爱丘山。"诗的开篇，诗人开宗明义，就告诉我们他自小就没有迎合世俗的气质，其天性是热爱山林园田的。依据二——"户庭无尘杂，虚室有余闲。久在樊笼里，复得返自然。"户无尘杂，远离了官场俗事的喧嚣搅扰；室有余闲，收获了田园生活的安闲舒适。久在樊笼，复返自然，诗的结尾，诗人把俗世或官场比作樊笼，一个"复"字，就好比破开金锁走蛟龙一般，将诗人冲出俗事、官场的樊笼，重回自然怀抱的喜悦之情，表露无遗。所以，综上所述，我们认为陶渊明回归园田，是出自本心，心甘情愿的。

自评：90分。依据：自扣10分，免得自己太骄傲了。

互评：95分。依据：观点明确，证据充足，逻辑清晰。

2组同学发言：老师好，各位同学好。我们组也一致认为陶渊明归隐园田，是心甘情愿的。1组同学抢了先机，将诗歌首尾明志的句子都分析得很到位了。我们这里再补充一个论据——"误落尘网中，一去三十年。羁鸟恋旧林，池鱼思故渊。"红尘如网缚，百般不自由，诗人认为，出仕是身陷尘网，此身是羁鸟、池鱼，"误落""一去"二词，道尽痛悔之想。试想，人的一生能有几个三十年？诗人幸好迷途知返，从中我们能感受到诗人对田园生活的无比挚爱，对官场俗事的无比厌恶的情感。

自评：85分。依据：只有一个证据，稍嫌不足。

互评：95分。依据：观点明确，证据充足，逻辑清晰。

3组同学发言：老师、同学们好。我们组认同袁教授的观点，陶渊明的归隐并不是那么心甘情愿。证据是"开荒南野际，守拙归园田"。面朝黄土背朝天的躬耕，是辛苦的；而要靠几亩薄田过日子，也是艰难的。所以，诗人视"归园田"为"守拙"。"拙"与"巧"相对，"拙"是无适俗之韵，"巧"是逢迎官场之机巧。可见诗人是有深刻的自知之明，因为没有适俗之韵，没有为官之机巧，所以只得"守拙归园田"，这其中体现了诗人的无奈。所以说，他的归隐也是不得已而为之。

自评：95分。依据：有独到看法，理据充分。

互评：85分。依据：观点明确，证据充足，逻辑清晰。但曲解诗人之意。

4组同学发言：老师好，3组同学好。我们组完全不能认同贵组的观点。我方认为，陶渊明归隐园田，是心甘情愿的。证据也是"开荒南野际，守拙归园田"。首先，开荒南野，劳作虽苦，真我得以保全；躬耕惟艰，处境实难，但无须违心任去留。能按照自己的意愿生活比什么都重要。我们生活的理想，难道不就是为了要过上理想的生活吗？即使苦些、累些，能在我们的理想生活中度过，我们也会无比欣慰的。而此刻，陶渊明就在他理想的生活里悠游自乐，他如何会不高兴呢？其次，"拙"就是不好吗？适俗之韵、涉世之巧就一定好吗？老子说："大直若屈，大巧若拙，大辩若讷。"诗人不屈心违己，不逢迎周旋，听从内心深处最真实的需要与呼唤，敢于追求理想的生活，敢于做最真实的自我，这是大巧，是常人难及的"拙"的境界！古人推崇这种"抱朴守拙"的境界，正如《菜根谭》中有云："涉世浅，点染亦浅；历事深，机械亦深。故君子与其练达，不若朴鲁；与其曲谨，不若疏狂。"我方认为，陶渊明归隐园田，是心甘情愿的。

自评：95分。依据：有独到看法，理据充分。

互评：98分。依据：批驳对方观点，破而后立，证据充足，逻辑清晰，论证有力。

[**点拨启悟**] 要为陶渊明弃官归隐是否心甘情愿作一个盖棺论定式的评价，单凭作于一时一地的一首诗，其证据显然是不足的。《归园田居》是陶渊明去职归隐后的第二年创作的，共五首，课本选录的是第一首。他为何去职归隐呢？《晋书·陶潜传》有如下记载，请看：

[PPT投影展示]

素简贵，不私事上官。郡遣督邮至县，吏白应束带见之，潜叹曰："吾不能为五斗米折腰，拳拳事乡里小人邪！"义熙二年，解印去县。

——《晋书·陶潜传》

据《晋书》所载，陶渊明去职归隐的导火索是需要束带去拜见上官，这让一向"简贵（简傲高贵）"的陶渊明不能忍受，他深感不能为了区区五斗米的微薄俸禄而向乡里小儿折腰。我们也因此理解了他为什么如此痛恨官场，并把官场比作"尘网""樊笼"，把自己比作"羁鸟""池鱼"。

余家贫，耕植不足以自给。幼稚盈室，瓶无储粟，生生所资，未见其术。亲故多劝余为长吏，脱然有怀，求之靡途。会有四方之事，诸侯以惠爱为德，家叔以余贫苦，遂见用于小邑。……及少日，眷然

43

有归欤之情。何则？质性自然，非矫厉所得。饥冻虽切，违己交病。尝从人事，皆口腹自役。于是怅然慷慨，深愧平生之志。犹望一稔，当敛裳宵逝。寻程氏妹丧于武昌，情在骏奔，自免去职。仲秋至冬，在官八十余日。……

——陶渊明《〈归去来兮辞〉序》

而作者在作于辞官之初的《归去来兮辞》的序文中，他讲到出仕是因为家贫，但为官之苦，更有甚于家贫，因为他"质性自然"，出仕是"违己（违背本心）"。他没有片语只言谈及"束带"见督邮一事，充分体现了诗人"交绝不出恶声"的君子风范。

从上面引证的两则材料及《归园田居（其一）》一诗，可见诗人辞官归隐，是在体验了官场的"违己交病"之后，重新审视自己的本心，而作出的慎重的抉择。这一抉择，出于本心，实所甘愿，应无疑义。但是——

古代学子从小诵读儒家经典，濡染的是儒家"修齐治平"理想教育。学而优则仕，自然是读书人最佳的选择。

[PPT 投影展示]

古之欲明明德于天下者，先治其国；欲治其国者，先齐其家；欲齐其家者，先修其身；欲修其身者，先正其心；欲正其心者，先诚其意；欲诚其意者，先致其知；致知在格物。物格而后知至；知至而后意诚；意诚而后心正；心正而后身修；身修而后家齐；家齐而后国治；国治而后天下平。

——《大学》

诗人也不例外，陶渊明在《饮酒·十六》中自述"少年罕人事，游好在六经"，足见其深受儒家思想影响。正是儒家精神的滋养，陶渊明自小也怀有"猛志逸四海，骞翮思远翥"（《杂诗其五》）的远大抱负。但为什么诗人最终选择归隐园田呢？他不想"修齐治平"吗？

5. 栖隐岂是平生志，朴拙恰为诗之风

——《归园田居（其一）》教学课例

[PPT 投影展示]

　　自真风告逝，大伪斯兴，闾阎懈廉退之节，市朝驱易进之心。怀正志道之士，或潜玉于当年；洁己清操之人，或没世以徒勤。故夷皓有安归之叹，三闾发已矣之哀。悲夫！寓形百年，而瞬息已尽；立行之难，而一城莫赏。此古人所以染翰慷慨，屡伸而不能已者也。

——陶渊明《〈感士不遇赋〉序》

　　从这篇序中，我们可知，诗人对于这个社会是失望的，他尖锐地指出这个社会"真风告逝，大伪斯兴"。而那些和自己一样的怀正志道之士、洁己清操之人，虽德才高卓，却难有好的遇合，不能施展抱负。"立行之难，而一城莫赏"，品行端方如陶潜者，却"一城莫赏"，仅做一个难以施展抱负的小小彭泽令而已。

　　是进是退？是出是隐？在陶渊明身上，聚集了千古文人在面对穷与通、行与藏的两极矛盾时所遇到的两难抉择。儒家虽积极入世，但孔子亦有"道不行，乘桴浮于海"之叹，有"子欲居九夷"之慨；孟子也有"达则兼济天下，穷则独善其身"之训，有"得志，与民由之；不得志，独行其道"之诫。而陶渊明所处的魏晋时代，玄学之风极盛，崇尚自然的哲学思想和隐逸之风，显然也深刻影响着隐渊明。"儒玄双修""儒道兼容"是魏晋时期普遍流行的学风与士风，陶渊明显然也是此道中人。所以在儒玄两种思想的影响下，陶渊明确有大济苍生之抱负，但魏晋"世胄蹑高位，英俊沉下僚"，恶劣的政治生态让他抱负难施，遂退而归田园。从这个角度看，陶渊明之隐，虽有不甘之处，但亦是此心安处。其背后，就是有其深沉的"儒玄双修"思想根源。

三、学习活动二：质而绮，真且醇，宜乎传之千古？——探究诗歌之风

　　[问题提出]袁行霈教授的下联，我又斗胆改动两个字，作为我们的

任务二。陶渊明诗文最大的功绩就是对田园的最纯粹、最真实、最本质的发现。在陶渊明之前,人们已发现并赞美着壮丽的山川之美,但对乡村田园之美,却几乎无人青睐。可以说,陶渊明是把田园作为审美观照对象的第一人。那么,问题来了,请同学思考:其一,陶渊明为我们描绘的田园生活的画卷,可谓美乎?其二,这一幅田园生活的画卷,诗人的遣词用语,可谓美乎?请各小组同学聚焦于本诗的写景部分,参照我们的《学生课堂表现性活动评价量表》,按量表的要求,在充分讨论之后,拟写好发言提纲。首先,关注第一个问题:陶渊明为我们描绘的田园生活的画卷,可谓美乎?

[小组发言]

1组发言:美。"方宅十余亩,草屋八九间。榆柳荫后檐,桃李罗堂前。"近有草屋茅舍,榆柳桃李,桃红柳绿榆花白,何其美哉。"暧暧远人村,依依墟里烟。狗吠深巷中,鸡鸣桑树颠。"远有村落、炊烟、深巷犬吠、桑树鸡鸣,轻烟笼罩,朦胧淡雅,自有清趣。一近一远,何许开阔。这是一幅淡雅开阔的田园画。

自评:95 分。有理有据,层次清晰。

互评:95 分。立足文本,有理有据,条理清晰。

3组发言:美。"榆柳荫后檐",草屋前后,榆柳在和风中摇曳生姿、弄影斑驳;"桃李罗堂前",桃李在骄阳下自由开放,争妍斗艳。"暧暧远人村,依依墟里烟。狗吠深巷中,鸡鸣桑树颠",纵目远处,村落隐隐,炊烟袅袅,深巷犬吠,桑树鸡鸣,以及隐藏在画面之后往来耕作的人们,怡然自乐的黄白垂髫,一派生机,良可喜人,同时,鸡犬相闻,以声衬静,更显乡村宁静恬适,幽邃深远。这是一幅恬静幽邃的田园画,这是一幅生机盎然的田园画。

自评:95 分。有理有据,层次清晰。

互评:98 分。立足文本,有理有据,条理清晰,语言优美。

[问题提出] 其次,关注第二个问题:这一幅田园生活的画卷,诗人的遣词用语,可谓美乎?

5. 栖隐岂是平生志，朴拙恰为诗之风

——《归园田居（其一）》教学课例

[小组发言]

2组发言：诗人遣词用语岂会不美？"暧暧""依依"，叠词的运用，很好地将"远人村""墟里烟"的情状描绘出来。"罗""荫"，动词的运用，有炼词之妙，颇具匠心。

自评：85分。有理有据，证据稍嫌单薄。

互评：80分。有理有据，证据单薄，说服力不强。

4组发言：细读之下，遣词用语，确实不美。除了"暧暧""依依"这一组叠词，或许美一点，其他的词语，少有称道处。"方宅""草屋""榆柳""桃李""鸡""犬"等意象，绝去修饰语；两个数量词"十余亩""八九间"，几个动词"罗""荫""鸣""吠"都是实录，纯用白描，绝无令人可惊艳处。

自评：95分。有理有据，证据充分。

互评：98分。有理有据，证据充分，说服力强。

[问题提出] 为师十分认同4组同学的观点。田园之致确实是美的，但是遣词用语纯用白描，绝去修饰，实如田家之语，毫无辞采可言。那么，问题来了，这样一幅纯用白描、绝去雕饰的田园生活画卷，为什么会美？千古之下，却成为无数人精神家园的代名词，这是为何？

[点拨启悟]

如前所言，陶渊明诗文最大的功绩就是对田园的最纯粹、最真实、最本质的发现。这种发现有泉石之致，有烟霞之态，是田园最本然的面目的再现。王国维在《人间词话》中有云："有有我之境，有无我之境。……有我之境，以我观物，故物我皆著我之色彩。无我之境，以物观物，故不知何者为我，何者为物。古人为词，写有我之境者为多，然未始不能写无我之境，此在豪杰之士能自树立耳。"因此，诗歌一入雕饰，便是"我"之所见，便是有"我"之境，便着"我"之色彩。惟其无雕饰，始能见真淳，正是这一种无雕饰、最本真的描写，才是无我之境，才是田园最本真的呈现，也才能契合众人心中的田园想象。

古代禅宗大师提出参禅的三重境界：参禅之初，看山是山，看水是

水；禅有悟时，看山不是山，看水不是水；禅中彻悟，看山仍然是山，看水仍然是水。陶渊明写的田园之景，绝去雕饰，纯用白描，有如禅宗大师所言的第三境界，这一境界，是洗净铅华，是返璞归真。惟其如此，这样的田园画卷，才会走入千千万万的内心，成为他们心中精神家园的代名词。

讲到这里，任务二我们应无疑义，陶诗传之千古，其亦宜矣。再反观任务一：经过我们分析，诗人辞官归隐，此中诚有不得已。但是，诗人对田园美的发现、欣赏甚至是陶醉，也是客观事实。诗人在官场中收获的失意之悲，却从田园之中获得慰藉。从这个角度看，陶渊明辞官归隐，是甘之乐之。纵使劳作再苦，处境再难，诗人自此绝意仕途，安守田园，以至终老。

四、作业设计：出世入世两殊途，试问诸君怎么看？——探究曹、陶的人生之道

本单元第 7 课很有意思，将极富用世之志的诗人曹操和长作林泉之想的隐逸诗人陶渊明放在一起。两种截然不同的人生状态，人生有志须高远，积极入世当提倡；但是，身寄田园之中，心怀出世之意，是否就该批判？对于这两种截然不同的人生之路，你持什么看法？请写一篇不少于 500 字的短文。

五、板书设计

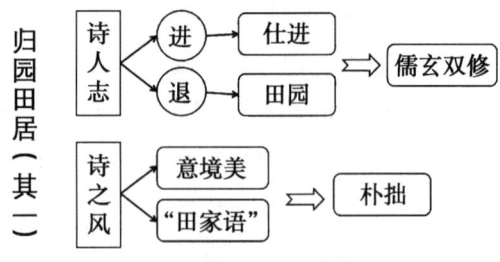

5. 栖隐岂是平生志，朴拙恰为诗之风

——《归园田居（其一）》教学课例

附：学生课堂表现性活动评价量表设计

学生课堂表现性活动评价量表

评价项目		分值	互评	自评
1. 观点	观点表述清晰，阐释合理	20分		
2. 证据	注重课文细节的分析和支撑	20分		
	立足整本书，引述内容得当	10分		
	能适度进行不同作品的关联与比较	20分		
3. 逻辑	条理清晰，合乎逻辑	20分		
4. 场合	发言具有场合意识，表达得体	10分		
总分		100分		

49

6. 曰"仙"云"圣"为哪般？
品"仙"论"圣"道非凡

——《梦游天姥吟留别》《登高》联读教学课例

【前置任务设计】

任务单一：《李杜诗篇小辑》（自小学以至高中教材中出现过的李杜的诗篇）。

任务单二：为"仙"为"圣"大不同——李杜诗歌形式比较。

任务单三：为"仙"为"圣"大不同——李杜诗歌内容比较。

【教学过程】

一、情境导入

这两天，我带领同学们细细品读了李白《梦游天姥吟留别》和杜甫《登高》这两首诗。李杜诗篇百代传，于今读来仍惊艳。从幼儿园开始，我们很多同学就是读着李杜的诗篇长大的。那么，读了这么多年的李杜的诗篇，我们习惯称李白为诗仙，谓杜甫为诗圣，只是不知同学们可曾想过，李白何以为诗仙？杜甫何以号诗圣？这节课，我们就一起去探究"李白何以为诗仙，杜甫何以号诗圣"这个问题。

6. 曰"仙"云"圣"为哪般？品"仙"论"圣"道非凡
——《梦游天姥吟留别》《登高》联读教学课例

二、学习活动一：曰"仙"云"圣"为哪般？——"仙""圣"内涵界定

师：李白号为诗中仙，杜甫誉作诗中圣，"仙"与"圣"是一种至高的评价。这里老师有一个问题："仙"与"圣"，既是一种极高评价，都是褒美之词，能不能将二词互换，将李白号为诗圣，将杜甫誉为诗仙？

生：不可以。

师：同学们都说不可以，为师也觉得不可以。由此说明，"仙"与"圣"虽是一种至高的评价，但其内涵，大不一样。那同学们，可知道什么是"仙"，什么是"圣"？

生：仙，是道家一脉所推崇的具有至高境界的人物；圣，是儒家一脉所推崇的具有至高境界的人物。

师：儒、道两家，其学说最大的分野在于儒者入世，知其不可为而为之；道者出世，蹈足天外境，不与世俗接。诚如同学们所言，两派人士，分别将成"仙"成"圣"作为自己修持的终极追求、最高理想。那么"仙"与"圣"代表的终极追求、最高理想，又是什么呢？

[点拨启悟]

仙——欲知仙人何境界，须共庄生逍遥游。《庄子·逍遥游》载："藐姑射之山，有神人居焉，肌肤若冰雪，绰约若处子。不食五谷，吸风饮露。乘云气，御飞龙，而游乎四海之外。……之人也，之德也，将旁礴万物以为一！……之人也，物莫之伤：大浸稽天而不溺，大旱金石流、土山焦而不热。"这位姑射神人，是庄子理想的化身，也是道家精神的终极追求：风姿绰约，飘逸不群，高蹈出世，天地与我为一，万物与我并生，无"待"无拘，自由自在，逍遥于天地之间，纵是历经万难也不伤其身。

圣——儒家人以至圣孔子、亚圣孟子为高标。儒中之圣，积极入世，始终以仁义为己心，以家国为己任，忧怀天下，心系黎元，知其不可为而为之，虽千万人吾往矣。安贫乐道，忧道不忧贫，谋道不

51

谋食。

师：李白深受道家思想的影响，尤其在失意时则满怀道家的出尘之心，自由之志；故诗风飘逸，充满浪漫主义气息。杜甫是儒家典范，积极入世，虽命途多舛，但位卑未尝忘忧国，处困常怀天下志，忧国忧民；故其诗风沉郁，表现为现实主义的创作风格。故而"诗仙"之称非李白而莫知谁属，"诗圣"之誉舍老杜而无与克当。明白了"仙""圣"殊途，老师还有一个问题，既然是一种至高的评价，那么，这种评价指向哪个方面？

生：诗歌的艺术成就？

师：这一点应该是毋庸置疑的。李杜二人，一"仙"一"圣"，诗坛巨擘，双峰并峙，其艺术成就，不惟冠绝有唐一代，更是秀出千载之上，历史已有定论，无须我们赘言。除了指向二人的艺术成就外，还有没有指向其他方面？

生：艺术风格？

师：说得好，孺子可教。"仙"与"圣"必然也指向了李杜二人在诗歌创作上的不同。

三、学习活动二：为"仙"为"圣"大不同——李杜诗歌形式比较

师：请同学们基于你们的阅读经验，就这两日所学的《梦游天姥吟留别》《登高》，也可适当联系以往你们学过、背过的李杜的诗篇，来谈谈李杜诗篇有什么不同。首先，请同学们拿出前置任务单二，先关注诗歌的形式。

（一）关注诗歌体裁

生：二者所选诗歌体裁不同。

师：李白此诗的体裁是"吟"，歌行体的一种。"吟""歌""行"等都是我国古代的乐府旧题，都是乐府诗体，属于古体诗。而杜甫所作，是律诗，为格律诗的一种。格律诗是一种发端于南齐永明年间、成熟于盛唐的近体诗。

6. 曰"仙"云"圣"为哪般？品"仙"论"圣"道非凡
——《梦游天姥吟留别》《登高》联读教学课例

这里，黄老师有必要多费些唇舌，介绍一下这两种诗歌体裁。以律诗为例，顾名思义，律诗就是因格律要求非常严格而得名。律诗，首先要求句数、字数固定：八句四联，分别为首联、颔联、颈联、尾联，或为七言，或为五言；如果一首诗超过八句，就被称为排律或长律；四句则称为绝句。其次，押韵严格：一般依平水韵，押平声韵，第二、四、六、八句押韵，且一韵到底，中间不得换韵。再次，讲究平仄：律诗中的平仄有特定格式，平仄相对，有"一三五不论，二四六分明"之说，因其有似马蹄落足的节奏，又有马蹄韵之说。最后，要求对仗：颔联、颈联必须对仗。而以乐府诗为代表的古体诗，则没有这诸多限制，篇幅长短自由，用字不限平仄，押韵换韵较自由。

如果同学们能够读足够多的李杜诗篇，你们不难发现，李白似乎偏爱歌行体，在其传世的一千多首诗歌中，歌行体诗歌成就最大，传播最广，传颂最多，如本课这首诗，如《蜀道难》，如《将进酒》。而老杜则独钟律诗，在其传世的一千四百多首诗歌中，他的律诗成就最大，影响最深，本课所选《登高》就有"古今七言律第一"的美誉。同学们试想，一仙一圣，为何各有偏爱？

生：愿闻其详。

师：从诗歌体裁的选择来看，李白深受道家影响，故酷爱自由，自然不喜为严苛格律所束缚；老杜则是儒家中人，就如孔圣，自编礼法之网，却能"从心所欲而不逾矩"，老杜甘入格律之网，却能在格律的限制中悠游自如，就像螺蛳壳里做道场一般，戴着脚镣跳舞，却跳出绝世风华。此外，同学们还发现了什么不同？

（二）关注诗歌字数、句式、韵律等

生：字数、句式不同。李白诗歌字数不等，长短参差，或七言，或五言，或四言；杜甫均为七言，句式齐整。

师：这是一个很有价值的发现。这个问题虽然依旧是诗歌体裁的范畴，杜甫所作为格律诗，句式、字数固定，李白所作为古体诗，句式、字数相对自由，但诗仙、诗圣并非常人，其所作诗篇，不可以常理度之。

53

先说说老杜的《登高》。《登高》作为一首律诗，为何被推为"古今七言律第一"？从诗的格律规范来看，这说明，本诗不仅是律诗的典范，还应该是律诗的天花板，才能当此"古今七言律第一"之盛誉。那么，同学们，这首诗，除了做到了格律诗该有的规范，在哪些方面达到了我刚才所谓的律诗的天花板？同学们能根据我们刚才讲过的诗律特征，找一找吗？首先，我提示一下，比如押韵，同学们找一下本诗的韵脚。

生：回、来、台、悲。

师：做得很好，懂得到双数句末尾去找韵脚。那么第一句的"哀"是不是韵脚？

生：是。

师：律诗第二、四、六、八句必须押韵，而第一句则可押可不押，老杜押了韵。但做到这一点，并不足以说明这首诗卓越秀出。因为律诗本就以首句押韵为常见。那么，这首诗，还在哪个方面做到了律诗的天花板？我再提个示，比如对仗。律诗要求颔联、颈联必须严格对仗，同学们细读一下本诗，老杜只在这两联做到了对仗吗？请试分析。

生：《登高》一诗，四联都做到了对仗。首联，"风急"对"渚清"，"天高"对"沙白"，"猿啸哀"对"鸟飞回"；颔联，"无边"对"不尽"，"落木"对"长江"，"萧萧下"对"滚滚来"；颈联，"万里"对"百年"，"悲秋"对"多病"，"常作客"对"独登台"；尾联，"艰难苦恨"对"潦倒新停"，"繁霜鬓"对"浊酒杯"。

师：分析得非常到位。老杜自言"晚节渐于诗律细"，《登高》更是达到登峰造极、令人仰止的地步。我们再以首联为例，如果再细心一点的同学，你们可能会发现，首联不止上下两句对仗，而且在句内也自成对仗，如"风急"对"天高"，"渚清"对"沙白"，这种现象又叫"当句对"。老杜严苛到几近变态的对仗，居然浑然天成，全无斧凿痕。太让人佩服了。

如果说老杜追求的是严格的诗律，追求的是戴着脚镣跳舞，舞出绝世风华；李白则恰恰相反，李白才华天纵，酷好自由，自然不喜为诗律所缚。那请同学们来看看，李白的《梦游天姥吟留别》在句式上，与老杜相

6. 曰"仙"云"圣"为哪般？品"仙"论"圣"道非凡
——《梦游天姥吟留别》《登高》联读教学课例

比，有何不同？

生：李白诗歌句子长短，参差不一。以七言居多，其中又有四言、五言、九言句式。

师：是的。四言、五言、六言、七言、九言等我们所习见熟知的诗歌的各种句式，李白都熔铸于此诗中。不仅如此，比如诗篇首句"海客谈瀛洲，烟涛微茫信难求。越人语天姥，云霞明灭或可睹"，这是五、七言杂出；最后一句"安能摧眉折腰事权贵，使我不得开心颜！"则是九、七言杂出。此外，有些句子中间还加入了"兮"字，"兮"字是哪种诗歌体裁用得最多且有独创性？

生：楚辞。

师：对。虽说乐府诗相比律诗而言，灵活自由些。但是同学们，请调动你们读乐府诗的经验，除李白自己的作品以外，可有哪个诗人，在一首诗中，能运用、驾驭如此多的句式，且浑然天成，全无斧凿痕？

生：我们初中所学《木兰辞》，基本以五言为主，只有一两句为七言或九言句；本单元所学《短歌行》，则纯粹是四言诗。从未见过有诗歌句式错综变化如李白的。

师：七古歌行，本出楚骚、乐府，至于诗仙太白，则穷极笔力，优入圣域，盖其才华横绝一世，故兴会标举，纵意所如，熔铸楚骚、汉赋、骈四俪六、乐府等笔法为一体，错综组合，疾徐相见。徐缓处似按辔徐行，急促处如短兵相接，戛戛独造之境，不唯盛唐独步，抑且千古绝唱，其所以被尊为诗仙者，正在此等处。

四、学习活动三：为"仙"为"圣"大不同——李杜诗歌内容比较

师：诗仙诗圣诗歌形式的比较，我们分析就到这里。接下来，我们来看看二人在诗歌内容上有何不同。

（一）意象群：取"象"有别

中国的诗性思维方式，是以直觉象征型思维为主，这决定了中国古代诗人，不论是抒情还是说理，都喜欢以形象为思维，化抽象为具象。采用形象化、具象化的表达方式。如果同学们能够熟读古人诗，就会发现不同的诗人都会有专属于他个人特质的意象群。我们比较诗仙诗圣二人诗歌，可先从他们的意象选择开始。请同学们找出李杜二人在本课中所运用的意象有哪些，也可适当联系以往你们学过、背过的李杜的诗篇，看看二人选取的意象，在特征上有什么不一样。

生$_1$：李白诗中出现的意象有：烟涛微茫的瀛洲，五岳，赤城，四万八千丈的天台，海日，天鸡，熊的咆哮声，龙的长吟声，列缺霹雳，洞天石扉，浩荡的青冥，日月，金银台，虎，鸾，等等。除了这些意象，李白诗中，还有我们熟悉的以下意象，如飞翔的大鹏，奔腾咆哮的黄河、长江，高出天外的山峰，飞泻直下的瀑布，等等，不可枚举。

生$_2$：杜甫诗中出现的意象有：急风，高天，哀猿，清渚，白沙，飞鸟，落木，长江，霜鬓，浊酒杯，等等。除了这些意象，杜甫诗中，还有我们熟悉的以下意象：森森柏树，碧草，黄鹂，暮鼓，秋雁，关山，白露，明月，瘦马，等等，不可枚举。

师：我们将李杜二人常用的意象一一罗列，同学们有没有发现，一仙一圣，二人对于意象的选取有很大的不一样。同学们可试说说二人的意象群各呈现什么特点。

[点拨启悟]

李白的意象，有两类，一类是想象出来的神话中的意象，如瀛洲仙山，如洞天仙境，这一类，离奇光怪，纵横变化，奇幻恣肆。一类是取眼前所见之象，但能入诗仙法眼的，多是极具崇高之美的物象。德国哲学家康德把崇高分为两类：其一，数学的崇高，如高山的体积或数量；其二，力学的崇高，如暴风雨的气势。李白选取的意象，很好地体现了这种崇高美，比如至大如鲲鹏，至长如四万八千丈的天台，至刚如海日、如列缺霹雳，至强如龙、如熊。这两类意象，多作奋猛亢厉之音，多为雄浑飘逸之态。

杜甫的意象，多具有"被损害与被遗弃"的特征，多与老杜深沉而忧郁的情思相匹配。如无人来赏的映阶碧草，如无人来听的隔叶黄鹂，如哀猿之啸，如秋风之急，如霜鬓，如浊酒。又如落木，诗人为何不写"无边落叶萧萧下"，偏着"落木"一词？"落木"比"树叶"更能体现出秋天的萧瑟。"落木"更有秋意，更空阔，更有动感，也更有气势，给人以巨大的视觉冲击力和心灵震慑力。

（二）境界：造"境"不同

师：王国维论词，提出"境界"说，认为"词以境界为最上"。其实词如此，诗亦然。诗人取象造境，意象一殊，境界自不同。请同学们试比较李杜二人所造之境有何不同。

[点拨启悟]

李白此诗，为游仙诗，诗人想寄天外，以浪漫主义的笔调，为我们营构的是游仙之境，是动态的梦境。诗人首先入梦至剡，语调憧憬轻快，山底之境，"渌水荡漾清猿"，清幽寂静；跻攀辗转，来至半壁，海日初升，天鸡啼鸣，其境开阔雄奇；攀至层巅，动静剧变，洞天开启，其境，既有熊咆龙吟之恐怖阴郁，又有云青青、水澹澹之奇幻迷蒙；进入洞天仙境，与仙遨游，其境辉煌璀璨、富丽缤纷、恢宏壮观。诗仙游仙之梦境，一路离奇灭没，恍恍惚惚，梦境离奇光怪，恣肆幻化。多用想象、夸张之法，真仙人之笔。清代宋宗元谓曰："以奇笔写梦境，吐句皆仙，着纸云飞。"

杜甫此诗，立足当前所见，以现实主义的笔触，为我们营构的是登高所见的秋景图。诗人登临高处，所见之景，所取之象，本皆习见，然其写景构图，何等魄力。首联第一句，风急天高，从纵向着笔，高邈难及；第二句，渚清沙白，从横向着笔，夐远非常：一纵一横，藏天纳地。颔联，仰望茫无边际、萧萧而下的木叶，俯视奔流不息、滚滚而来的江水：一俯一仰，气象高浑。诗人一纵一横，一俯一仰，以出神入化之笔力，营构"建瓴走坂""百川东注"的磅礴气势，前人把它誉为"古今独步"的"句中化境"，诚非虚语。

（三）志意：儒道分野

师：《尚书·舜典》中言："诗言志。"《诗经·毛诗序》中说："诗者，志之所之也，在心为志，发言为诗，情动于中而形于言。"中国自古有

"诗以道志"的传统,"志"主要指的是诗人的思想、抱负、志意等。诗歌所取之象,所造之境,也均是为传情写志而服务的。

李白作此诗时,是在被唐玄宗赐金放还之后,他那由布衣而卿相的梦想从此破灭。杜甫此诗,则作于唐代宗大历二年(767)秋天,此时安史之乱已经结束四年了,但地方军阀割据又乘势而起,天下依然不太平。蜀中乱起,本入严武幕府、结庐成都草堂的杜甫,因严武病逝,失去依靠,只好离开成都,老病孤愁,漂泊于西南天地间。诗仙诗圣,此际都处于人生最低谷,理想破灭,抱负难施,可谓穷矣。面对"穷"的困境,诗仙诗圣,又借诗篇抒发怎样的情感?

生₁:李白的《梦游天姥吟留别》,以记梦为由,抒写的是对光明、自由的渴求,对黑暗现实的不满。结句"安能摧眉折腰事权贵,使我不得开心颜",表现了诗人蔑视权贵、不卑不屈的叛逆精神。

师:概括得不错。关于李白这首诗,为师有一个疑问:此诗又名《梦游天姥山别东鲁诸公》,说明此诗不仅是一篇游仙诗,也是一首赠别诗。但同学们读完此诗,是否觉得奇怪:此诗对于将要离别之诸友,不效小儿女的凄凄之状也就罢了,通篇居然全然不着一丝别离之意?何也?

[点拨启悟]人生在世不称意,明朝散发弄扁舟。李白被赐金放还,由布衣而跻卿相的梦想破灭,道家的老庄思想就占据了李白思想的主流。同学们可以参看《庄子·至乐》中庄子于其妻子身死的态度。

[PPT 投影展示]

庄子妻死,惠子吊之,庄子则方箕踞鼓盆而歌。惠子曰:"与人居,长子老身,死不哭亦足矣,又鼓盆而歌,不亦甚乎!"庄子曰:"不然。是其始死也,我独何能无概然!察其始而本无生,非徒无生也而本无形,非徒无形也而本无气。杂乎芒芴之间,变而有气,气变而有形,形变而有生,今又变而之死,是相与为春秋冬夏四时行也。人且偃然寝于巨室,而我嗷嗷然随而哭之,自以为不通乎命,故止也。"

——《庄子·至乐》

6. 曰"仙"云"圣"为哪般？品"仙"论"圣"道非凡
——《梦游天姥吟留别》《登高》联读教学课例

庄子于其妻子身死的态度，充分体现了道家崇尚逍遥无待、提倡自由不羁的思想，他们倡导"太上忘情，最下不及情"。回到本诗之中，深受道家精神影响的诗仙，于此区区别离之情，虽或亦萦于心中，但坚决不能表现在言辞之中，不然就凝滞于情，显得太不通达，也太不"诗仙"了。

生$_2$：杜甫由登高所见，追忆平生遭遇，抒发了穷困潦倒、年老多病、流寓他乡的悲哀之情。

师：杜甫作此诗时，虽只有56岁，但于他而言已是人生晚景，此时距离这一颗诗坛巨星陨落，也只有三年的时间。但就是这样一个老病孤愁的老者，作诗笔力愈发雄健刚劲，绝无暮年晚景之颓势。本诗前二联写景，纵横俯仰，有"建瓴走坂""百川东注"之磅礴气势。后两联写景，激切奔越、浓郁深沉。且看颈联"万里悲秋常作客，百年多病独登台"，宋代学者罗大经，说颈联十四个字里包含着八层含义——

[PPT投影展示]

"万里"，地辽远也；"悲秋"，时惨凄也；"作客"，羁旅也；"常作客"，久旅也；"百年"，暮齿也；"多病"，衰疾也；"台"，高迥处也；"独登台"，无亲朋也。

——《鹤林玉露》

老师在这里想说的不仅仅是这两句十四字之中有多么丰富的意蕴，而是想让大家看看老杜他是怎样抒情的。古人认为，四方上下曰宇，古往今来曰宙。老杜书写自己的老病孤愁，是把自己放置于广阔的宇宙时空之中的，他的悲秋之绪不是只见眼前，而是基于"万里"之江山；他登高所见不是只观当下，更是回望人生"百年"。诗人的诗风之所以沉郁慷慨，就在于诗人心中始终心怀"宇""宙"意识，将自己的遭际，融入风云多变的"百年"时局和"万里"河山中，将自己的个体命运和国难家愁高度同频共振。这也是老杜人所难及的高处，也是诗圣所以为圣的根本原因。

五、学习活动四：品"仙"论"圣"道非凡——学写文学短评

李白何以为诗仙？杜甫何以号诗圣？我们从李杜二人诗歌的形式与内容两方面展开分析。不知诸生以为然否？请同学们就你感触最深的某一点，以《品"仙"论"圣"道非凡》为题，写一则800字左右的文学短评。

六、板书设计

梦游天姥吟留别、登高

学习活动二：

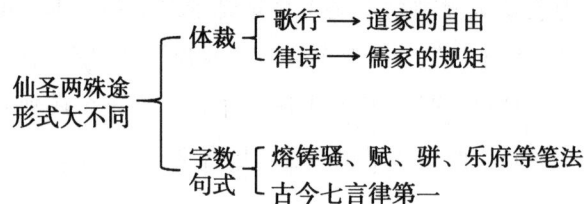

学习活动三：

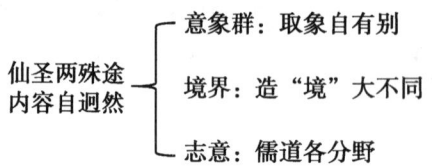

7. 惟有破得彻底，方能立得坚定

——《拿来主义》教学课例

【前置任务设计】

1. 校刊《云帆》就年段这个当下热议的话题，适时推出征文：你是否认为男女生的性别差异与文理学科的分野，具有高度的一致性？即男生更适合理科，女生更适合文科？你认同"理科男""文科女"的说法吗？如果你认同这种看法，请写一篇立论文。如果你不认同这种看法，请写一篇驳论文。

2. 绘制《劝学》和《拿来主义》行文思路的思维导图，并以此来为立论文、驳论文建立写作的结构模型。

【教学过程】

一、情境导入

校刊《云帆》就同学们热议的"理科男""文科女"开设了征文，我们也动员了全班同学积极参与。翻阅各位的作品，让老师感到意外的是，虽然大家在行动上都很诚实地遵从了"男选理""女选文"的主流选择，但在文章中，多数人却不遗余力地批驳"理科男""文科女"的观点。诸位同学的这番操作，终究让老师有些看不懂了。但这不是本课的重点，本课的重点在于同学们驳论文的写作。很多同学行文无章法，驳得无力，立得勉强，看得老师的尴尬症都快犯了。驳论文到底该怎么写？我们要向大咖学习。今天，让我们继续走进鲁迅的《拿来主义》，就驳论文的写作，向鲁迅先生求取真经。

二、学习活动一：从一文到一模

（一）以《劝学》为例，为立论文建模

长期以来，我们议论文的写作，训练的都是立论文。关于立论文，同学们也积累了丰富的写作经验。请同学们拿出任务单一，我们让同学们绘制《劝学》关于行文思路的思维导图，并以此建立立论文的基本写作模型。下图是我们许同学的优秀作业展示。

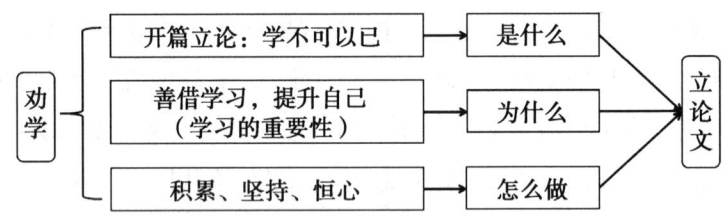

这份作业从《劝学》的行文思维提炼并建构起立论文的写作模型，非常准确。很多同学也有像这样准确而又精彩的作业表现，老师不在这里一一展示。这也说明同学们对立论文的写作有清晰的写作思路，真不愧是久练之兵。

（二）细读《拿来主义》，为驳论文建模

1. 如何破？

师：那接下来，请同学们以这个结构模型，去比较一下我们鲁迅先生的《拿来主义》，看看他的写作思路有什么不同。

生：两文最大的不同在于，鲁迅先生并没有在行文开篇就立论，而是到文章的第7段才提出论点："所以我们要运用脑髓，放出眼光，自己来拿！"

师：那么，在这个观点的提出之前的6个段落里，鲁迅写了什么？

7. 惟有破得彻底，方能立得坚定
——《拿来主义》教学课例

生：批判了三种主义：闭关主义，送去主义，送来主义。

师：这三种主义，是均衡用力，逐一批驳，还是有所侧重，有详有略？

生：批判闭关主义、送来主义，只是寥寥数语。其中批判闭关主义，甚至只是一句话就带过去而已。第1—6段的写作的着力点，几乎都是在批判送去主义。

师：鲁迅先生为什么做这样反差强烈的详略安排？

生：闭关主义和送来主义的危害，大家都清楚，所以不必多言。送去主义的危害，相对较不明显，所以鲁迅先生讲得比较多。

师：对。这里黄老师还要补充一点：议论文写作要有鲜明的针对性。批判送去主义，是鲁迅先生的当务之急，有其不可坐视而不可不秉笔痛斥的迫切。20世纪30年代，国民党政府施行卖国反共政策，在政治、经济、军事、文化上都执行一条卖国投降路线，在强大的帝国主义势力面前将自己的宝贵文化遗产如肉包子打狗一般，纷纷送出去。面对这种现象，鲁迅先生岂能坐视？焉能不管？那么他是如何批判的？请同学们拿出任务单。我们来看看同学们是如何绘制第1—6段的思维导图的。下面我们展示黄同学的优秀作业。请黄同学现身说法，为我们阐释一下这份思维导图。

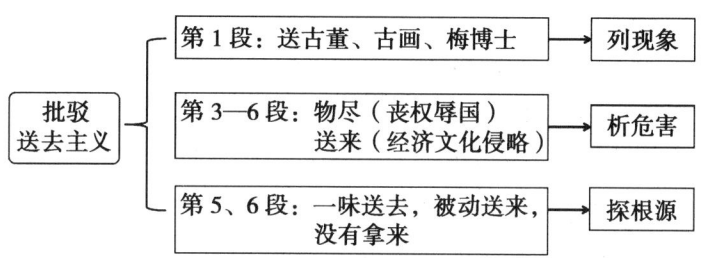

[评点] 黄同学不惟作业做得好，思维导图的阐释也讲得很精彩到位。第1段的送古董、古画以及梅博士出去，黄同学提炼得特别好，称之为"列现象"。第3—6段，揭示了一味送去的危害：总有物尽的一天，到彼时，屈膝乞讨、丧权辱国便在意料之中；而等到别人给你送来的，又岂是好东西？帝国主义亡我之心不死，鸦片、废枪炮、电影，凡此送来之种

种，其背后，无不是经济文化的侵略，所以这些部分，黄同学敏锐地指出这是"析危害"。由现象而洞察其危害，第1—6段行文中还揭明了原因，就是我们一味送去，也只等别人送来，而非自己主动拿来。所以，行文至此，观点就呼之欲出，也不得不出："所以我们要运用脑髓，放出眼光，自己来拿！"

师：那么，第1—6段与第7段的观点之间的关系是什么？按照我们写立论文的经验，观点要越早、越清晰地提出越好，那为什么作者要用那么冗长的篇幅来写1—6段，而让观点姗姗来迟？

生：1—6段是批驳三种主义，是破；第7段是提出论点，是立。1—6段通过列现象、析危害、探根源，来批驳三种主义尤其是送去主义的危害，作者用这么长的篇幅来写，显然，其目的是要收到破得彻底、立得坚定之功效。

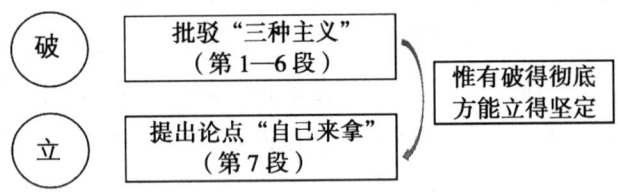

2. 如何立？

接下来，请同学们阅读第8—10段，梳理本文"立论"部分的论证思路，并请画出思维导图。

师：第8—10段要解决的是怎么立的问题。采用的论证方式，我们上节课已梳理过，是比喻论证，此处我们不多赘言。怎么立呢？第9段有一个核心句："他占有，挑选。"这是拿来主义者应有的做法。那第9段之前的第8段，写了什么呢？8、9两段的关系又是什么？

生：如何对待大宅子（传统文化、外来文化），批驳了孱头、昏蛋、废物三种人的做法。老师，作者这里也依然运用破、立结合的手法，第8段为破，第9段为立，两段也是破与立的关系。

师：非常棒。子曰："举一隅而不以三隅反，不复也。"该同学真的是

7. 惟有破得彻底，方能立得坚定
——《拿来主义》教学课例

善于举一反三。没错，第1—6段之于全文，是破与立的关系；第8段之于第9段，也是破与立的关系。破不是目的，破是为了立。惟有破得彻底，方能立得坚定，以此增强说理的针对性以及论证的力量感。明白了8、9段的关系，那么8—10段的思维导图就很清晰了。我们展示一下王同学的思维导图。

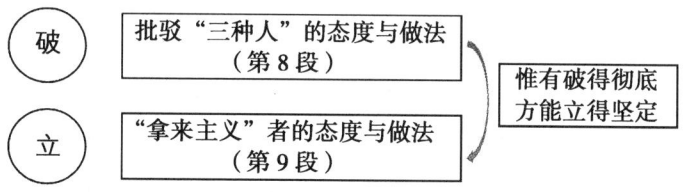

3. 以《拿来主义》为例，为驳论文建模。

经过上文的分析，我们对本文的论证思路都已明晰，我们试着以此课为例，为驳论文建立模型。并思考它与立论文的论证思路有何不同。

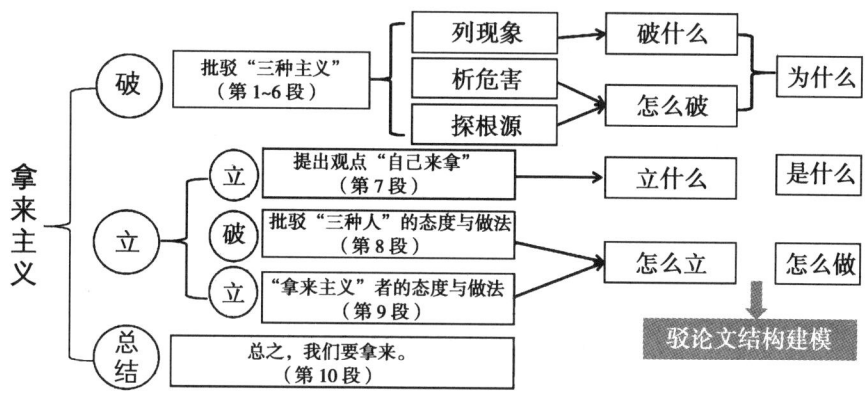

生：比较立论文的模型，我们不难看出，驳论文的行文思路，先破后立，不破不立，首先着笔的是破什么，如何破，这一部分回答的是驳论文中"为什么立"的环节。破是为了立，惟有破得彻底，方能立得坚定。破之后就是立，立观点，明态度，这部分回答的是驳论文中的"是什么"环节。最后部分，是论述如何立，回答的是驳论文中"怎么做"的问题。这种写法，与立论文大不同。

65

三、学习活动二：从一课到一类

我们基于《拿来主义》一课，建立的驳论文结构模型，在同属驳论文的经典文本中，是否具有共同的一致性？试着回顾一下我们学过的两篇经典文章：一篇是初中学过的鲁迅先生的作品《中国人失掉自信力了吗？》，一篇是毛主席的《反对党八股》。虽说文无定法，法因文而定，也因文而异，但有些思考的内核，应该是有共性的。

比如回顾一下《中国人失掉自信力了吗？》这篇文章，作者也是首先反驳了当时社会对抗日前途的悲观论调以及指责中国人失掉了自信力的言论，进而正面立论，正面歌颂有史以来前仆后继战斗着的中国人民，指出我们始终有不失自信力的中国人在。

毛主席的《反对党八股》也是如此，以批驳的第一条罪状"空话连篇，言之无物"为例，揭示其危害群众的现象，层层攻击，破而后立。

四、作业设计：从阅读到写作

我们始终倡导，在阅读中一定要有写作意识。今天以《拿来主义》一课为例，建立了驳论文的写作模型，学习了驳论文的写法，那么，我们就要好好练练兵。回到校刊上关于"理科男""文科女"的话题，多数同学试水了驳论文的写作，但问题百出，佳作不多。写作始于模仿，思维源自训练。好文章来自于多修改，通过本课的学习，请同学们将学到的这个写作模型，应用于这次征文的写作与修改中。期待同学们能写出佳作，作品能被校刊刊载。

7. 惟有破得彻底，方能立得坚定
—— 《拿来主义》教学课例

五、板书设计

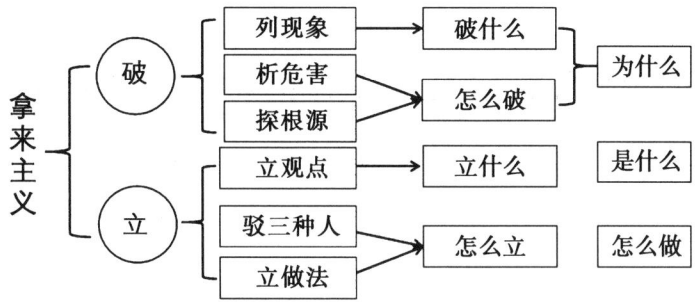

8. 咬文嚼字莫辞劳，斟酌涵泳兴味长

——《故都的秋》教学课例

【前置任务设计】

　　最近，厦门市东坪山水库周围栽种的落羽杉悄然披上了红妆，一树树深红如火，在如洗的碧空之下，在溦漾的绿水之间，尤显壮美。一些游客被吸引而至，拍照上传朋友圈，"厦门秋光"话题竟登上热搜。青春不应只在那学校的四围天空之下，胜景不能只存于书本描绘的天地之中，有感于此，语文老师遂布置了一项周末秋游作业——"采撷厦门秋光，书写鹭岛秋韵"活动。活动任务有：（1）选择厦门的某座山或某处公园，拍摄你所见的美景，选择其中具有较浓秋意的照片来发布朋友圈；（2）为这些照片，在贵朋友圈中，写上一段描述性的文字片段，可摹写风景，可书写怀抱，字数100—200字。

【教学过程】

　　一、情境导入

　　我们周末布置了一项秋游作业，即开展"采撷厦门秋光，书写鹭岛秋韵"活动。从刚才同学们的展示来看，你们都不愧为拍照小能手，为我们展现了厦门之秋的缤纷之美；也有不少同学携生花之妙笔，为这些照片配

上了精彩的文字，文图互映，相互生辉，实为妙事。同样是写秋，同样是为秋光图配上描述性的文字，写景圣手郁达夫在近九十年前也干过这件事。人不轻狂枉少年，曾被一度视为狂生的韩愈就说过很狂的话："彼，人也；予，人也。彼能是，而我乃不能是！"我们不妨试忖度之，我们用心写作的文段，是否可比肩郁达夫呢？谁敢揭此英雄帖，欲与达夫试比高呢？

二、学习活动一：从来少年负壮气，敢与前哲试争锋——写景文段大 PK

要与郁达夫 PK 写景文段，为公平起见，我们选出几位总评为 A^+ 的同学出列参赛。而郁达夫为故都五幅秋光图配了五段文字，我们也择取其着墨最多、用力最深的"破屋秋晨图"所配文字进行 PK。

师：哪位同学敢先揭此英雄帖？

诸生纷纷表示：非曰能之，愿学焉。

[评点] 同学们的谦虚与自知，这是老师要为大家点赞的。确实，作家之笔，有其不可企及之处，如岁月磨砺过的沧桑，如笔耕数十载之后的老到，如高卓之才识，等等，的确非我们所及。但是，年轻人的文字，亦非一无可取。你们如曦日一般朝气的笔触，如春花一般烂漫的情怀，亦非那些成年作家所拥有，亦弥足珍贵，也有胜人之处。

三、学习活动二：读书切戒在慌忙，涵泳工夫兴味长——字斟句酌品文段

既然诸位均表示不敢 PK，惟愿学焉。那我们接下来，就以学习者应有的谦卑的姿态，走进这一文段，去品味郁达夫笔下"破屋秋晨"这一文段的超绝之处。

（一）品读方法介绍：涵泳

在学习这一文段之前，我想介绍古贤的一种读书方法。陆九渊在《读书》诗里写道："读书切戒在慌忙，涵泳工夫兴味长。"朱熹也说："学者读书，须要敛身正坐，缓视微吟，虚心涵泳，切己省察。"不管是陆九渊、朱熹还是朱光潜，这些文学巨匠，在文学阅读中，都提到一种"工夫"——"涵泳"。何谓"涵泳"？著名美学大师朱光潜先生在《咬文嚼字》一文中，曾有一个更浅白的表达，他说："在文学，无论阅读或写作，我们必须有一字不肯放松的谨严。"所谓"涵泳"，就是将自己浸润在文字里，咬文嚼字，字斟句酌，深入领会其主旨、意韵、情感。今天，我们就用"涵泳"去细品郁达夫《故都的秋》的文辞之妙。

请同学们细品第3段"破屋秋晨"。要求：逐字逐句、字斟句酌，以一字不肯放松的谨严态度好好品味郁达夫的遣词造句之妙。请同学们边读边思考，哪些字词写得妙？哪些句子写得好？为什么好？好在哪里？

（二）品读一二句：文无虚言品闲笔，叙有详略观布局

细心的同学已经发现，第3段并不全然是摹写"破屋秋晨"的，它的前面还有两句话。看似闲笔，但闲笔不闲。这两句话与后面主体部分的内容构成什么关系？

阅读、提问。

第一句话，表达十年不逢北国之秋的感慨，从而使文段有了浓浓的抒情意味。第二句话，以意象组合的方式，罗列了"陶然亭的芦花，钓鱼台的柳影，西山的虫唱，玉泉的夜月，潭柘寺的钟声"等景观，呈现故都之秋的大致风貌，与后文描摹"破屋秋晨"构成主次、详略的关系。前为宾，后为主；前为过渡，后为切题；前为略写，后为详描；前为概述，后为精绘；前为轻鸢剪掠、浮光掠影，后为精雕细镂、浓墨重彩。

细读第二句，可知所罗列景观，均是北京最具知名度的景点和最具代表性、最具秋意的景观，作者为何一笔带过，略而不谈呢？思考、提问。

[明确] 其一，这些知名景点及其代表性的景观，自古文人题咏者甚多。若不能推陈出新，则必落入窠臼。其二，纵是知名景点及其代表性的景观，也未必契合诗人心中那一份"清、静、悲凉"的秋意。从后文可知，诗人心中的那一份秋意，全在这些知名、热闹之外。

这一层次的略写，可谓略到极致了，其笔法颇值称道，它给我们怎样的写作启示？思考、提问。

8. 咬文嚼字莫辞劳，斟酌涵泳兴味长
——《故都的秋》教学课例

说其略到极致，就在于作者将知名景点及其具有代表性的景观罗列在一起，只是简单的组合，绝无枝蔓的拖沓。这种凝练，见出作者的笔力，作者对文字的掌控能力令人赞叹。这种组合的方法，或许取法于我们的先贤。我们都很熟悉马致远的一首元曲《天净沙·秋思》："枯藤老树昏鸦，小桥流水人家，古道西风瘦马。"简单的意象组合，却言有尽而意无穷，浓浓的羁旅之苦和悲秋之恨，扑面而来。郁达夫的这些景点、景观的组合，用最少的语言容量，承载了北京秋的风貌。

（三）涵泳"破屋秋晨"：咬文嚼字莫辞劳，斟酌涵泳见功夫

接下来，我们来涵泳"破屋秋晨"的内容。我们要做的是，逐字逐句地品下来。

> 在北平即使不出门去吧，就是在皇城人海之中，租人家一椽破屋来住着……

[阅读思考]"皇城人海"与"一椽破屋"，前者"皇城"乃富丽堂皇之地，"人海"乃人声鼎沸、人潮如织的繁华之所；而后者，一椽破屋，一爿小屋，破败不堪，远离喧嚣的灯火阑珊之处。作者为什么不往富丽繁华深处行，反而偏向萧索落寞处栖隐呢？

[点拨启悟]二者形成了鲜明的对比。以皇城的富丽、繁华、喧嚣，反衬出破屋的破败、萧索、落寞。这种有悖于常人的选择，其一，可能跟其忧郁的个性有关，阅读郁达夫的其他作品，苦闷、彷徨、压抑，甚至精神上的病态、变态是其作品的主题。其二，这种个性影响作者对北平秋意的记忆，就集中定格在"清""静""悲凉"的意韵上。因此，这"清""静""悲凉"不仅影响了作者对故都秋景的选择，比如这里的一椽破屋；而且也是故都北平的秋在作家意念上的总投影，它构成了文章的基调和底色。

[阅读思考]"一椽破屋"一词颇值得玩味。这个量词用得很好。与"一蓑烟雨"的"蓑"字可谓都是神来之笔。它好在哪儿？能换成"间"

71

"栋"等量词吗？

[点拨启悟] 椽，本是指放在檩上架着屋顶的木条，这里作为房屋间数的代称。但如果只是简单地将之理解为一个量词，就会错过这个字的精彩。椽，与破屋着实是绝配。不知同学们有没有看过一些老屋？老屋房梁上的椽子，因年久而变得乌黑如铁，有的甚至长出了霉苔。旧椽子，极富年代感、沧桑感。因此"一椽"，既是数量词，也是破屋的注脚，给人以沧桑、破败的画面。

早晨起来，泡一碗浓茶，向院子一坐，你也能看得到很高很高的碧绿的天色，听得到青天下驯鸽的飞声。

[阅读思考] "泡一碗浓茶"：茶为雅士品，来自南方之作者是浙江富阳人，富阳盛产岩顶绿茶。作者来自产茶区，应是精通茶道，喝茶品茶也应是极为讲究。南方品茶，茶碗应该是一种精致的小杯盏，所用量词应该是"杯""瓯""盏"。南方人品茶，适合雅致地细品，绿茶亦以清香醇和著称。但作者这里用的是"碗"，而且对象是浓茶。是入乡随俗呢？还是别有寄托？

[点拨启悟] 碗是属于豪饮的，于北方市井所习见。或是入乡随俗。然，若非浓茶味苦，且大碗豪饮，不足以表现作者心中的"悲凉"之况味。

[阅读思考] "很高很高的碧绿的天色"中"很高很高的"为什么要重复两遍，删去其一，或全部删掉可否？

[点拨启悟] 不可删。视角从院落到天上，"很高"重复两遍，画面的层次感立马就体现出来了。以高远无际的天空，映衬院落里的孑孑之身，更显落寞之感。

[阅读思考] "听得到青天下驯鸽的飞声"，此处何以写到驯鸽的飞声？

[点拨启悟] 此句一者见出清晨之幽静，一者显出空旷之感。

8. 咬文嚼字莫辞劳，斟酌涵泳兴味长
——《故都的秋》教学课例

> 从槐树叶底，朝东细数着一丝一丝漏下来的日光……

[阅读思考] 到底是怎样的一种心境，能让作者坐在院中，来细数那一丝一丝漏下来的日光？是闲极无聊，还是别有怀抱？

[点拨启悟] "朝东"，方位明确，"细数一丝一丝漏下来的日光"，这个恐怕不只是清闲二字所能解释的。这让我联想起史铁生《我与地坛》中的一段描写："蜂儿如一朵小雾稳稳地停在半空；蚂蚁摇头晃脑捋着触须，猛然间想透了什么，转身疾行而去；瓢虫爬得不耐烦了，累了，祈祷一回便支开翅膀，忽悠一下升空了；树干上留着一个蝉蜕，寂寞如一间空屋；露水在草叶上滚动、聚集，压弯了草叶，轰然坠地，摔开万道金光。满园子都是草木竞相生长弄出的响动，窸窸窣窣窸窸窣窣片刻不息。"如此细致入微的景象，于大多数人而言，是熟视无睹的。但对于两腿残废后的史铁生而言，这是他在地坛百无聊赖的消遣。这种消遣是一种病态心理下的无奈之举。所以以此反观郁达夫的这种"微观"，其实也是一种悲凉心态的驱使。

> 或在破壁腰中，静对着像喇叭似的牵牛花（朝荣）的蓝朵，自然而然地也能够感觉到十分的秋意。说到了牵牛花，我以为以蓝色或白色者为佳，紫黑色次之，淡红色最下。最好，还要在牵牛花底，叫长着几根疏疏落落的尖细且长的秋草，使作陪衬。

[阅读思考] 诗人对"破壁腰"环境的选择与上文对"破屋"的选择有异曲同工之妙，此处不赘言。这个地方，要特别注意作者对牵牛花颜色的独特的喜好上。"蓝色或白色者为佳，紫黑色次之，淡红色最下。"常人都爱喜庆热烈的红颜色，但作者为何偏爱冷色调的蓝、白、紫黑等色调？

[点拨启悟] 正如 blue 在英语中也有忧伤的意思，这种深沉、忧郁的颜色契合了诗人悲凉的心境。牵牛花底以秋草为背景，也耐人细品。这种秋草，作者不选择南方丰茂碧绿、水分充足的秋草作背景，而是选择疏疏

落落、尖细且长、颜色枯黄的秋草,作为牵牛花的底色,使整个画面显得萧索。

四、作业设计:举一反三,迁移运用

(一)涵泳其他图景

"破屋秋晨"是作者用墨最多、用意最深的一个画面,它最全面地呈现了故都之秋那"清、静、悲凉"的况味。一切景语皆情语,作者意在笔先,情融景中。我们披情入景,字斟句酌,加以涵泳,文字背后的意韵被我们抽丝剥茧般地品出来了。我们在这一段里做足了示范,那接下来的几幅画面,就请同学们参照我们的解读,一一加以涵泳、品味。

(二)迁移写作

阅读下列材料,按要求完成作文。

Sprwinautummer
释意:福建的某个季节

郁达夫在《故都的秋》中写道:"足见有感觉的动物,有情趣的人类,对于秋,总是一样能特别引起深沉、幽远、严厉、萧索的感触来的。"其实,不惟秋天,一年四季以及季节间的更迭变化,都会引起人们不一样的触动。上图的汉字系某网友基于福建特殊的气候而造出的字,引发福建网友的广泛共鸣。福建的四季分野,确实并不像北方一样明显,就像近日的厦门,立冬过后,气温居然持续攀升,令人有如处炎夏的错觉;此刻的北国,多地已迎来冬天的第一场雪,而厦门依然处处可见一树繁花开的胜景。那么,独特季节特征下的厦门,在同学们的眼中,是何等景观?这些独特景观,投射于同学们的内心,又是怎样的独特感触?请你补齐以下作文题"厦门/故乡的_____",完成一篇记叙文。

要求:自选角度,自拟题目,明确文体,不要套作,不得抄袭;不少

于 800 字。

五、板书设计

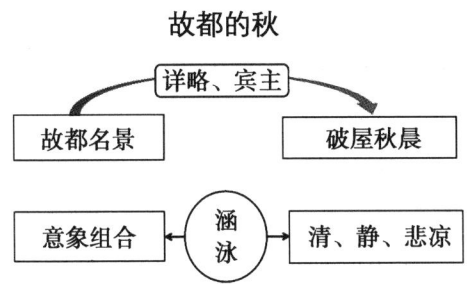

附：评价工具设计

"采撷厦门秋光，书写鹭岛秋韵"配图文字评价表

评价项目	自评	小组互评	老师评价	综合总评
图文相契				
情境相生				
文质相融				
辞意相达				

注：评价等级分五级，一级 A$^+$，为优异等级；二级 A，为优良等级；三级 B，为中等等级；四级 C，为合格等级；五级 D，为不合格等级。

9. 删减调换莫作等闲看，笔意技法应以慧心观

——《我与地坛》（第一节）教学课例

【前置任务设计】

前置任务单：《我与地坛》（第一节）删减版（即删去三处景物描写的语段，以资同教材原文进行比较阅读），并创设四个活动任务（见"教学过程"）。

【教学过程】

一、情境导入

我们最近几次的作文，都在训练怎么写好记叙文。而我们命制的作文题，如"厦门/故乡的_____（季节）"，如"一轮圆月耀天心"等，也都是本着教学一致、学以致用的原则，有意与本单元的写景抒情散文接轨，注重向写景的方向引导。我在上次的作文指导课上，与同学们一起分析了单一叙事之弊与妙用描写之功，并以一些鲜活的例文，引导大家如何在记叙中点缀以生动、形象的描写，从而收到化腐朽为神奇，化拙劣成天工之功效。但是，这次作文收上来，有相当一部分同学依然让景物描写缺席，与这些同学交流，发现他们不喜欢甚至很抵触景物描写。有的同学甚至以一些网络爽文为例，振振有辞地说，能讲述一个精彩的故事足矣，何

9. 删减调换莫作等闲看，笔意技法应以慧心观
——《我与地坛》（第一节）教学课例

须写景？

写景真的不重要吗？它在一篇文章中真的是可有可无的吗？我们今天就一起走进史铁生《我与地坛》的第一节，来看看景物描写对于一篇文章的事、情、理的作用。

二、学习活动一：请君摘出写景段，无景于文又如何

同学们手头的前置任务单中有删改版的《我与地坛》（第一节）。作品原文共有三处集中笔墨来书写地坛之景。细心的同学已经发现了，调皮的黄老师把作品中这三处景物描写的内容都删去了。请同学们细读一遍这篇删减后的《我与地坛》（第一节），思考：试与原文比较，如果没有了写景，《我与地坛》还完不完整，作品还好不好？各小组可就其中某一处删去的效果进行比较分析，也可立足整节文段进行分析。

[小组发言]

1组同学发言：我们关注的是第一处的删去效果。作品第二节反复在讲述作者与地坛的距离。作者与地坛兜兜转转，搬来搬去，二者距离却越来越近。作者从中得出结论，这其中有着宿命的味道：古园为了等我，而历尽沧桑在那儿等待了四百多年，等待我出生，等待我残废了双腿。就像是传统国画用水墨或淡色通过层层渲染来加强效果一样，作者用了这么多的笔墨，一直在铺垫或渲染"我"与地坛的关系。但当作者的情感烘托到位后，呼之欲出的地坛的真面目突然就在文中缺席了。这段文字删去，似乎不影响文章的完整度，但却让作品的艺术效果大打折扣。

教师点评：回答得非常好。1组同学一致认为此处的景物描写不可删去。为什么不可删呢，我稍微提炼一下1组同学的观点：其一，作为首次登场的古园，是需要有一些正面描写的内容，以让我们见到古园的庐山真面目；其二，在经过作者情感的层层铺垫之后，作为作者的情感寄托的对象——古园是不能缺席的，不然作者的情感就无从寄托、抒发与归依。

2组同学发言：我们关注的是第二处的删去效果。第二处的景物，描写的是古园虽荒芜但并不衰败的景象。这部分删去，乍看似乎并不影响文

脉的贯通。这一段讲的是作者残废后的最初几年,他天天到园子中。然后紧承这一段,讲地坛除了几座殿堂外,均遍布他的轮椅的辙迹。这两段之间,如果没有这一段虽荒芜但并不衰败的古园景象的描写,作者对于死亡的开悟,就没有一个触发点,这种开悟就成了无源之水,无本之木,就显得很突兀。

教师点评:非常好。2组同学也一致认为第二处的景物描写不可删去。2组同学发现了第二处的景物,与作者关于死亡的领悟,有着密切的关系。古园与作者,何其相似:古园的荒芜,有如作者的残废;但古园并不衰败,充满生机,这让作者从中获得启发,悟到死是一件不必急于求成的事,从而获得活的动力。古园是作者的启悟之因,是开解之点,不可删去。

3组同学发言:我们关注的是第三处的删去效果。作品第一节的最后一段,作者思考的是怎么活的问题。但这个问题,作者非一时一地就能想明白,恐怕活多久就得想多久。那作者为什么在这十五年间,要常去古园静坐、呆想呢?显然,此处景物描写功能,揭示的是古园以不同的风貌、样态,给予作者的启示。如果删去这部分景物描写,作者关于怎么活的思考,就显得空洞苍白,没有依托。

教师点评:非常精彩。同学们有没有发现,此处的景物描写手法,颇有点诗歌鉴赏中的"以景结情",关于怎么活的问题,作者没有明说,当然也说不清,这是一个无法出具固定的、统一的、一成不变的答案的命题,所以作者就用古园的不同的风貌、样态来暗示或揭示,以启人深思,以达到言有尽而意无穷的效果。

4组同学发言:我们关注的是三处景物描写删去后的整体效果。作品的题目是《我与地坛》,如果删去有关地坛的景物描写,文章就变成了作者一方单极的生命突围。但显然作者的生命突围,是和地坛紧密联系在一起的。作者残废时,地坛以其荒芜的姿态慰藉了作者;作者颓废逃避、遁入古园时,地坛以其荒芜而不衰败的景象,让作者对死有了领悟,有了向死而生的动力;作者孜孜以求活着的意义时,十五年来古园以其不同的风貌，给予作者不一样的慰藉与启发。

教师点评：非常棒。4组同学从题出发，发现了本文写作的重心是"我"与地坛的二元关系。删去地坛的景物描写，作者的生命突围就无从借力，无以实现。

［小结］综上分析，同学们还认为景物描写对于我们的写作依然是可有可无的吗？有的同学说，如果删去景物描写，以史铁生的笔力来看，文中俯拾皆是的是诗化的语言和富含哲理、予人启迪的佳句，仍不失为一篇优秀的作品。老师在这里想再次强调的是，如果说思想是文学的光，风景描写就是文学作品里的湿地。优美的风景描写是文学作品的有机组成部分，是不可或缺的。风景在散文中的功能是多种多样的，增加文采、营造环境、渲染气氛、衬托情绪、铺垫情节、暗示心理等，貌似闲笔，但若运用得妙，必然处处生辉。

三、学习活动二：且将景物作标签，随意粘贴又如何

通过任务一，同学们认识到写景对于一篇作品的重要性。但是，有的同学又提出疑问了：既然写景重要，写作文有景物描写就可以了。那么，《我与地坛》中三处景物描写的位置，是不是可以随意调换呢？反正文采都很出众，放在哪里也都熠熠生辉。那么，真如这位同学所言，只要有景物描写就可以，不必管它与行文的情、事、理的贴合，可以随意调换其位置吗？为此，我给每个同学制作了三张标签卡片，每张卡片上的内容即为删去的景物描写片段。同学们可以试着玩一个游戏，随机打乱它们的顺序，并放入任务单中删减后文本的空白处。然后小组一起再品读一下，文脉是否通畅？

［小组发言］

5组同学发言：我们关注的是第一处的景物描写替换。我们将第二处、第三处的景物描写置换进去，发现语脉不通。第一处讲的事是我活到最狂妄的年龄忽地残废了双腿。与之对应的必须是古园在这四百年里从繁华走向荒芜。正是地坛命运与"我"有相似处，才能给予作者同病相怜的慰

藉。而其他两处似乎都在讲虽荒芜却不衰败的景观，与此处并不相宜。

教师点评：回答得非常好。此处的景，是与残疾之事、颓废之情相伴、相生、相融的，体现的是景、事、情三者的一致性。

6组同学发言：我们关注的是第二处的景物描写替换。我们将第一处、第三处的景物描写置换进去，也发现语脉不通。这里写的是作者残废后最初几年避入古园，无所事事，对古园进行深度而细致的观察，因而发现了园子充满生机的一面，从而触发了作者对死亡的开悟。第一处、第三处的景观放在此处显然是不相宜的。

教师点评：很好，此处的景，是与作者残废避世之事、开悟死亡之理相伴、相生、相融的，体现的是景、事、情三者的一致性。

7组同学发言：我们关注的是第三处的景物描写替换。最后这一段，作者想表达的是在开悟了死亡之后十五年的人生旅途里他对怎样活的思考。与十五年的人生思考相契合的景观，是作者以"譬如"领起的六幅图景。细品这六幅图景，显然不是一时一地作者所见之景；当时作者在这十五年里，在不同时间、不同季节、不同晨昏、不同天气下所见之景，这一幕幕的景观，给不同时间、不同心情、不同状态的作者以慰藉或启迪。其他两处的景物描写，不具备这样的功能，放在此处，极不相宜。

教师点评：7组同学品读非常敏锐，发现了此处的景，非一时一地之景，是十五年来作者园中所见之景、心里沉淀之景的例举，它与十五年的时间以及十五年里作者的思悟是匹配的。

[小结] 通过这个学习活动，同学们想必都能深刻地明白，景物描写不是标签卡片，不是可以随意粘贴调换的。它与人、事、情、理四者密切相关；与不同情境下的人、事、情、理相伴相生并相融的，必然是自然而然、水到渠成的独一无二的景观。

四、学习活动三：师其笔意技法，指导写作实践

景物描写于一篇文章而言是如此重要，而描写景物又极考验一个人的笔力。很多同学在写作中之所以害怕、抵触景物描写，主要还是不擅长景

9. 删减调换莫作等闲看，笔意技法应以慧心观

——《我与地坛》（第一节）教学课例

物描写，担心写不好。其实，不单单是你们害怕景物描写，也不单单是你们写不好景物，放眼当下文坛，风景描写的缺失也是普遍现象。2022年4月，光明网刊发王干教授的《为何现在的小说难见风景描写》，该文指出随着20世纪末畅销书文化、影视文化和网络文学等商业文化、快餐文化的兴起，过往那种委婉细腻的叙述，被粗浅的情节和离奇的故事霸占。为改变这种现状，光明网甚至开设"找回有力量有格调的风景描写"栏目，刊发系列文章，力图一拯时弊。

风景描写其实是文学创作的基本功，就像绘画的素描和写生一样，需要下功夫苦练才能完成。怎么写好景物描写？写作起于模仿，请同学们基于自身写景的写作经验，走进史铁生的《我与地坛》，师其笔意技法，悟其苦心匠意，指导自己的写作实践。

[点拨启悟]如何师法名家的景物描写？换言之，阅读名家的风景描写，我们需要关注什么？其一，在具体情境下，"我"对所见景物的观察角度、描写视角；其二，与事、情、理深度的契合（或糅合事、情、理）的物象的选取与场景的营构；其三，采用什么样的写作策略或手法，将物象组合成景。

[小组发言]

8组同学发言：我们探究的是文中第一处景物描写对写作的启示。首先，此处，作者对古园的观察视角是取其宏观，观其大略，因为是作者第一次遇见古园，所以作者选取地坛最典型、突出的物象来描写，如古殿檐头琉璃、门壁上的朱红、高墙、玉砌雕栏、老柏树等，这符合我们第一次观赏胜景的习惯。其次，此处景物对应的事是"活到最狂妄的年龄上忽地残废了双腿"，作者采用了类似电影中空间的定点聚焦，但又加入了四百年时光流驶的光影变化，"剥蚀了""淡褪了""坍圮了""散落了"等极富匠心的动词，形象传神地把古园从繁盛走向荒芜的风貌呈现出来。

教师点评：特别好。8组同学从视角、物象选择和写作策略三个角度进行取法借鉴，分析得特别到位。

9组同学发言：我们探究的是文中第二处景物描写对写作的启示。首

先，与第一处的视角不同的是，作者选取的是微观平视、万物平等的视角。作者在残废的最初几年，找不到出路，便遁入古园，得以深度观察古园中的景物。作者仿佛变成了一个小小的"蚁人"，以一种平等的视角去观察古园，他选取了"蜂儿""蚂蚁""蝉蜕""露水"等物象，并赋予它们人格化的特征，运用拟人、比喻、夸张等手法，展现古园中丰富的、惊艳的、生机勃发的微观世界。这些物象，固然微小，固然不足道哉，一如残废后似乎被这个世界抛弃的作者，但它们"竞相生长""片刻不息"，富有生气，给作者带来关于生死的领悟。

教师点评：分析特别到位。9组同学发现了此处的视角与第一处不一样，并从物象选择、写作手法等方面进行取法借鉴。

10组同学发言：我们探究的是文中第三处景物描写对写作的启示。作者用六个"譬如"为我们描绘了六幅"任谁也不能改变"的图景。这些图景，非一时一地之景，作者借鉴了影视作品中的"蒙太奇"的手法，将作者在这十五年里深度观察，并在心里沉淀下的画面，进行剪辑并拼接组合在一起。这些画面，选取的物象有"落日""雨燕""冬雪""古柏""暴雨""落叶"等，这些画面或许"寂静"，或许"落寞"，或许"苍凉"，但其画面的氛围，"寂静"中有"灿烂"，"落寞""苍凉"中有歌唱，"冬雪"中有孩子的脚印……这些画面都蕴蓄着生的希望，给作者以"怎样活"的力量与启示。

教师点评：10组的同学关注到了蒙太奇手法的运用，发现了此处的景物是与作者"十五年"的深刻体察相契合，也与其关于"怎样活"的思考密切相关。

[小结] 三处景物描写，都是因事、因情、因理而异，都与不同情境下的人、事、情、理相伴相生并相融，处处各有不同，处处别开生面，笔意神鬼莫测，技法变化多端，令人叹为观止，值得我们学习与借鉴。

五、作业设计：文章不厌反复改，妙笔多自磨砺出

光明网最近开设"找回有力量有格调的风景描写"栏目，刊发优秀的写景文章。文章不厌反复改，妙笔多自磨砺出，请同学们根据今天所学，在近两次的作文——"厦门/故乡的_____（季节）""一轮圆月耀天心"中，选择其中一篇，进行修改。我们将择优推荐到该栏目中。希望同学们各倾陆海之才，认真修改创作。期待你们的佳作。

六、板书设计

我与地坛（第一节）

删？ 貌似闲笔，处处生辉

调？ 景 $\xrightarrow{\text{深度契合}}$ 人、事、情、理

师？ 笔意、技法

10. 梳意脉，须辨"她"与"我"；
细涵泳，当论"形"与"意"

——《我与地坛》（第二节）教学课例

【前置任务设计】

1. 梳理本节散文中记录了"我"与"母亲"的事例，并梳理本节散文的行文意脉。

2. 择取最打动你的一两个段落，品鉴散文之美。

【教学过程】

一、情境导入

品鉴完《我与地坛》的第一节，同学们再细读本文的第二节，试将一、二节作一下比较，会发现这两节有很大的不同。老师这里不提供角度或支架，同学们试着凭借自己素读的体验，谈谈这两节有什么不一样。

生₁：写作对象不同。第一节，对象是地坛；第二节，对象是母亲。

生₂：表达方式不同。第一节，重在写景状物，主要表达方式是描写；第二节，重在写人记事，主要表达方式是抒情。

生₃：抒发的情感不同。第一节，抒情的笔调中融进对生命的思考，情理兼具；第二节，在饱蘸浓情的笔调里表达自己对母亲的痛与悔，诚挚而深情。

10. 梳意脉，须辨"她"与"我"；细涵泳，当论"形"与"意"
——《我与地坛》（第二节）教学课例

......

同学们说的都很有道理。我稍微总结一下同学们的观点，对于第二节的体式，我姑且将其界定为一篇重在写人记事的抒情散文。同学们对此似乎都没有疑义，那基于人人认可的这个体式特征，请同学们再细读一遍文本，梳理第二节是如何写人，如何记事，如何抒情的。

二、学习活动一：写人记事与抒情，文章体式需辨明——文本第二节写作手法辨析

第二节写作的对象是母亲。那么，关于人物形象的塑造方法，大家都很熟悉，不外乎正面描写与侧面描写；其中正面描写又包含肖像、语言、动作、心理、细节等描写。那么，同学们能找出集中描写母亲的语句或语段吗？看到同学们都在摇头。确实是如此，本节虽是写母亲，但基本没有对母亲进行正面的或侧面的描写。

我们再看看第二节中的记事。欲知其如何记事，先请同学们梳理一下，本节中记录了"我"与"母亲"的哪些事。请同学们拿出任务单一。从同学们的答题情况来看，老师发现，梳理"我"与"母亲"的事并不是一件容易的事。因为所记之事，一者本就不多，一者没有具体展开，寥寥几笔，又多为抒情的笔墨所包围，并不明显。所以，这件看似简单的梳理、概括题，同学们呈现的答案却是五花八门。我们投影一份较为完整的作业。

[PPT 投影展示]

"我"的事	"母亲"的事
总是跑到地坛去	母亲为我出门的各种准备
有一回返身回小院	母亲仍站在原地
小说发表、获奖	母亲去世
躲入地坛	母亲苦寻

综上"写人""记事"两个角度分析来看，我们对于第二节的体式的界定，恐怕就要做出更改。因为人未细摹，事未详叙，如何能称之为一篇

重在写人叙事的抒情散文呢？有同学可能不解，明明是一篇旨在怀念母亲的散文，虽然写人叙事着墨不多，但为什么就不能将之定性为写人叙事的抒情散文？鉴于此，请同学们拿出拓展阅读的材料，迅速读一遍前几年火遍全网、感动无数网友的文章《母亲一生撒的八个谎》。

读完这篇网文，同学们应会发现，同是母爱主题的文章，《母亲一生撒的八个谎》与本节文章，在写作手法上截然不同：《母亲一生撒的八个谎》以时间为序，以"谎"为线索，记录了母亲一生的八件事，基本没有描写，也没有抒情性的语言，纯乎记叙，却也感人至深；而《我与地坛》的第二节，人无细摹，事无详载，以几近纯乎抒情的笔调，书写自己的痛与悔。要言之，《母亲一生撒的八个谎》是一篇纯乎记叙的叙事散文；《我与地坛》的第二节则是一篇几近纯乎抒情的抒情散文。

[问题提出] 以母爱为主题的怀人之作，首选的写作策略当然是记录母亲生活中的点点滴滴的感人事例，以此来追怀母亲，打动读者。而本文却为何几乎略去了母亲的事例，一味地抒情？

[明确] 作者选择这样的写作策略，此中应有不得已的苦衷。因为，或许确实是无事可书。为什么呢？自从作者双腿残废，直至母亲去世，在这一段漫长的岁月里，作者以为自己是天底下最不幸的人，故而每日自怨自艾，一味沉湎于自己的世界里，视身边的人与事，无一毫而足以婴其心，于母亲亦是如此。他们母子二人的生活，也极单调，不外是围绕着作者往返于家与地坛之间。母亲日日的陪伴呵护，无微不至的关心照顾，于作者而言，早就在日久年深的岁月中，变成了作者生活中习以为常、理所当然的习惯，变成了不可或缺却又不曾在意的依赖，有如每一天的柴米和油盐，每一天的阳光与空气。如果不是因为失去（母亲的去世），作者或许依然会在这种习惯、这种依赖下，一如既往、心安理得地接受来自母亲的爱与照顾而无知无觉、视若不见。树欲静而风不止，子欲养而母不在，母亲这段照顾作者的漫长岁月，却是作者对母亲记忆空白的岁月，这种忽略，也成了作者在失去母亲之后的无尽岁月里无法宽恕的悔与痛。正是这种无处弥补的悔与无可弥合的痛，化作了作者笔下的语言，才使文章有如

10. 梳意脉，须辨"她"与"我"；细涵泳，当论"形"与"意"

——《我与地坛》（第二节）教学课例

此打动人心的力量。

三、学习活动二：似"散"实"聚"文章法，论"我"道"她"抒情方——从人称角度梳理文本意脉

一篇以抒情为主体的散文，它是如何抒情的？或者说，它是如何写作的？文章如何进行谋篇布局？行文的意脉如何推进并变化？请拿出任务单二。这项任务是要同学们尝试用思维导图的方式，去绘制作者行文的情感脉络。

但是，这项作业似乎直接把很多同学都整蒙了。因为，即使是班上平时素有才子才女之称的语文高手，也大都不能绘制出合乎文本逻辑、让人满意的思维导图来。这活确实不好干，所谓"散文"者，素以形散而著称，"形"既散，我们要去梳理它的抒情意脉又岂是件容易的事？

但是，这活其实也没有那么难。并不是老师站着说话不腰疼，同学们干不好这个活儿，主要原因在于散文的阅读经验还不足，这类抒情散文的阅读支架还没有建立起来。

抒情散文怎么读？它的阅读策略是什么？我们该如何从发散四溢有如脱缰野马的大量抒情语言中去理出头绪，而不致迷失在作者狡猾的语言迷雾中？

抒情散文，我们首先要明确的是抒情的主体是谁，抒情的对象是谁。答案很简单——

抒情主体——"我"；抒情对象——"她"（或"母亲"）。

本节以第一人称"我"作为倾诉的主体，以第三人称"她"（或"母亲"）作为倾诉对象。本节的主题是怀念母亲，旨在表达残疾后的"我"对母亲痛彻心扉的悔恨与对母亲深深的歉意。所以第一人称"我"与第三人称"她"（或"母亲"）常是交互出现的。

[问题提出] 老师这里想引进统计学的做法，请同学们稍微统计一下，在文中哪一段或哪一部分"我"出现的频率高，哪一段或哪一部分"她"（或"母亲"）出现的频率高。

[明确]

第1—3段,"她"(或"母亲")出现的频率更高些,写作的重心似乎放在母亲身上更多一些。

第4—7段,"我"出现的频率更高些,写作的重心似乎放在"我"上更多一些。

第8—10段,"我"与"她"(或"母亲")出现的频率,基本接近。

[问题提出]我们以人称为抓手,对第一人称"我"与第三人称"她"在文中出现的频率做了一下分析,这对同学们进行抒情意脉的把握和思维导图的绘制有没有什么启发?看到同学们都似有所悟,那就请抓住这灵感的小火花,马上以思维导图的方式,绘制本节的行文意脉。

[明确]

第1—3段,偏重于"她"之叙,怀想"她"在"我"跑去地坛后的难题与情状。

第4—7段,偏重于"我"之慨,抒发"我"在"她"去世后的难以置信与深切的思念。

第8—10段,"我"与"她"并举,书写"我"的"避"与"她"的"寻"、"我"找到的路和"她"希望的路、"我"的车辙与"她"的脚印,抒发"我"在"她"去世后的痛与悔、歉意与思念。

从"我"与"她"的分叙,再到"我"与"她"的并举,如在一团乱麻中,我们拎出了抒情主体与抒情对象的头绪,看似散乱的散文,其行文意脉一下子就纲举目张,清晰洞然。

[问题提出]作为一篇抒情散文,如果从抒情效果来看,相较于第三人称"她",用第二人称"你"作为抒情对象的话,抒情意味会更浓。从写作角度而言,选用第三人称"她"或第二人称"你",文学效果会有什么不同?请同学们思考,作者为什么选择第三人称"她"而不是第二人称"你"作为抒情对象?

[明确]

首先,我们要明确的是,人称的选用,只看合适与否,没有优劣之

10. 梳意脉，须辨"她"与"我"；细涵泳，当论"形"与"意"
——《我与地坛》（第二节）教学课例

分。选用哪一种人称作为抒情对象，要看的是与散文的创作是否适切，而不是要别其优劣，分出等次，诸生当作如是观。

的确，如果用第二人称"你"作为抒情对象的话，它会拉近抒情主体"我"与抒情对象"她"之间的距离，文章的抒情意味会更浓，这于一篇旨在怀念母亲、重在抒情的散文而言，从写作策略上讲，不失为上上之选。我们如果将第二节中第三人称"她"全部替换成第二人称"你"，多数地方也是可行的，文脉上并无窒碍，情感上并无削弱；而细味其文学效果，亦不见得会稍差于第三人称"她"的表达。

但是，如果再细细品鉴的话，我们会发现，因为第二人称"你"和第一人称"我"，二者联系之紧密，会带来第二人称"你"具有强烈的排他性，很难容得下其他人与事的介入。故第二人称"你"，虽长于抒情，却不利于合景式、多方面地呈现抒情对象"你"的世界。而本文采用第三人称"她"作为抒情对象，则可以弥补这方面的不足。本节采用第三人称的视角，抒写很自由，不受限制，既可以全方位地描写人物、叙述事件，也能自由地引入他人、他事来丰富文本内容，更能进入人物的心灵深处呈现人物心理的动态与状态。或许是基于这些长处，作者才选用了"她"这一人称作为抒情对象。

四、学习活动三：读书切戒在慌忙，涵泳工夫兴味长——感受、品鉴散文的文辞之美

文本意脉的梳理，能帮助我们迅速把握作者的行文思路和文本内容。但这不代表着散文阅读就只是完成文脉的梳理。散文阅读，还要反复涵泳咀嚼，感受作品的文辞之美。接下来，老师从文本的三部分各择取一段来涵泳品鉴。

第一部分，偏重于"她"之叙。我们择取第 2 段来品鉴分析。

[文本再现]

她不是那种光会疼爱儿子而不懂得理解儿子的母亲。她知道我心里的苦闷，知道不该阻止我出去走走，知道我要是老待在家里结果会更糟，但她又担心我一个人在那荒僻的园子里整天都想些什么。我那时脾气坏到极点，经常是发了疯一样地离开家，从那园子里回来又中了魔似的什么话都不说。母亲知道有些事不宜问，便犹犹豫豫地想问而终于不敢问，因为她自己心里也没有答案。她料想我不会愿意她跟我一同去，所以她从未这样要求过，她知道得给我一点儿独处的时间，得有这样一段过程。她只是不知道这过程得要多久，和这过程的尽头究竟是什么。每次我要动身时，她便无言地帮我准备，帮助我上了轮椅车，看着我摇车拐出小院；这以后她会怎样，当年我不曾想过。

[问题提出] 本段要表现的是一个"疼爱"并"懂得理解"儿子的母亲形象。作者以第三人称"她"为视角，想象母亲"理解儿子"的心理状态。为了呈现这种心理状态，作者反复使用"知道"一词，或使用与"知道"语义相近的词"料想"，连缀铺排而下。请试析作者为什么要大量使用这些词，有什么文学效果？

[明确] 短短一段，由五个"知道"、一个"料想"，连缀铺排而下，为我们呈现的是作者试图还原母亲当时让"我"去地坛的心理动态与状态的努力。作者在失去母亲之后的漫长岁月里，不断重拾、回味、咀嚼以往与母亲相处的记忆，尝试用回忆去重新构建母亲被作者因残疾而忽略了的那一段时光。这似乎是一种补偿心理，曾经拥有不知珍惜，一旦失去便悔恨交加。所以，作者采用这种铺叙堆叠的方式，去还原母亲当时的心理动态与状态。这与其说作者想表达一个母亲对儿子的"疼爱"与"理解"，毋宁说是作者想用这种方式去读懂、理解母亲，去弥补对母亲的忽略的愧悔之情。

第二部分，偏重于"我"之慨。我们择取第 7 段来品鉴分析。
[文本再现]

摇着轮椅在园中慢慢走，又是雾罩的清晨，又是骄阳高悬的白

10. 梳意脉，须辨"她"与"我"；细涵泳，当论"形"与"意"

——《我与地坛》（第二节）教学课例

昼，我只想着一件事：母亲已经不在了。在老柏树旁停下，在草地上在颓墙边停下，又是处处虫鸣的午后，又是鸟儿归巢的傍晚，我心里只默念着一句话：可是母亲已经不在了。把椅背放倒，躺下，似睡非睡挨到日没，坐起来，心神恍惚，呆呆地直坐到古祭坛上落满黑暗然后再渐渐浮起月光，心里才有点明白，母亲不能再来这园中找我了。

[问题提出] 这部分，着重书写的是"我"对于母亲突然去世的情感。而这一段，尤为感人至深。请同学们畅所欲言，谈谈这一段哪里最让你动容？它为什么如此打动你？

[明确]

品鉴角度一：三个场景的描写。三个场景分别是：在园中慢慢走、在园中驻足停下、在园中放倒椅背或躺或坐。中国人历来以"三"代表"多"，这三个场景极精练地概括了作者在园中的各种活动。第一处用的是单句，"摇""走"连动，代表园中游走的场景；第二处场景，是一组由状语构成的整句，由极具地坛特点的景物，代表作者曾经驻足停留的地方；第三处，长短句交替，用细节化的描写，呈现作者在园中或坐或躺的状态。三处场景描写，场景高度聚焦，语言极富变化，令人惊叹。

品鉴角度二：副词"又是"的反复运用或不用。前两处场景，反复运用"又是"，表明作者为这些场景，不仅加上了时间背景，更加上时间的频率。就像《大话西游》中的一句经典台词一样："如果非要给这份爱加上一个期限，我希望是，一万年。"作者在这些时间背景上加入"又是"，是想以此表明，作者在母亲去世后的这种恍惚状态，持续时间极久极长。而第三处场景，虽不再继续使用"又是"，但是在前文语境的影响下，第三处的场景自然也具有"又是"的语意。

品鉴角度三："只想着一件事""心里只默念着一句话""心里才有点明白"。在这种繁复的场景下，作者为什么反复地"只想着一件事""心里只默念着一句话""心里才有点明白"？这只说明一件事，作者对于母亲的辞世，心理上是难以接受的，也久久不愿相信这个事实，但事实已然如

91

此，他又不得不渐渐地接受与相信。他"只想着""只默念着",说明他难以置信,亦难以释怀。"心里才有点明白"说明他终至于相信,终至于接受。从不信到相信,从不接受到接受,其心灵上的痛,其心底里的伤,于斯可见一斑。

第三部分,"我"与"她"并举。我们择取第10段来品鉴分析。
[文本再现]

有一年,十月的风又翻动起安详的落叶,我在园中读书,听见两个散步的老人说:"没想到这园子有这么大。"我放下书,想,这么大一座园子,要在其中找到她的儿子,母亲走过了多少焦灼的路。多年来我头一次意识到,这园中不单是处处都有过我的车辙,有过我的车辙的地方也都有过母亲的脚印。

[问题提出]这部分,"我"与"她"并举。第8段书写"我"的"避"与"她"的"寻",表达"我"的痛与悔;第9段书写"我"找到的路和"她"希望的路,表达自己从母亲身上学到的品质与受到的启发。文意至此已然完足,第10段纵使删去也不影响本节的完整度。那么,第10段是否有存在的必要?请说明理由。

[明确]

文章在第9段,对母亲的精神品质有一个凝练的概括,对母亲精神给予"我"的启示也点染了几笔。从文脉看,行文至此,文意确实已然完足。文章如果收结于此,主题依然清晰,情感依然诚挚,结构依然完整,似乎影响不大。从这个角度看,第10段实在没有存在的必要。

但是,当读了第10段,我们才知道何为"神来之笔",何为"灵思巧构"。作者在这一段里,宕开一笔,从某年十月的风写起,从一对散步老人的一句闲谈写起,而由此引发作者对当年母亲寻"我"之事的怀想,从而将文意再推进到关于"我"的车辙与"她"的脚印的触动中来。这个段落,这种处理,独辟蹊径,超人意表,真是神乎其技,令人绝倒。作者将本节收结于"我"的车辙与"她"的脚印,以具象化重叠交融的两个"物象",引发读者再去回味那如静水流深般的深沉诚挚而伟大的母爱,升华了主题,深化了情感,给人以更多回味与思考的空间。

五、作业设计

1. 《我与地坛》第一节重在对生命的思考,第二节旨在对母亲的怀念,主题大不相同的两节文章,组合在一起,是否合适?

2. 上帝不能无处不在,所以他创造了母亲。对于给予我们无微不至照顾的母亲,我们是否也如史铁生一样,对母亲的付出视为当然,视若不见?我们是否会在叛逆的青春期里,因为学习,因为游戏等方面,惹得母亲黯然神伤?史铁生说:"我已经懂了,可我已经来不及了。"这种痛与悔,无法补救,惟有铭刻一生。同学们,请用第一人称"我"和第二人称"你"(母亲)的方式,给母亲写一段话,诚挚地表达你的爱,或表达你的歉意。不少于500字。

六、板书设计

我与地坛(第二节)

学习活动二:

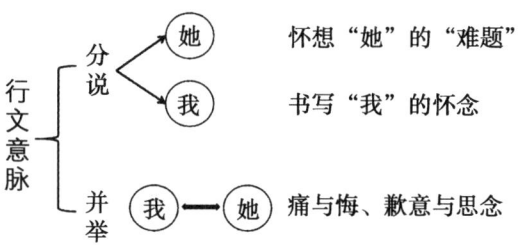

学习活动三:

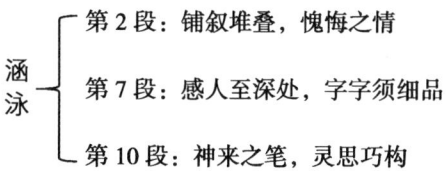

11. 千古聚讼论未休，百端求证意难足

——《赤壁赋》教学课例

【前置任务设计】

1. 参照数学几何证明题的样式，补齐下面的语文证明题。

已知：客……，主……，求证：客＝主。

2. 请立足文本，并广泛搜集资料，证明上题。

【教学过程】

一、情境导入

大家做惯了数学的证明题，今天老师也想让同学们做一道语文的证明题。《赤壁赋》里有一段文学公案，需要我们化身明镜高悬的青天大老爷，去断一断，去证一证。《赤壁赋》第3、4段采用了主客问答的结构形式，"主"是苏子无疑，而"客"是何许人也，千古而下，聚讼纷纭，莫衷一是。有好事的学者，千般考据，认为这位"客"是当晚同游的一个名叫杨世昌的人；但也有学者提出质疑，认为"客"与"苏子"看似两人，实为一人，二者的问与答其实是作者内心的天人之战而假托主客问答的形式

来呈现。关于"客"的身份，到底是苏子自己，还是另有其人？关于主客问答，到底是虚拟的对话，还是真实的交流？诸君以为如何？

二、学习活动一：参照数学几何证明题样式，创设一道已知条件与结论信息完整的语文证明题

从文本设置的情境而言，客人的真实性以及主客问答的客观存在性似乎是不必去证明或质疑的，因为这篇文章不论是结构也罢，还是内容也罢，都是主客活动建构起来：主人扣舷而歌，客人吹箫而和；客人悲从中来而发浩叹，主人以水月设譬而发劝慰。所以，如此鲜活的且与苏子迥然而异的"客"，怎会主客实为一人？如此真实且与苏子有深度思想交流并碰撞的对话情境，怎么可能是虚拟的对话？但是，这种言之凿凿的不容置疑，本身就值得怀疑。

胡适先生倡导"大胆假设，小心求证"的治学方法。那么，我们能不能对"客"的实体性和主客问答的真实性提出质疑？甚至大胆地提出假设"主客实为一人"，即"客＝主"？

单有"客＝主"这个结论，显然构不成一道完整的证明题。数学中几何证明题的完整样式，大概是长这样子的：

已知：$AB=CD$，$\angle A=\angle D$，求证：$\angle B=\angle C$。

那么，借鉴数学证明题的样式，我们这道语文证明题的构式应该是：

已知：客……，主……，求证：客＝主。

要完整地拟设这道语文证明题，我们必须完善已知条件的必要信息。要证明"客＝主"这一命题，我们就要提供"主"与"客"在赤壁夜游情境下的所思所想，从而去证明"主"与"客"的所思所想是相等同的；或"客"的所思所想，是苏子某一个人生阶段的心理动态，它与现在的苏子的所思所想有前因后果、一脉相承的联系。

那么，"主"与"客"在赤壁夜游情境下的所思所想是什么呢？要明白这个问题，我们首先要明白，主客对话背后他们各自的心理情感是什么。接下来，请同学们细读第3、4两段，分别提炼"主"与"客"在赤壁夜游情境下的所思所想，进而完善我们这道证明题。

（一）聚焦第3段，分析"客"的所思所想

"月明星稀，乌鹊南飞"，此非曹孟德之诗乎？西望夏口，东望武昌。山川相缪，郁乎苍苍，此非孟德之困于周郎者乎？方其破荆州，下江陵，顺流而东也，舳舻千里，旌旗蔽空，酾酒临江，横槊赋诗，固一世之雄也，而今安在哉？

"客"吹箫而和，为何箫音悲凉、凄切？原来"客"身处赤壁之上，千古往事，涌上心头。触景生情，借古言志，是文人常见的笔法。"客"在这里所生何情，所言何志呢？

［问题提出］要明白"客"之志意，我们还得从文本的意脉着手。这一段话有两个层次，请同学们尝试划分一下。

［点拨启悟］

第一层次到"固一世之雄也"洋洋洒洒近百字，道尽曹操的丰功伟业与志得意满；第二层次，只有一句话五个字"而今安在哉"。第一层次的结穴之处是"一世之雄"，为了体现曹操的"一世之雄"，作者用了"赋"的笔法，赋者，铺也。铺采摛文，体物写志也。行文或三言，或四言，或整或散，错落有致，如行云流水，极尽变化，既有整饬之美，又有通达流转之妙，充分刻画了这位"一世之雄"的志得意满。

第二层次虽然只有区区五个字"而今安在哉"，却是深得太极"四两拨千斤"之妙。前文极尽泼墨之能事，此处却以至简至易的语言，对人生、历史作出清醒、洞察的追问。纵然是像曹操、周瑜这样的英雄豪杰，而今安在哉？英雄豪杰尚经不起历史、时光的淘漉，更何况我辈庸夫俗子呢？同类的悲慨，苏子在《念奴娇·赤壁怀古》也表达过："大江东去，浪淘尽，千古风流人物。"无独有偶，《三国演义》卷首《临江仙》一词，也抒发这类情感："滚滚长江东逝水，浪花淘尽英雄，是非成败转头空。"

况吾与子渔樵于江渚之上，侣鱼虾而友麋鹿，驾一叶之扁舟，举匏樽以相属。寄蜉蝣于天地，渺沧海之一粟。哀吾生之须臾，羡长江之无穷。挟飞仙以遨游，抱明月而长终。知不可乎骤得，托遗响于悲风。

英雄豪杰尚经不起历史、时光的淘漉，我辈庸凡当何以自处？"渔樵于江渚之上，侣鱼虾而友麋鹿，驾一叶之扁舟，举匏樽以相属。"在这江岸水洲，过着渔夫樵子的生活，与鱼虾为侣，与麋鹿结友，虽得一时之乐，但是，与永恒的天地、广袤的沧海相比，生命短暂如蜉蝣，渺小如米粟，岂能不悲从中来？"客"进而妄想能够与仙人交往，和明月同在，但是，"客"亦知道这是不切实际的空想，所以满腹忧伤愁苦，只能通过箫声传递在这秋风明月之下。

因此，"客"的"悲"是，不能像曹操、周瑜一样建功立业，那姑且如渔父樵夫一样，安然自守，得一时之乐。但是，在永恒、广袤的天地、沧海面前，生命又是何等的渺小、短暂。"客"的"悲"，这是人生有限与宇宙无限难以调和的悲哀，是理想与现实之冲突的苦闷，是心与物不能完全相契的怅惘，是一种笼罩着浓浓的人生的虚无感，夹杂着功业无望、人生苦短的"痛"。

从以上分析可知，"客"是何许人也，他是一个因功业无望，生命苦短，充满着人生虚无感的人。

（二）聚焦第 4 段，分析"客"的所思所想

[问题提出]"主"即苏子，他的所思所想是什么呢？第 4 段，主要记述的是苏子对"客"的劝慰。其劝慰的背后，寄托了苏子怎样的思想情感或人生态度呢？

[点拨启悟]

客亦知夫水与月乎？逝者如斯，而未尝往也；盈虚者如彼，而卒莫消长也。盖将自其变者而观之，则天地曾不能以一瞬；自其不变者而观之，则物与我皆无尽也，而又何羡乎！

苏子以水月设譬，意在告诉"客"，天下万物，都有其变化与恒定的一面，都是相对而言的。如果从变的角度看，岂但人生百年，即使是天地自然，也不能有一瞬的时间来保持常态。而如果从不变的角度看，宇宙万物无穷无尽，人生同样也可以以某种方式永恒不朽。所以，何须羡慕，又何须悲伤呢？

且夫天地之间，物各有主，苟非吾之所有，虽一毫而莫取。惟江上之清风，与山间之明月，耳得之而为声，目遇之而成色，取之无禁，用之不竭，是造物者之无尽藏也，而吾与子之所共适。

这个层次，苏子告诉"客"如何进行人生取舍。人生痛苦的根源，就在于有太多无妄的追求，星云大师说，人生的大病，在佛法里说，就是时时刻刻盘踞在我们心中的贪、嗔、痴。懂得明智的取舍，摆正人生的定位，不贪求，不嗔恚，不妄取，方有圆满自足的人生。苏子劝诫"客"的内容有两层意思，第一层意思是非吾所有，一毫莫取，这是明智的"舍"；第二层是，天地无私，风月长存，与子共适，这是智慧的"取"。

苏子关于变化与恒定、取与舍的辩证观点，体现的是苏子随遇而安、随缘自适、旷达洒脱、高蹈出尘、超然物外的胸襟。

从以上分析可知，苏子又是何许人也，他是一个随缘自适、旷达洒脱、高蹈出尘、超然物外之人。

（三）补充已知条件，拟写完整的语文证明题

[问题提出] 请同学们用数学几何证明题的样式，补充完整已知条件，完善这道语文证明题。

[明确]

在赤壁夜游的情境下，已知：

"客"是一个因功业无望，且生命苦短，充满人生虚无感之人；

"主"是一个随缘自适、旷达洒脱、高蹈出尘、超然物外之人。

求证：客＝主。

三、学习活动二：从已知条件如何有理有据地求证"客＝主"这一命题？

要证明"客＝主"这一命题，显然所思所想迥然而异的两人，是不能简单粗暴地对等起来。那么，我们必须换个思路，"客"的所思所想，会不会是苏子某一个人生阶段的心理动态，他与现在的苏子的所思所想是否有着前因后果、一脉相承的联系？抑或者"主"与"客"的所思所想，会不会是苏子精神世界的一体两面？

[问题提出] 从对3、4两段的分析来看，主客的观点，恰好构成正反两面。"客"汲汲于功业，又戚戚于生命的短暂、渺小，有浓烈的人生虚无感；而苏子则随缘自适、乐观开朗、旷达洒脱。主客持对立、相反的观点及情感，他们可以是同一个人吗？或者是同一个人的一体两面吗？

[点拨启悟]

主客实为一人，这并非不可能。

首先，文中的"客"与苏子分别代表作者情感的正反两极，是一个人内心矛盾冲突的真实外现。这一点，也恰恰吻合人的二重组合的心理机制。学者刘再复在《论人物性格的二重组合原理》中指出："任何一个人，不管性格多么复杂，都是相反两极所构成的。也就是说，都是存在着正与反、肯定与否定、积极与消极、善与恶、美与丑等两种性格力量互相对立、互相渗透、互相制约的张力场。"德国哲学家卡西尔指出："我们在艺术中所感受到的不是哪种单纯的或单一的情感性质，而是生命本身的动态过程，是在相反的两极——欢乐与悲伤、希望与恐惧、狂喜与绝望——之间的持续摆动过程。"苏子与"客"的一番对话可以理解为苏轼泛游赤壁时内心正反两面情感冲突的真实映现。

其次，"客"与苏子的对话，其背后的情感，可以视为苏轼乌台诗案后被贬谪黄州的心路历程。对于一个少年得志、仕途顺遂的大才子而言，这个打击确实让他产生了浓浓的人生的虚无感、幻灭感。"世事一场大梦，人生几度秋凉""人生如梦，一尊还酹江月"，在来到黄州的最初几年，苏轼的词作中不乏这一类的悲凉感。而这种情感是与"客"的悲痛相契合的。从这个角度看，"客"的心理状态是苏轼被贬黄州后最初的心态，只是后来他在佛、道思想的影响下，不断自省、觉醒，实现精神上的突围、蜕变，一个为我们后人所熟知的旷达洒脱、超然物外的千古苏子从而破空而出了。

再次，虚拟的主客问答的形式并非是苏子所独创，而这恰恰是中国文学常见的传统。《庄子》中大量采用假设问对、借口代言的方式，构建独特语境以传达抽象哲理。庄子之后，这种虚拟人物对话的行文方式，因其能够极大地活跃创作主体的艺术思维，拓展艺术创作的自由空间，从而为历代作家所接受、效仿。屈原、宋玉的楚辞以及汉代散体大赋中常有这种主客自由对话的形式，它打破人们对特定事物的凝定固执的看法，从事物两两相对、并行不悖的辩证视角去注意对立思想之间的关系，从而表达作者真正的意图。

综上三点分析，可证：客＝主。

［小结］我们权且借用宁登国等学者《〈前赤壁赋〉主客问答结构的文化审美内涵》文中的一段话作为老师对于这段文学公案的态度："与其不厌其烦地搜寻许多旁证来考察'客'之真实身份，视'客'为实有其人，视此文为二人对话实录，倒不如将其视为作者继承自《庄子》以来的伪立客主、借口代言的一种创作方法：一方面巧妙地、淋漓尽致地传达了作者彼时彼地理想与现实、有限与无限、渺小与伟大等种种复杂情感的冲突与激荡，从而使文章开合自如，波澜起伏，渐入胜境；另一方面也通过双方出人意表的奇思妙对、谲譬巧喻，增加了文章的生动性，增强了对话的艺术性，从而使《前赤壁赋》充满了无穷的艺术魅力。"

四、作业设计

既然是一段聚讼纷纭的千古公案，那必然是公说公有理，婆说婆有理。有人认为"主客实为一体",自然必也有人认为"客子实有其人"。如果是求证"客≠主",那么,你将如何创设一道已知条件与结论信息完整的语文证明题,并加以证明?

五、板书设计

赤 壁 赋

语文证明题	论证过程
已知:	证明:
客——功业无望、生命苦短、人生虚无感	1. 人物性格二重组合
主——随缘自适、旷达洒脱、超然世外	2. 黄州的心路历程
求证:	3. 文学传统
客＝主	结论:
	客＝主

12. 你问我答春风熏乎，彼"哂"此"与"师道大矣

——《子路、曾皙、冉有、公西华侍坐》教学课例

【前置任务设计】

1. 着眼于文意疏通的文本挖空练习。
2. 着眼于文言重要词汇积累的文言小卡片。
3. 利用课堂观察量表，根据文本内容，审视孔圣的主题班会课堂。

【教学过程】

一、情境导入

如何学习《论语》，程子有云："学者须将《论语》中诸弟子问处便作自己问，圣人答处便作今日耳闻，自然有得。"什么意思呢？就是作为后学者的我们，可以大胆设想自己就是孔圣三千弟子之一，把自己置身于孔子的三尺杏坛之中，置身在孔圣座前的教育现场，通过《论语》的微言大义，感受、领略孔圣如沐春风的教育熏陶。《子路、曾皙、冉有、公西华侍坐》一文给我们呈现的是一种什么样的教育情境呢？我们可以将之视为孔圣向众弟子主持、召开的一次"树人生远志，谈职业规划"的主题班会。今天我要与同学们一起作一次角色转换，不仅作为一个学习者，更作为一名课堂的观察者，一起来深度观察一下孔老师在 2500 年前召开的这堂

12. 你问我答春风熏乎，彼"哂"此"与"师道大矣
——《子路、曾皙、冉有、公西华侍坐》教学课例

主题班会课。

二、化身课堂观察者，学习课堂观察量表

作为一名课堂观察者，我们需要怎样观察、审视和评价一堂课？为此，我们设计了一张课堂观察量表（附在文末）。请同学们拿出这张量表，一起看看，这就是今天观察课堂的指导纲要。通过一级指标，我们可以知道，对于一堂课，主要观察的内容是课堂氛围、教师行为、学生活动与教师评价四项。接下来，请同学们细致学习二级指标及评分标准。学习之后，请移步孔老师的德育课堂——"树人生远志，谈职业规划"的主题班会。

三、走进孔圣德育现场，审视孔圣德育课堂

（一）结合量表，审读文本，初步根据量表审视孔圣德育现场

孔圣的德育现场，我们无由得见。但幸好我们有《论语》，有文字。我们可以借助文字去还原、建构孔圣的德育课堂。为了帮助同学们更好地深入文本，我们在课前布置了两份前置任务：(1) 着眼于文意疏通的文本挖空练习。(2) 着眼于文言重要词汇积累的文言小卡片。同学们非常认真地完成了这两项作业，请大家拿出两份任务单，并看投影，我们展示一下优秀作业。（略）

接下来，请同学们借助两份任务单，再细读一遍文本。这次深入文本，要时刻牢记自己的角色是一名观察者，以观察者的视角，去审视2500年前的这堂课，并初步完成观察量表的评分。

（二）根据量表指标一，观察课堂氛围的营构

各位观察者，我们已完成2500年前这个德育课堂的研读。请大家首先一起审视、评价一下该课的课堂氛围。

1. 第一个问题：教师是否有亲和力，能营造平等对话的氛围？

[明确]

评价：优等。

依据:"以吾一日长乎尔,毋吾以也。"作为老师的孔子,首先对学生们说:莫因我稍年长于你们,就不敢畅所欲言。我们可以看出孔老师没有摆架子,是极其温良的、具有亲和力的老师,有助于师生的平等对话。

2. 第二个问题:学生课堂参与度如何?是否能畅所欲言?

[明确]

评价:优等。

依据:孔老师带领的这个学习小组共有四名学生,分别是子路、曾皙、冉有、公西华,均得到充分的发言,课堂参与度为百分百。

(三)根据量表指标二,观察教师行为

在观察教师行为这一环节中,各位观察者都发现孔老师让每一个同学都得到了充分的发言,发言的覆盖面极广,可谓百分百。那么,我想请同学们重点观察:侍坐的四位弟子,其座次及问答的顺序,是随便坐,随意问,还是有特别的讲究?请思考后回答。

[点拨启悟]

有同学查阅资料发现,四位弟子,以子路最为年长,曾皙、冉有次之,公西华最为年轻。故四子侍坐,以年齿为序,其答师者提问,亦依齿而当次对。唯点方鼓瑟,故孔子先问求、赤而后及点也。依齿为序,当次而对,礼也。点方鼓瑟,越次而问,权也。其背后,体现的是孔老师长期坚持的礼乐教化的理念。故一课之中,纵是提问细节之微,亦是孔老师教育理念的实践场,在这里,我们要为孔老师点赞。

在观察教师行为这一环节中,我想请同学们重点关注以下这个问题指标:是否耐心倾听学生发言,是否作出即时、有效评价?

[明确]

评价:优等。

依据:对于"子路率尔而对",孔老师等他发完言,再"哂之";对于曾皙的高品质回答,孔子"与之"。一"哂"一"与",体现的是评价的即时性、随堂性和针对不同学生的差异性。

(四)根据量表指标三,观察学生行为

四位弟子在孔老师的课堂都充分表达自己的观点,均能畅所欲言,师生互动良好。这里,我想请同学们特别关注一个细节:孔老师"哂"由之后,于其他人,有无影响?由此可见四位弟子具有怎样的个性特点?

[点拨启悟]

首先,子路缘何被"哂",其说志的内容我们姑且不论,单看其回答问题,也没先举个手表示想发言,就"率尔而对",故可看出子路个性有轻率莽撞的特点。

其次,子路被"哂"之后,冉有自陈其志为"方六七十,如五六十,求也为之,比及三年,可使足民。如其礼乐,以俟君子"。其施政之场只是"方六七十,如五六十"的弹丸之地,蕞尔小国,此系其本心乎?显然是见子路见哂,其辞益谦。公西华自陈其志为"非曰能之,愿学焉。宗庙之事,如会同,端章甫,愿为小相焉"。公西华其辞又谦于冉求也,于宗庙外交之礼,他说"非曰能之,愿学焉",且"愿为小相"而已。足可见出,此二人,均是谦虚谨慎、谦恭有礼之人。

再次,至于曾晳,正在鼓瑟,铿尔有声;老师问及,才舍瑟而作,意态从容。他所言之志为"莫春者,春服既成,冠者五六人,童子六七人,浴乎沂,风乎舞雩,咏而归。"具体内容我们稍后分析,但从其内容来看,应没有受老师"哂"子路的影响。举止从容,言不虚饰,一皆发自本心。足见其洒脱高雅,坚守本心,卓尔不群的品质。

(五)根据量表指标四,观察教师评价

教师是课堂的组织者、引领者,故其一言一行,随课堂情境、学生活动而生成,均包含对学生学习活动的评价。在教师评价这一层面,我们要观察孔老师如何评价学生。

方法支架:重点关注孔子随堂性、生成性的两种评价,一种神色——"哂",一种态度——"与"。

1. 探究一:何以"哂"?

[点拨启悟]

其一,外在的行为上子路"率尔而对"。

我们现在提倡课堂对话,也并不要求每答必举手。那为何子路"率尔而对"会遭"哂"呢？评价课堂，我们不能完全立足于今天的立场，我们还需了解2500年前的课堂要求与师生关系。

[PPT 投影展示]

坐必安，执尔颜。长者不及，毋儳言。正尔容，听必恭。毋剿说，毋雷同。必则古昔，称先王。侍坐于先生，先生问焉，终则对。请业则起，请益则起。父召无诺，先生召无诺，唯而起。侍坐于所尊敬，毋余席。

——《礼记·曲礼上》

复礼是孔老师一生的追求。子路的行为，显然于礼略有相悖，主要是师未问及，便率先抢答，有失师生课堂之礼。

其二，内在述志内容。

子路自陈其志为："千乘之国，摄乎大国之间，加之以师旅，因之以饥馑；由也为之，比及三年，可使有勇，且知方也。"子路之志，有什么问题吗？何以遭到老师的嘲笑？

志者，心之所至也。志无论小大，即值得尊重。夫子显然不是对志的内容进行否定。那么夫子何以"哂"之？

从后文看，孔老师在总评时说出了其志存在的问题：为国不以礼。

那么，子路为国之志，何以不以礼？

[PPT 投影展示]

子曰："道之以政，齐之以刑，民免而无耻；道之以德，齐之以礼，有耻且格。"

——《论语·为政》

道德仁义，非礼不成，教训正俗，非礼不备。分争辨讼，非礼不决。君臣上下，父子兄弟，非礼不定。宦学事师，非礼不亲。班朝治军，莅官行法，非礼威严不行。祷祠祭祀，供给鬼神，非礼不诚不

12. 你问我答春风熏乎，彼"哂"此"与"师道大矣

——《子路、曾皙、冉有、公西华侍坐》教学课例

庄。是以君子恭敬撙节退让以明礼。……是故圣人作为礼以教人，使人以有礼，知自别于禽兽。

——《礼记·曲礼上》

将上面两则语段与子路为国之志作比较，可以明白，孔子治国，首重德礼。而子路治国，先勇后方，不能以礼治国。这样的治国就是治标不治本，亦不符合孔老师的治国理念。故孔老师"哂"之。

2. 探究二：何以"与"？

[点拨启悟]

曾皙之志："莫春者，春服既成，冠者五六人，童子六七人，浴乎沂，风乎舞雩，咏而归。"曾皙并不直言其志，而是描绘了暮春时节率众出游的场景。这个场景大契老师之意。故孔老师喟然叹曰："吾与点也。"回至"志"的主题上，说明曾皙之志是契合孔子之志的。

要厘清这个问题，就要明白孔子之志是什么。要明白孔子之志，可以从两个角度去考察。其一，孔子被誉为圣人，夏侯玄说："夫求古贤之意，宜以大者远者先之。"从圣人的角度去看孔子之志。其二，去圣乃得真孔子，从人的角度，去剔除孔夫子的神性，还原其作为人的志意。

(1) 圣人之志。

[PPT投影展示]

子路曰："愿闻子之志。"子曰："老者安之，朋友信之，少者怀之。"

——《论语·公冶长》

即其所居之位，乐其日用之常，初无舍己为人之意。而其胸次悠然，直与天地万物上下同流，各得其所之妙，隐然自见于言外。

——朱熹《〈论语〉章句》

曾点所讲的这个境界，就是社会安定、国家自主、经济稳定、天下太平，每个人都享受了真、善、美的人生，这也就是真正的自由民

107

主——不是西方的，也不是美国的，而是我们大同世界的那个理想。

——南怀瑾

孔子之志，即"老者安之，朋友信之，少者怀之"，朱熹阐释为"使万物莫不遂其性"；曾皙之志，朱熹阐释为"直与天地万物上下同流，各得其所之妙，隐然自见于言外"，南怀瑾阐释为"大同世界"的理想。从中我们可以看出二人志向何以相契，这是师徒二人一脉相承的"礼乐春风，河清海晏，社会大同"的理想，是故孔子"与"之。

（2）常人之志。

[PPT 投影展示]

子曰："道不行，乘桴浮于海，从我者其由与。"

——《论语·公冶长》

子谓颜渊曰："用之则行，舍之则藏，唯我与尔有是夫！"

——《论语·述而》

在陈绝粮，从者病，莫能兴。子路愠见曰："君子亦有穷乎？"子曰："君子固穷，小人穷斯滥矣。"

——《论语·卫灵公》

夫子以行道救世为心，而时不我予。方与二三子私相讲明于寂寞之滨，乃忽闻曾皙浴沂、咏而归之言，若有触其浮海居夷之云者，故不觉喟然而叹……

——黄震《黄氏日钞》

孔子周游列国，推行其治国之道而不售，晚而归鲁，退守杏坛，以教授子弟为务。著名学者李零说："任何怀抱理想，在现实世界找不到精神家园的人，都是丧家狗。"话糙理不糙，此刻的孔子其实是不得志的人，故有"乘桴浮于海"之叹。从这个角度看，孔子之志，君子固穷，独善其身，有所不为，有类颜子，在陋巷，不改其乐，亦有类曾点，暮春出游，寄身大化。

综上分析，从孔子的一"哂"一"与"这两种随堂性、生成性的评价，我们可以看出，孔子对学生的学习活动，能够给予及时的评价，或肯定，或否定，循循善诱，及时做出指导，给学生补充、纠正。在"教师评价"这一层面，孔老师的课堂表现，也值得我们学习，可给予"优"等。

四、课堂总结

各位观察者，通过周密、科学的课堂观察，我们对孔老师的德育课堂，有了一次沉潜式的深度体验；对孔老师的教育理念，有了一次深刻的领略。请各位观察者完善手中的观察量表，并在"观察者建议"这一栏写下观课心得或建议。写完之后，我们的观察之旅就将宣告结束。

五、作业设计

1. 请结合观察量表，撰写孔子德育课堂的书面观察报告。不少于500字。

2. 请结合自己的实际情况，写一篇关于"人生志向与职业选择"的文章，不少于500字。

六、板书设计

子路、曾皙、冉有、公西华侍坐

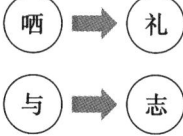

附：评价工具设计

师生作为课堂的观察者，如何观察一堂课，并评价其优劣？特创设课堂观察量表如下。

一级指标	二级指标	分数或等级	依据
课堂氛围	教师是否有亲和力，能营造平等对话的氛围？		
	学生课堂参与度如何？是否能畅所欲言？		
教师行为	能否有效激发学生兴趣？		
	是否耐心倾听学生发言，是否作出即时、有效评价？		
	能否通过有效对话引导学生对学习主题的深入思考？		
学生活动	学习兴趣是否浓厚，情绪是否高昂？有何主要表现？		
	预设的目标达成如何，有什么证据？		
教师评价	对学生表扬或鼓励		
	批评学生或为权威辩护		
	及时做出指导，给学生补充、纠正		
观察者建议			

注：①评分为百分制，每项10分，共100分。

②教师可根据情况划分等级。优：90分以上；良：80～89分；一般：70～79分；及格：60～69分；差：60分以下。

③评课时要说明理由、给出建议。

13. 行王道应重次第之序，施仁政当收内外之效
——《齐桓晋文之事》教学课例

【前置任务设计】

王道之行			王道之效	
方针	措施	具体成效	王道大成愿景	
^^^	^^^	^^^	于内	于外
			^^^	^^^
			^^^	^^^
			^^^	^^^

【教学过程】

一、情境导入

在上节课里，我们一起领略了孟子的雄辩滔滔。面对高高在上的齐宣王，孟子纵其三寸之舌，取譬设喻，铺张扬厉，牢牢把握对话的主导权，令齐王深深折服。这却让我想起了《安徒生童话》中的一个故事《笨汉汉斯》。话说国王的女儿征婚，有兄弟三人前往应征。老大和老二都很有学问，相形之下，老三才疏学浅，没什么文化，所以大家都叫他"笨汉汉

斯"。但是当三兄弟来到皇宫,他们的表现却出乎所有人的意料。在富丽堂皇的皇宫里,面对尊贵且高傲的公主,老大嗫嚅半天,一句话也说不出;老二结结巴巴,语不成章,话不成句;而那个不被所有人看好的笨汉汉斯,却能从容应对,最终赢得公主心,抱得美人归。老大老二像极了我们之中的很多人,私底下口若悬河,侃侃而谈,但在公众场合或面对尊长,却一句话也说不出。故事中的老大老二,或者现实中的我们,都渴望能够像孟子一样,在尊长面前,在公众场合,从容应对,举措得宜。那么,孟子究竟是怎么做到的呢?他其实是有一个不传之秘的,诸君请看:

说大人,则藐之,勿视其巍巍然。堂高数仞,榱题数尺,我得志,弗为也。食前方丈,侍妾数百人,我得志,弗为也。般乐饮酒,驱骋田猎,后车千乘,我得志,弗为也。在彼者,皆我所不为也;在我者,皆古之制也。吾何畏彼哉?

——《孟子·尽心下》

孟子的秘诀是"说大人",就要藐视之,不要被他的显贵身份吓倒。但是,我们都知道,在古代,尊卑贵贱,等级森严,岂容紊也?孟子哪来的底气与资本,敢去藐视"巍巍然"的"大人"们?细读这则语段,我们才明白,在孟子眼中,"大人"们夸富丽、竞豪奢的行为,"皆我所不为",皆"我"不屑为;因为我有"古之制"。所谓的"古之制",就是王道,就是仁政,就是法之于尧、舜、禹、汤、文、武、周公等古圣先王的施政方略。孟子继承道统,以道自任,面对"巍巍然"的"大人"们,故能底气十足、毫无畏惧地纵其辩才,逞其智慧,深折对方。

二、学习活动一:细读文本,畅谈王道

[问题提出]关于王道仁政,古圣先王的施政方略多已不可考,而孔圣又语焉不详。能够全景式、系统化地为我们阐述古圣先王之制的,其惟孟子乎?请同学们聚焦《齐桓晋文之事》最后三段,聊一聊孟子为我们擘

画的王道图景是什么。

反复诵读、小组讨论，提问、学生回答。（略）

［点拨启悟］《齐桓晋文之事》最后三段比较集中地阐发了孟子关于王道仁政的政治主张和社会理想。主要涉及两个方面的内容：其一，王道如何施行；其二，王道大成的社会图景。

三、学习活动二：分田制禄依井田，礼乐教化育恒心——王道之行的次第之序

［问题提出］王道该如何施行？

［点拨启悟］

文中集中阐释王道之行的，是这两句话：

> 无恒产而有恒心者，惟士为能。若民，则无恒产，因无恒心。

这两句话，虽然"民"与"士"作了对比，但内容的重心是放在"民"之上。于百姓而言，行王道，施仁政，是有一个先后的次第的，我们不妨称之为"两步走"战略，即第一步，让百姓人人有"恒产"；第二步，让百姓人人有"恒心"。

这里的"恒产""恒心"作何解呢？其关键在于"恒"如何释义。"恒"这个字很有意思，我们且看它在小篆中是怎么写的（如右图）。

从字形看，"恒"，从"心"从"舟"从"二"，"心"与"舟"在"二"之间。"二"之两横，代表天地。从造字之义看，其意是人处天地间，当以心为舟，持志不变，竞渡不息，故"恒"有长久、永恒之意。随着语义的衍化，"恒"在具体的语境中，又有不同的变化。放之于本句中，"恒产"中的"恒"，从长久之意衍化而来，应作"固定"解；从后文的"五亩之田""百亩之田"来看，所谓"恒产"，即百姓要有能长久维持生活的固定财产。"恒心"中的"恒"，与前一个"恒"字略有不同，这里的

"恒",应为"坚定"之意;所谓"恒心",结合前后文,应指人人要有坚定向善之志。

孟子的王道之行的"两步走"战略,首务是"明君制民之产"。那圣明的国君要给百姓每人制定、分配多少产业,方能达到"仰足以事父母,俯足以畜妻子,乐岁终身饱,凶年免于死亡"这种衣食丰足的生活?孟子的"恒产"思想其实质就是恢复商周时的井田制。这种制度,就家宅、田亩有明确的规定,具言如下:

五亩之宅:五亩之宅,一夫所受。二亩半在田,二亩半在邑。田中不得有木,恐妨五谷。故于墙下植桑以供蚕事。(朱熹《孟子集注》)

百亩之田:方里而井,井九百亩,其中为公田。八家皆私百亩,同养公田;公事毕,然后敢治私事,所以别野人也。此其大略也,若夫润泽之,则在君与子矣。(《孟子·滕文公上》)

宅基地、田亩数,乃一个家庭安居乐业之根基。近年来,因为宅基地矛盾且地方政府处置不力而爆发命案的例子,屡见不鲜。为防止权贵侵夺、土豪兼并,孔子在两千年前就明确指出,"丘也闻有国有家者,不患寡而患不均,不患贫而患不安"。即施政者须首重公平。孟子也反复强调"明君制民之产"必须公平公正的重要性。他说:"夫仁政,必自经界始。经界不正,井地不均,谷禄不平,是故暴君污吏必慢其经界。经界既正,分田制禄可坐而定也。"基于公平公正的分田制禄,百姓才能安居乐业,才能丰衣足食,此为王道施行的首务。

古语云:"仓廪实而知礼节,衣食足而知荣辱。"在夯实百姓的物质基础之后,孟子的王道之行的第二步是要让百姓人人有坚定的向善之心。要怎么做到呢?从后文看,具体举措有二:其一,"谨庠序之教",说的是要施行教化;其二,"申之以孝悌之义",则说的是礼乐熏陶。概言之,恒心之培养,就是施行礼乐教化。

[进一步思考] 分田制禄依井田,礼乐教化育恒心。孟子的王道之行中的"恒产""恒心",像极了我们改革开放之时提出的物质文明、精神文明。但二者又有不同。孟子提出的是"两步走"战略,先制恒产后育恒

心，是有先后次第之序的；而邓公所建，是"两手抓，两手都要硬"的战略方针，是不分先后，同时并举。同学们可基于自己的历史、政治知识，结合自己的体悟，进行探究："恒产"（物质）、"恒心"（精神）是分先后次第而行好，还是同时并举好？

四、学习活动三：宾服万国四方朝，爱亲敬老教化成——王道大成的内外之效

师：在本文的最后三段，有两处地方提到"反其本矣"。请同学们关注这两处的内容，以常理思之，"反其本矣"后文的内容应该都是阐释性的文字，是解释"本"的含义与内容的，两处的内容应该是相同的才对。同学们细读这两处文本，其表达的内容一样吗？

生：不一样。

师：所谓"反其本矣"，施政之"本"应该只有一种，没有两种。那这里为什么有大相径庭的表述？所以，只有一种可能，这里并不全然是来阐释施政之本的。那孟子这两处文字，想说什么？其侧重点又有什么不同？请同学们再细读文本，细加思考。

生：这两处的内容，孟子为齐宣王描绘的是王道施行后的成效，擘画的是王道大成后的社会图景。

师：非常好。那么，这两处肯定不是内容的简单重复，它们阐释的侧重点，有何不同？

生：这两处的内容，讲的是王道大成之后的内外之效。第一处，讲的是王道大成后对天下各国的影响，这是从对外的角度而言。而第二处的内容，兼具行与效，侧重讲的是施行仁政的具体措施后，于国内的影响，这是从对内的角度而言。

师：请关注第一处的内容，概括王道大成的对外之效。

[点拨启悟]

第一处内容：

今王发政施仁，使天下仕者皆欲立于王之朝，耕者皆欲耕于王之野，商贾皆欲藏于王之市，行旅皆欲出于王之涂，天下之欲疾其君者皆欲赴诉于王。其若是，孰能御之？

此言王道大成的对外之效，用后世文人的话来说，就是仁德远布，四方来归，万国宾服。因为当时各国纷争，行霸道，崇霸功，尚诈力，"争地以战，杀人盈野；争城以战，杀人盈城"，如果齐宣王能反其道而行之，发政施仁，让百姓过上好日子，那么，四方之"民归之，犹水之就下，沛然谁能御之"。

第二处内容：

五亩之宅，树之以桑，五十者可以衣帛矣。鸡、豚、狗、彘之畜，无失其时，七十者可以食肉矣。百亩之田，勿夺其时，八口之家可以无饥矣。谨庠序之教，申之以孝悌之义，颁白者不负戴于道路矣。老者衣帛食肉，黎民不饥不寒，然而不王者，未之有也。

如前所言，本处的内容，兼具行与效。请同学们结合前文的内容，完成以下任务单。

方针	王道之行		王道之效	
	措施	具体成效	王道大成愿景	
			于内	于外
恒产	五亩之宅，树之以桑	五十者可以衣帛矣	衣食丰足 教化大成	（万国宾服）四方来归
	鸡、豚、狗、彘之畜，无失其时	七十者可以食肉矣		
	百亩之田，勿夺其时	八口之家可以无饥矣		
恒心	谨庠序之教，申之以孝悌之义	颁白者不负戴于道路矣		

[问题提出] 孟子擘画王道大成的蓝图，为什么要把衣帛者、食肉者、不负戴于道路者设定为五十岁、七十岁、颁白者的老人呢？

13. 行王道应重次第之序，施仁政当收内外之效

——《齐桓晋文之事》教学课例

[点拨启悟]

首先，中国自古有尊老敬长的传统。孟子说："天下有达尊者三：爵一，齿一，德一。朝廷莫如爵，乡党莫如齿，辅世长民莫如德。"在传统的乡土社会中，年齿高的年长者是值得尊敬的。故于战乱频仍、民生凋敝、物质奇缺的春秋战国，衣食奉养，则必先奉老敬亲。

中国为什么会形成这样一种传统呢？读过费孝通的《乡土中国》，我们都知道中国自古是农本国家，是一种典型的乡土社会。这样一种"变化很少的社会里，文化是稳定的，很少新的问题，生活是一套传统的办法"，"文化像是一张生活谱，我们可以按着问题去查照。所以在这种社会里没有我们现在所谓成年的界限。凡是比自己年长的，他必定先发生过我现在才发生的问题，他也就可以是我的'师'了。三人行，必有可以教给我怎样去应付问题的人。而每一个年长的人都握有强制年幼的人的教化权力：'出则悌'，逢着年长的人都得恭敬、顺服于这种权力。"（费孝通《乡土中国》）故年长者在乡土社会里理应受到尊崇与优待。故衣食奉养，自当必先予尊长。

其次，中国自古有关怀弱小的传统。在公交车上，我们要给老、弱、病、残、孕、幼让座。为什么要给这些人让座，就是因为他们相较于青壮之人，是弱小的。而古人谓五十始衰，故非帛不暖；七十愈衰，非肉无以养生，无以养其天年。年愈长，体愈弱，故所奉应愈加优厚。

[问题提出] 孟子讲教化大成，为什么以"颁白者不负戴于道路矣"作为检验的标准？

[点拨启悟]

有酒肉奉养，保证衣食丰足，这于父母尊长，就能算是"孝"了吗？孔子说："有事，弟子服其劳；有酒食，先生馔，曾是以为孝乎？"（《论语·为政》）孔子认为衣食丰足只是口体之养，还远远不够。子夏曾问何为孝。孔子谓之曰："色难。"何谓"色难"，就是对尊长父母始终出于真心实意，始终保持和颜悦色，是最难的。

善事父母为孝，善事兄长为悌。礼乐教化之功，就是要让百姓知礼识

117

义，使人人能发自内心，爱亲敬老，如有事，而主动服其劳，不使劳碌奔忙于道路。

五、作业设计

作业一：孟子最终没能留在齐国去实施他的政治抱负。当他抱憾离开齐国时，弟子充虞路问他："老师您好像不开心啊。您不是教导我们要不怨天、不尤人吗？"孟子回答说："五百年必有王者兴，其间必有名世者。由周而来，七百有余岁矣。以其数则过矣，以其时考之则可矣。夫天，未欲平治天下也；如欲平治天下，当今之世，舍我其谁也？"孟子是极自负的，因为他认为自周以来，七百多年，只有自己才是那个胸怀古制、能行王道的人。我们这节课学习了孟子所谓的"王道""古制"，同学们请思考，孟子的这些政治主张在列国纷争的战国背景下是否具有可行性。可查阅相关历史背景资料，完成一份历史小论文。不少于600字。

作业二：《齐桓晋文之事》记录了孟子与齐宣王一场关于黜霸功、行王道的论辩，是一次思想的角力。在熟读全文的基础上，可将这场论辩改写为论辩提纲或剧本，并在课堂上展演这场著名的论辩。

六、板书设计

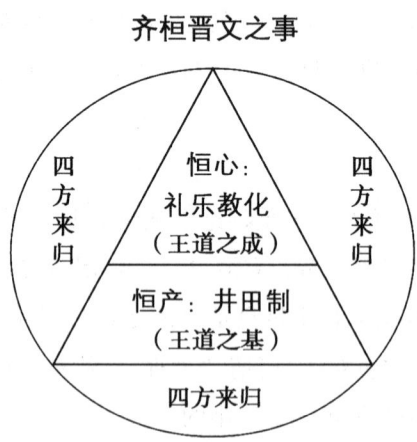

14. 欲识庖丁解牛意，须共庄生逍遥游

——《庖丁解牛》教学课例

【前置任务设计】

1. 任务单一：《庖丁解牛》寓意探析。

寓言	主题	寓象	寓象特点	寓意
庖丁解牛	养生	族庖		
		良庖		
		庖丁		
		刀		
		牛		

2. 任务单二：《庖丁解牛》《逍遥游》对比阅读。

寓言	寓象	寓象特点	宇（所处之空间） 空间	宇（所处之空间） 特点	宙（所历之时间） 时间	宙（所历之时间） 特点	追求之境	终极之境
庖丁解牛	刀						游刃有余	逍遥游
逍遥游	鲲鹏						遨游天地	

【教学过程】

一、情境导入

同学们之前诵读过苏轼的《记游松风亭》，言简意深，颇耐人回味。我们再一起回顾一遍，请放声诵读：

余尝寓居惠州嘉祐寺，纵步松风亭下。足力疲乏，思欲就林止息。望亭宇尚在木末，意谓是如何得到？良久，忽曰："此间有甚么歇不得处？"由是如挂钩之鱼，忽得解脱。若人悟此，虽兵阵相接，鼓声如雷霆，进则死敌，退则死法，当恁么时也不妨熟歇。

苏轼曾被贬惠州，某日登山，想爬到松风亭才休息，但足力疲乏，其进也艰难，其止也可惜，当此之际，进退两难。纠结许久，他忽然悟到："此间有甚么歇不得处？"是啊，何必汲汲于登临松风亭，此间当下，便可熟歇。由此，他推而论之，纵是兵阵相接，进则死于敌手，退则死于军法，在这死生之际，也不妨熟歇。但是老师读此文，在这里常感疑惑：战场之上，生死只在一线之间，怎能熟歇？苏轼莫不是在诓我们？我们要怎么理解他说的"进则死敌，退则死法，当恁么时也不妨熟歇"？苏轼深受老庄思想影响，他读《庄子》，不禁废书而叹曰："吾昔有见，口未能言，今见是书，得吾心矣！"要理解此中义理，我们还得回溯到庄子。今天，让我们走进庄子的《庖丁解牛》，去领略、汲取庄子的智慧。

二、学习活动一：满纸荒唐言，谁解其中意？——《庖丁解牛》寓意探析

要读懂庄子，着实不易。因为庄子认为"以天下为沉浊，不可与庄语"，故庄子只能以"谬悠之说，荒唐之言，无端崖之辞"来呈现于世人之前。什么意思呢？就是认为天下人都执迷不悟，所以不能以庄重的、正常的话来与天下人交流，只能用虚远、荒唐的话来警醒世人。明白这一点

14. 欲识庖丁解牛意，须共庄生逍遥游
——《庖丁解牛》教学课例

很重要，因为，庄子貌似一本正经地言说，我们看到的可能是超乎我们经验、认知的满纸荒唐言；看似满纸的荒唐言，却可能有我们领略不到的严肃、宏大、深刻。在荒唐的寓言呈现与语言表象中，身处"沉浊"的天下中、满眼迷障的我们如何读出一个真实的庄子，去洞察庄子真意之所在？在阅读《庄子》的过程中，我们务必要保持警惕，我们会"惊怖"于他天马行空、不着边际的言辞论断，真真假假，虚虚实实，但其中或许正是庄子的苦心所寄，有真意存焉。

闲言不叙，回归《庖丁解牛》。读文之前，先解出处，《庖丁解牛》选自《庄子·养生主》，从题目《养生主》，可知这是一章专论养生之道的文章；从《庖丁解牛》文末最后一句"文惠君曰：'善哉！吾闻庖丁之言，得养生焉。'"可知，《庖丁解牛》是一篇谈养生、悟养生的哲理寓言。

师：我们刚才说，庄子认为"以天下为沉浊，不可与庄语"，故庄子以"谬悠之说，荒唐之言，无端崖之辞"的方式来说理论道。那么，同学们，读《庖丁解牛》，你们觉得这是正正经经的一个寓言故事，还是荒荒唐唐的一个荒诞叙事？

生：乍读起来，这是一个很严肃、很正常的故事。

师：可见你们着了庄子的道而不自知。庄子所处的时代是什么？

生：战国。

师：同学们，试想一下，战国的社会环境是什么样的？与庄子大致处于同一时期的孟子，他所记录的战国情形，应该是可信的。他说，彼时的战争是"争地以战，杀人盈野；争城以战，杀人盈城"；彼时人民的生活处境是"父母冻饿，兄弟妻子离散""民有饥色，途有饿莩"。在充满杀戮、民不聊生的战国，庄子讲述着一个充满血腥的屠牛故事，却借以寄寓一个养生的道理，荒不荒唐？荒不荒谬？

生：老师这么一说，确实荒唐。

师：那庄子借这满纸荒唐言，又意欲何指呢？本文既是一篇寓言，那么读文首务当然是析其寓意。请同学们拿出任务单一。

[点拨启悟]

族庖、良庖、庖丁象征社会中不同的人。族庖是平凡大众，良庖是君子、贤人之流，而庖丁就是庄子笔下的至人、神人、圣人。（至人无己，神人无功，圣人无名）

而刀呢？族庖、庖丁们以不同的运刀方式，去屠牛解牛。不同庖人手中的刀，或一月，或一年，或十九年而如新。可见，所谓养生，就好理解了，就是要好好地养护手中刀。因此，刀，寓指要养护的生命。

而牛呢？牛是一个庞然大物，它的天理、大郤、大窾、肯綮，它的错综复杂，其实多么像我们身处的社会。在庄子的时代，是冷兵器对阵的战国，庄子以血淋淋的屠牛场面，含蓄地表达了对当时社会的反思，所谓战国，"争地以战，杀人盈野；争城以战，杀人盈城"，无非就是解牛的场面，这必非是今日的昌平盛世，而是潜藏着某种隐喻，暗指战国就是一个乱世大屠场。

师：寓象之寓意既明，那么，本则寓言想告诉我们一个怎样的养生道理？

[点拨启悟]"养生"一词，在当下的意思无非是调养身体以达健康长寿之意。同学们要从当下狭隘的"养生"之意中摆脱出来，破除迷障，走进庄子解牛的寓言。

[明确]庄子要告诉我们的养生的主题或许是：在错综复杂的人间世，在充满杀戮的乱世大屠场，我们该如何处理才能身处其中不受伤害，甚至逍遥优游自在？在乱世大屠场中，最大的养生其实是如何处世，如何活着并好好地活着。其实所谓养生，最大的问题是养心，养的是处世态度。

寓言	寓象	寓象特点	宇（所处之空间）		宙（所历之时间）		追求之境	终极之境
			空间	特点	时间	特点		
庖丁解牛	刀	至微之物	牛	至密至微几于无隙	十九年	于刀而言，时间至长；较之鲲鹏之长之化，或如一瞬	游刃有余	逍遥游

续表

寓言	寓象	寓象特点	宇（所处之空间）		宙（所历之时间）		追求之境	终极之境
			空间	特点	时间	特点		
逍遥游	鲲鹏	至大之物（鲲，鱼子也，以至小譬至大）	北冥徙南冥，水击三千里，抟扶摇而上者九万里	至大至广以至无极	六月	鱼子长为鲲，巨鲲化为鹏，所历不知其几何年，却只为六月之徙	游于天地	

三、学习活动二：无大无小曰宇，无始无终曰宙——庄子宇宙观探析

所谓养生，最大的问题是养心，养的是处世态度。那么，心当如何养，世该如何处呢？我们且再回到"刀"的话题上。庖丁说："臣之所好者，道也，进乎技矣。"其他人运刀以"技"，或"割"或"折"，其刀易坏。庖丁则因是悟了"道"，故能游刃有余于筋骨错结的复杂的牛身上，"十九年"而"刀刃若新发于硎"。那么，问题来了，此中的"道"是什么呢？

[探究]

"道"到底是什么？为此，我们需要把视野放得更宽广一点，摆脱《养生主》狭隘的单篇视野，走到《庄子》整本书的站位，去观照、探析一下庄子的"道"到底是什么。

古贤有言"开宗不了逍遥意，读尽南华也枉然"，盖《庄子》开篇之文，即为一篇之警策。我们不妨回想初中所学过的《庄子·逍遥游》到底写了什么。

《庄子》开篇，就为我们呈现了一个想寄天外、令人惊怖的宏大宇宙。但细读之下，鲲鹏之寓言与庖丁解牛之寓言，故事迥异，大旨同归。庖丁之刀，十九年而刀刃新发于硎，所臻之境，是恢恢乎其游刃必有余地。而鲲化为鹏，从北冥徙于南冥，只为六个月的逍遥之游。二者所求，不论是面对一牛之身的刀，还是翔于天地之大的鲲鹏，终极追求，均是逍遥之

境。请同学们拿出任务单二，对两文的寓象，进行对比。

[点拨启悟]

同样是追求"逍遥"之境的两个寓象，一个是至微之物如刀，一个是至大之物如鲲鹏。而二者所处之空间与所历之时间，亦迥然不同。刀所面对的牛的空间，是天理、大郤、大窾、肯綮的错杂交织，是一种至密至微、几于无隙的错综复杂之境。而鲲鹏所向，是从北冥徙于南冥，"水击三千里，抟扶摇而上者九万里"，是天地之大，是至大至广，以至无极之境。而二者所历之时间，亦极悬殊。鲲，《尔雅·释鱼》释义为"鱼子"，其注云："凡鱼之子名鲲。"鱼子长为鲲，巨鲲化为鹏，其所历不知其千百岁，最终却只为区区六个月之徙。而庖丁之刀，历十九年而如新。十九年于刀而言，可谓长矣；然较之《庄子》书中的鲲鹏、冥灵、大椿，却不过有如一瞬。

庄子在寓象的选取上，有意选择时间、空间上两极对立的事物，至小、至大，至短、至长，这种现象，在文中并不少见。庄子似乎很努力地想要让人们明白"小大之辩"：

> 小知不及大知，小年不及大年。奚以知其然也？朝菌不知晦朔，蟪蛄不知春秋，此小年也。楚之南有冥灵者，以五百岁为春，五百岁为秋。上古有大椿者，以八千岁为春，八千岁为秋。此大年也。而彭祖乃今以久特闻，众人匹之。不亦悲乎！……此小大之辩也。
>
> ——《庄子·逍遥游》

且看下表：

维度	物象	特征	物象	特征
宇（空间）	朝菌、蟪蛄、斥鴳	至小之物	冥灵、大椿、鲲鹏	至大之物
宙（时间）	晦朔、春秋	至短之物	五百岁为春，五百岁为秋 八千岁为春，八千岁为秋	至长之物

空间曰宇，时间曰宙，莫非庄子想借此告诉我们他的宇宙观，想带我

们走进他的宇宙中去？中国传统对"宇宙"的定义与认知是"四方上下曰宇，往来古今曰宙"，庄子的"宇宙"会是传统意义上的"宇宙"吗？他花费如此大的力气，有意在时间与空间上设置两极相对与融合的事物，显然不是为了去证明传统的那个"宇宙"的正确性。庄子所选事物，至小、至大、至短、至长，无不两极对立，而"鲲"这个事物，则干脆拿至小之物来指称至大之物，让两极对立之物融为一身。两极对立，甚至两极融合，显然庄子在故作醉翁之意，其意并非真的要进行小大之辩。

庄子在《齐物论》里将"大""小"的论断让我们豁然："天下莫大于秋毫之末，而大山为小；莫寿于殇子，而彭祖为夭。天地与我并生，而万物与我为一。"

相较于传统的宇宙观"四方上下曰宇，往来古今曰宙"，庄子似乎是想通过那些奇诡、荒诞、令人惊怖的言论，让我们破除固有的空间（宇）上的"小""大"与时间（宙）上的"短""长"的执念，要我们超越或超脱于时间、空间之上：

无大无小曰宇，无始无终曰宙。

这或许才是庄子想要告诉我们他的"宇宙观"的样子。基于这样的"宇宙"认识，我们对于庄子的"逍遥"才恍然大悟：欲得逍遥，就要无待；若有时空束缚，终难真正逍遥。故惟有在无大无小、无始无终、超脱于时空束缚的宇宙中才有真正的逍遥。

有了庄子这样的宇宙观，再反观文本，我们才真正明白庖丁手中的这把生命之"刀"，为何能在复杂如牛身的社会中，"以无厚入有间，恢恢乎其于游刃必有余地矣"。正是参悟了"道"的庖丁，他超越或超脱了时空之束缚，他的刀"技"才可以出神入化，他才可以视复杂的牛身于无物，游刃其中，逍遥无待。

四、学习活动三：欲识庖丁真面目，需上姑射访神人——庄子生命观探析

在前面的分析中，我们将那个好"道"、悟"道"的庖丁，归为"至

人""神人""圣人"一类的人物。但这一类神圣级别的人物,是何等境界、何等神采的人物呢?庄子对这等境界的神圣人物有一段具体的描述:

> 藐姑射之山,有神人居焉,肌肤若冰雪,绰约若处子。不食五谷,吸风饮露。乘云气,御飞龙,而游乎四海之外……
> ……之人也,之德也,将旁礴万物以为一,世蕲乎乱,孰弊弊焉以天下为事!之人也,物莫之伤,大浸稽天而不溺,大旱金石流土山焦而不热。
>
> ——《庄子·逍遥游》

这位姑射神人,是庄子理想的化身,风姿绰约,高蹈出世,不受时空束缚,逍遥于天地之间,纵是历经万难也不伤其身。好"道"、悟"道"的庖丁,对标的应是姑射神人这等境界的人物。姑射神人所处的"大浸稽天""大旱金石流土山焦"的极端处境,亦有类于错综复杂的牛身以及险酷的血淋淋的屠宰场面,亦有类于当时战国充满杀戮的血腥现实。这不就是养生的极致境界吗?庄子养生的理想是,一个人,身处于这样的残酷环境中,能拥有像姑射仙人一样历万难而不伤的力量。因此,经过这样抽丝剥茧式的分析,《庖丁解牛》的养生寓意,就呼之而出。

真正的养生,就是在接受了庄子宇宙观之后,在面对尘世苦难的夹击下甚至在极端严酷的生存夹缝中,我们能因时处顺,顺势而为,拥有自我开解与自我保全并进而走向逍遥的力量。

五、小结

我们深度了解了庄子的养生思想之后,再回到苏轼的《记游松风亭》一文上。请再放声齐诵一遍,再想想在战场之上,兵阵相接,在这死生之际,苏轼为什么说"进则死敌,退则死法,当恁么时也不妨熟歇"?诸生有所领会否,有所开悟否?

六、作业设计

1. 推荐阅读徐国能的散文《刀功》，试想：据文中所述，具有出神入化的刀工的父亲，其水平，匹之《庖丁解牛》，可达什么等级？是族庖，还是良庖，甚或是庖丁？

2. 庖丁解牛曾历三种境界：第一境，"始臣之解牛之时""所见无非全牛也"，即目有全牛，为技之始也；第二境，"三年之后""未尝见全牛也"，即目无全牛，为技之成也；第三境，"方今之时""以神遇而不以目视"，即入"道"之境也。

王国维在《人间词话》中亦有人生三境界之说：

> 古今之成大事业、大学问者，必经三种之境界："昨夜西风凋碧树，独上高楼，望尽天涯路。"此第一境也。"衣带渐宽终不悔，为伊消得人憔悴。"此第二境也。"众里寻他千百度，蓦然回首，那人却在灯火阑珊处。"此第三境也。
>
> ——王国维

庄子三境，与王国维的三境界相比，是相同，还是不同？请写一段不少于600字的文章加以分析。

3. 一篇《庖丁解牛》让文惠君受到养生的启发，获得优游处世的智慧；也让落魄江湖载酒行的陈家洛领悟武学真谛，无敌天下。请读《书剑恩仇录》第十七章中陈家洛因《庖丁解牛》而悟武学大道的片段（此处从略），并结合自身的学习、生活遭遇，写一篇不少于800字的文章，表达你的思考与领悟。

七、板书设计

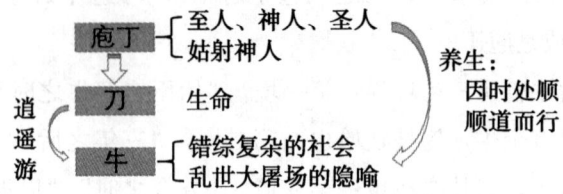

15. 笔底风云出我辈，外交争锋仰古贤

——《烛之武退秦师》教学课例

【前置任务设计】

情景剧剧本写作。具体要求：真实的外交场景，必不是烛之武一个人将一大段话一股脑地说完，而应是如孟子游说齐宣王般，既察言观色，也因势利导，根据现场情境及对方情绪动态，及时调整对话策略。请合理想象当时的外交场景，揣摩双方的情态，体会对话语气，以《烛之武退秦师》为蓝本，设计游说双方的言语交流，创作《外交争锋：烛之武说秦伯》的情景剧剧本。

【教学过程】

一、情境导入

前贤有言："烛之武一言，贤于十万师。"此非夸大之辞。我们日日言说的语言，如果驾驭得好，运用得妙，确实有着超乎我们想象的力量。大成至圣先师孔子就曾发过这样的言论，"一言可以兴邦，一言可以丧邦"；著名文艺理论家、《文心雕龙》的作者刘勰亦曾说，"一言之辩，重于九鼎之宝；三寸之舌，强于百万之师"。这几位先哲，众口一词，都在告诉我们，语言是有力量的。而遥想当年，诸葛亮舌战群儒的风流姿态，苏秦身

佩六国相印的至极尊荣，以及今天我们正在学习的烛之武，此数君子的事例，都以无可辩驳的事实证明了这一点。在利用文言卡片，梳理了文本的重要词汇，疏通了文章大意之后，接下来，请让我们一起聚焦文本第 3 段，把握烛之武游说之辞的语言艺术和其中蕴含的智慧，从中体悟语言的力量。

二、学习活动一：外交争锋已称奇，笔底称雄更道高——优秀作品及创作团队展示

上节课，我们布置了一个题为《外交争锋：烛之武说秦伯》的情景剧剧本创作的前置作业，并让同学们自行组建创作团队进行集体创作。为什么会有这样一份前置作业呢？因为在我们疏通完文章大意之后，有一个同学跑来向黄老师表达了他的困惑，他说："这段话看起来也平平无奇，秦伯怎么就退兵了呢？"与一些同学交流，发现他们同样不能理解：这一股脑儿倾吐而出的一通言辞，似乎看不出有什么语言艺术，感受不到什么语言力量。这个现象引起了黄老师的注意与深思。《左传》是一部史籍，不是一部演义体小说，所以，它在记录史事，比如说《烛之武退秦师》，只能做到"撮要举凡，存其大体"，但并没有还原真实的外交游说的场景。因为真实的外交游说情境的缺失，游说双方剑拔弩张、针锋相对、斗智斗勇的氛围，同学们无从体会，自然也就感受不到烛之武高超的游说艺术，体验不到烛之武一夫退一师、数语挽狂澜的语言力量。

"事非经过不知难，成如容易却艰辛"，经过各创作团队的研讨、创作与打磨，一篇篇优秀剧本纷纷涌现。同学们表现出来的创作热情与才情，真让老师刮目相看。在这里，我们对于优秀作品及优秀创作团队，给予隆重的表扬。

[**PPT 投影展示**]优秀作品及优秀创作团队（略）。

经过小组自评、各小组互评以及老师的评议，我们一致认为，第 3 组团队创作的作品综合评议分为最高，拔得了本次剧本创作的头筹。请第 3 组集体走上讲台，接受同学们热烈掌声的礼赞。

三、学习活动二：优秀作品是怎么炼成的？——优秀作品创作谈

这么优秀的作品是如何炼成的呢？今天老师将讲台留给第3组的团队，请他们来谈一谈是如何创作的。

生：我们团队首先组织团队成员细读、深读文本。读懂、读透文本是创作的前提。其次，为了了解什么是真实的外交游说的场景，我们组织团队成员观看2021年"中美战略高层对话"的视频，让大家真正领略什么是外交争锋，确实体验那一种没有硝烟的却远比战场更为激烈、残酷的博弈环境。最后，创设外交情境，分角色扮演宾主双方，揣摩双方个性和各自的立场，并反复进行语言上的你来我往、针锋相对、唇枪舌剑的攻防模拟。

师：优秀的作品绝不是坐等可得，亦绝非凭空出现。集团队之力，汇众人之智，深入研讨，反复打磨，这是第3组团队成功的关键。

生：经过深入的文本研读，反复的情境模拟，以及热烈的深度研讨，在创作剧本过程中，我们渐渐删繁就简，聚焦思考并重点解决三个问题。首先，关注核心问题。烛之武是为了说退秦师而来，他要怎么说，采取怎样的游说策略，才能有效说服秦伯？这是烛之武的核心任务，也是我们剧本创作重点要解决的问题。其次，在解决核心问题之前，我们发现，要先解决两个前提性的问题：（1）烛之武与秦伯，一个是行将被灭国、无足道哉的弱国使者；一个是胜券在握、志得意满的一国诸侯、三军统帅。弱国无外交，烛之武要怎么说，才能让秦伯愿意听，这是烛之武要开展外交游说的第一步。（2）进而，烛之武要怎么说，才能吸引秦伯的兴趣，让他愿意耐着性子听下去。没有完成这两步走，任是烛之武巧舌如簧，智深如海，也难开启他的游说，完成他的使命。

师：没有深度研讨，没有将自己置身于拟真的外交情境中，是无法提纲挈领抓住这三个有价值的问题的。这三个问题，你们是如何思考并解决的？

（一）怎么说，才能让秦伯愿意听：得体言说

一方是行将被灭国、无足道哉的弱国使者；一方是胜券在握、志得意

满的一国诸侯、三军统帅。地位如此悬殊,这要怎么谈?

有同学说,一定要说好听的话、中听的话。对,这当然是必需的。弱国无外交,烛之武确实没有挺直腰板、直接叫板的资本。但如果一味是卑躬屈膝、摇尾乞怜的姿态,始终是一副阿谀谄媚、巴结奉承的嘴脸,也着实让人生厌,效果可能适得其反。而且,作为一国使臣,虽是将亡之国,也要不卑不亢,国格不可损,人格不可丢。"礼也者,卑己以尊人",卑以自牧,尊以待人,中国有着博大精深的谦敬词文化,在外交措辞上,烛之武只要做到有礼、合礼即可。态度上要谦,"郑既知亡矣",坦言其国将亡;措辞上要谦,"敢以烦执事"的"敢""烦",可谓彬彬有礼之至。称人要敬,单此一段,用"君"字称呼秦伯达8次之多,敬之至也;"执事",也是敬词,古人对于尊者,往往不敢直呼其名,而指称其身边近臣,以示敬畏。

研讨中,又有同学提出,开口第一句,至关重要,因为说错或说得不中听,烛之武项上人头恐不保矣。此诚为卓见矣。我们初看烛之武开口第一句"秦、晋围郑",觉得平平无奇。但有细心的小伙伴发现了这句的表述,跟文章开头第一句相似,我们将两句进行置换比较,才发现烛之武其中大有苦心,大有奥妙。

原句	对比	置换句
秦、晋围郑,郑既知亡矣。		晋侯、秦伯围郑,郑既知亡矣。

这两句,乍看没什么不一样,也都是表达同样的意思。但细读不难发现,烛之武在对话中做了两处调整:其一,秦晋位置调换了,把秦置前,把晋置后;其二,在对话交流中,称人爵位才是对人的尊敬,而这里烛之武却把两君的爵位全都隐去。烛之武为什么这样处理?经过研讨,我们发现,此时晋秦两国实力,显然晋强秦弱,且晋君爵位也比秦君爵位更高,古时爵位分五等,侯在伯之上。依此而言,"晋侯、秦伯围郑"才合乎礼的要求。烛之武把秦提前,把爵位隐去,是基于游说需要,从权处理;随着秦国实力的不断强大,秦伯自然不满足于僻居西隅,也不甘屈居晋侯之后,

15. 笔底风云出我辈，外交争锋仰古贤
——《烛之武退秦师》教学课例

所以，烛之武这番调整，其实是尊秦以抑晋，满足的是秦伯的虚荣心。

（二）怎么说，才能让秦伯有兴趣听下去：心理战术

完成第一步，只是做到了人家不会把你轰出来。毕竟人家是三军统帅，一国首脑，如果不讲求点策略，吸引秦伯的兴趣，人家哪有那闲工夫听你天花乱坠地胡扯呢。所以，我们充分揣度并抓住秦伯的心理，两处设置悬念，以激起秦伯的兴趣。（见下表）

策略	《烛之武退秦师》原文	《外交争锋：烛之武说秦伯》剧作版改编
抓其心理设置悬念吊其胃口	夜缒而出，见秦伯。	夜缒而出，武径奔秦寨，将士把持，不容入见。武从营外放声大哭。秦伯闻之，甚感诧异，令营吏擒来入见。 秦伯：尔是何人，为何啼哭？ 武：老臣乃郑国使者烛之武是也。 秦伯：所哭何事？ 武：哭郑之将亡耳！ 秦伯：郑既将亡。汝不在贵国号哭，安得在吾寨外号哭？ 武：老臣哭郑，兼亦哭秦。郑亡不足惜，独可惜者秦耳！ 秦伯（大怒，叱）：吾国有何可惜？言不合理，即当斩首！
	若亡郑而有益于君，敢以烦执事。	武：若亡郑而有益于秦，老臣又焉敢只身而来，冒死进言？君蔽于眼前之利，不知亡郑非惟无益，又且有损。惜哉，君贵为堂堂千乘之主，奈何劳师费财，为人作嫁乎？ 秦伯（惑）：寡人兴师而来，唯利是图而已。汝言无益有损，何也？

第一处，一个行将被灭国、无足道哉的弱国使者，秦伯岂是他想见就能见的？故我们参照申包胥哭秦庭以救楚的故事，也设置了烛之武哭秦营

的情节，并设置这样的台词："老臣哭郑，兼亦哭秦。郑亡不足惜，独可惜者秦耳！"以吸引秦伯愿意听下去的兴趣。

第二处，"若亡郑而有益于君"，作者本身就很巧妙地抓住秦伯的心理，设置了悬念。秦伯不是傻子，他兴师来蹚这浑水，自是为利而来。我们在改编中增补了几句话，让烛之武告诉秦伯此行不仅徒劳无功，又将劳师费财，为人作嫁。从而成功吊起了秦伯的胃口，激起了他的好奇心。

（三）怎么说，才能有效说服秦伯：陈述利弊，离间关系？

有了成功的前两步，接下来，烛之武才能逞其智慧，施其才辩。烛之武采用了什么游说策略，才让秦伯退兵呢？通过改编，我们知道烛之武是抓住了亡郑之弊、存郑之利来游说的。

策略	《烛之武退秦师》原文	《外交争锋：烛之武说秦伯》剧作版改编
陈述利弊	越国以鄙远，君知其难也，焉用亡郑以陪邻？邻之厚，君之薄也。若舍郑以为东道主，行李之往来，共其乏困，君亦无所害。	武：秦郑不接壤，君所知也。若亡郑而君幸得分一杯羹，然越国以鄙远，君知其难也。吾恐君劳师费财，有亡郑之实，难收亡郑之利也。 秦伯沉吟不语。 武：且君岂有意僻守西隅而无志东出以争天下乎？ 秦伯：僻守西隅，岂是素志也欤？ 武：则焉用亡郑以陪邻？邻之厚，君之薄也。养虎为患，自树强敌，窃为君不取也。君若肯宽目下之围，订立盟誓，弃秦存郑，君如有东方之事，行李往来，取给于郑，犹君之外府也。郑虽弱小，必倾国以奉，未敢不从。

单纯抓住利害关系，就可以说退秦师了吗？为利而来的秦国，若不能啖以重利，秦师难退。但郑国处于四战之地，夹于大国之间，国力弱小，所奉之利有限。而秦晋历来交好，秦两次平定晋的内乱，并帮助晋文公重耳回国；两国互通姻亲，互为婚嫁，秦伯与晋侯之间也是翁婿关系，我们现在还有"秦晋之好"一词。所以，以孱弱之郑，仅提供行李之乏困，这种微利恐不足以打动秦穆公。若不挑拨离间他们的关系，令其彼此不相

15. 笔底风云出我辈，外交争锋仰古贤
——《烛之武退秦师》教学课例

亲，恐不足以令秦退师。

分析文本，我们发现烛之武从回顾往昔与展望未来两个角度来挑拨离间秦晋关系。思往昔，"且君尝为晋君赐矣，许君焦、瑕，朝济而夕设版焉"。晋前后诸位君主历来忘恩负义，背信弃义，不足与盟，这是"君之所知也"，这是秦穆公深有体会的。望未来，两雄并立，终将一战，助敌强大，终损自身。晋贪得无厌，灭郑之后，人心不足蛇吞象，势力扩张的脚步岂会停止，必会阙秦利晋。纵然是秦晋之好，也会有剑拔弩张的一天。基于这样的思路，我们作了以下改编：

策略	《烛之武退秦师》原文	《外交争锋：烛之武说秦伯》剧作版改编
挑拨关系	且君尝为晋君赐矣，许君焦、瑕，朝济而夕设版焉，君之所知也。	秦伯：凭汝区区微利，欲令寡人弃秦晋多年之好，无异痴人说梦！ 武：君之所恃者秦晋之好，自谓逾于泰山之固。然思往昔，君助晋侯归国当政，彼为答归国之恩，许君焦、瑕二地，然朝济而夕设版焉，此君之所知也。大恩未尝言报，防君已如防川，实出尔反尔之徒，乃反复无常之辈，君何以恃之乎？ 秦伯：于此一事，寡人耿耿于怀久矣！
离间关系	夫晋，何厌之有？既东封郑，又欲肆其西封，若不阙秦，将焉取之？阙秦以利晋，唯君图之。	武：且夫晋也，何厌之有？区区亡郑，岂其志也？故晋侯南败楚，东封郑，望未来，则必肆其西封。若不阙秦，将焉取之？阙秦以利晋，唯君图之。 秦伯：寡人僻居西隅，未尝得闻明教。非君之言，几误大事矣。敬闻命矣，敢不从乎！ 秦伯遂与烛之武歃血为誓，反使杞子、逢孙、杨孙三将留卒二千人助郑戍守，不告于晋，班师而去。

四、作业设计：文章不厌百回改，佳作常自雕琢出——作品二度修改

听了第3组同学的创作经验分享，我们知道了优秀作品是怎样炼成的。

他们的创作心路与创作历程，一定给我们其他组的同学很多启示。清代唐彪《学有专攻深造之法》说："作文有深造之法。如文章一次作不佳，迟数月将此题再为之，必有胜境出矣。再作复不佳，迟数月又将此题为之，必有胜境出矣。盖作文如攻玉然，今日攻去石一层，而玉微见；明日又攻去石一层，而玉更见；再攻不已，石尽而玉全出矣。作文亦然，改窜旧文，重作旧题，始能深造。"故文章不厌百回改，佳作常自雕琢出，请再将自己的作品，进行集体推敲，二度修改。

五、板书设计

烛之武退秦师

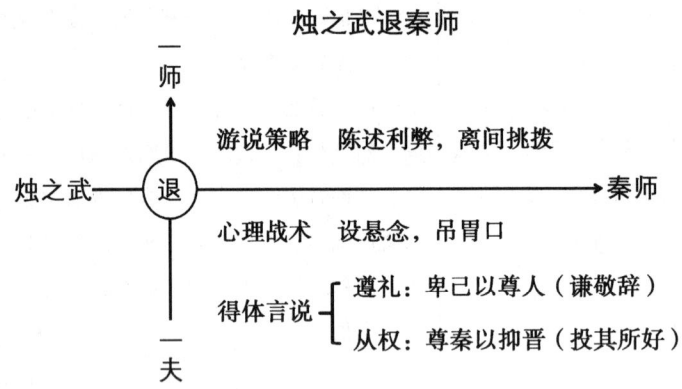

附：评价工具设计

《外交争锋：烛之武说秦伯》情景剧剧本创作评价量表

评价要素	评价项名称	分值	自评	小组互评	教师总评
故事 （30分）	故事具有良好的流畅性与完整度	10分			
	情节/故事主线明确	10分			
	情节推进有良好的节奏控制	10分			
人物 （20分）	不同角色有鲜明的个性特征	10分			
	不同角色有鲜明的国家立场	10分			

续表

评价要素	评价项名称	分值	自评	小组互评	教师总评
台词 （50分）	人物台词富有鲜明的个性	10分			
	角色对话符合外交情境	10分			
	说辞体现有效的游说策略	10分			
	说辞具有高超的游说艺术	10分			
	角色对话对剧情有推动作用	10分			
合计		100分			

16. 走进历史现场，激活经典演说

——《在〈人民报〉创刊纪念会上的演说》教学课例

【前置任务设计】

任务单一：假如我是演讲者，我将如何开展演说？

角色转化	思维支架	问题提出	解答（表格不够写，可另附纸）
假如我是演讲者	情境意识	处何背景？于何场合？	
	主体意识	何身份？何立场？何使命？	
	对象意识	显性听众为谁？	
		隐性读者为谁？	
	目的意识	演说的目的、主旨是什么？	
	策略意识	怎么说才能吸引听众？	
		怎么说才能提振士气、一扫颓风？	
		怎么说才能有效发表意见、阐发主张？	

任务单二：假如我是现场听众，我的听讲体验是如何？

16. 走进历史现场，激活经典演说

——《在〈人民报〉创刊纪念会上的演说》教学课例

角色转化	思维支架	问题提出	解答（表格不够写，可另附纸）
假如我是现场听众	情境意识	何背景？何场合？何处境？	
	主体意识	何身份？何立场？	
	对象意识	听何人演讲？有何期待？	
	听者体验	有无被吸引，演讲是否精彩？	
		有无被尊重，有无一定的沟通对话？	
		是否与演讲者同频共振，有情感上的共鸣？	
		情感认知上有何改观？	

【教学过程】

一、情境导入

昨天布置同学们预习《在〈人民报〉创刊纪念会上的演说》，很多同学反映读不懂。我们都知道，本文是一篇演说稿。所谓演说，是指演讲者在公众场合，就某一问题，表达自己的主张或阐明某一事理，从而进行宣传鼓动的一种交际语言活动。这种演说活动，目的在于打动听众，实现共情，以达成其演说的目的，故其语言必不会故作高深，晦涩难懂，相反，往往会多用口语，追求生动。而本文作为演讲史上的一篇经典之作，大家又怎会读不懂呢？

究其原因，不外有三：其一，历史背景知识的缺失；其二，文化差异带来语言互译上的陌生感；其三，演说场景的缺失。针对第一个问题，历史背景知识，我们在前置任务单中，已提供给各位同学。而第二、三个问题，也是深度理解本文的关键，那就是，作为一场语言交际活动的演说，我们要能设身处地，亲临演说现场，或化身为演说者，或化身现场听众。为此，老师设计了两个活动任务，希望以此带领同学们走进历史场景，缝

合文化差异，激活经典演说。

二、学习活动一：假如我是演说者

化身为演说者，有同学说，此吾岂敢也？我们怎敢以匹夫之身比肩一代伟人？这里，黄老师有两点声明：其一，政治层面的归还给政治课堂，语文层面的留给语文课堂。于本文，我们以应用文体视之，不以政治课文视之。其二，孟子有云："舜，何人也；予何人也；有为者亦若是。"孟子认为，一个人只要有为，他也可以成为像舜一样的圣人。这里，孟子于舜有任何大不敬吗？没有。他想借此激励滕文公以及诸弟子，要怀高远之志，做有为之人。同样，让同学们化身为演说者，亦希望大家能够借此深度体察伟人胸襟、抱负，领略其格局、气象，感受其使命、担当，从而激励自己成为一名大有为的中国新青年。

（一）情境意识："我"要在何情境下演说？

闲言不叙。请同学们拿出任务单一。我们要化身为演说者，首先要回到演说的历史现场——1856年4月14日在英国伦敦举办的《人民报》创刊四周年纪念会。1856年的马克思，此时"惶惶如丧家犬"，他被德法两国当局迫害，辗转流亡到英国伦敦。而他为什么会流亡伦敦，则要从1848年在欧洲各国爆发的资产阶级革命说起。

师：请同学们根据任务单相关背景材料提炼概括，简要说说。

[PPT投影展示]

> 1848年的欧洲革命，是欧洲近代历史上规模最大、范围最广的资产阶级民主革命，主要由资产阶级发起，旨在反对君主政体。在这场革命中，广大无产阶级作为革命的同盟者，一同参与了斗争，并在斗争中展现出巨大的力量，这引起了马克思的高度关注，并作出无产阶级将成为19世纪革命主力军，无产阶级将解放自身的论断。

师：马克思为什么会远离故土，流亡伦敦呢？

16. 走进历史现场，激活经典演说

——《在〈人民报〉创刊纪念会上的演说》教学课例

[PPT 投影展示]

在1848年的欧洲革命中，马克思自己也没有置身事外，他通过主编《新莱茵报》，鼓动和指导工人运动，并因此受到了迫害与驱逐。所以，他辗转来到伦敦，在伦敦大英图书馆里，马克思着手创作他一生中最重要的著作——《资本论》。也正是身在伦敦的这个机缘，他得以在1856年作为外国革命人士参加了他的朋友厄·琼斯创办的宪章派报纸——《人民报》创刊四周年的宴会并发表演说。

（二）主体与目的意识："我"是谁？"我"要说甚？

我们要化身为演说者，就要深知马克思是何许人也。对于马克思，大家都不陌生：

[PPT 投影展示]

马克思，马克思主义的创始人，国际共产主义运动的奠基者，全世界无产阶级和劳动人民的革命导师，无产阶级的精神领袖。

但这是后人对马克思的评价。要进入演说者的角色，我们还得再回到1856年彼时、彼地、彼境下的马克思的世界中去。

[PPT 投影展示]

此时，距离1848年欧洲革命，已过去八年的时间。八年以来，马克思目睹了资本主义社会在大机器的助力下迅猛的发展，也亲见了工人的处境越发悲惨。资本家为了实现对"剩余价值"的无尽追求，无所不用其极，穷尽一切手段去压榨工人——降低工资，延长劳动时间等。于是出现了社会生产能力越强，工人工资越低，购买力越差，工人处境越困难的反常现象。这就是马克思文中所说的"超过罗马帝国末期那一切载诸史册的可怕情境"。这种反常现象引发马克思深刻思

考。作为掌握先进生产力的工人阶级如何才能改变这种悲惨的处境，唯一的出路就是革命。而此时的工人运动，还处在蒙昧的阶段，因为缺乏科学理论的指导，他们只会简单地破坏劳动工具，捣毁机器，放火烧毁工厂。又由于缺乏斗争的目标和毅力，他们的运动也常常被资本家分化瓦解。

师：在这种情况之下，作为无产阶级革命导师，马克思觉得有说一点什么的必要了。假如你是马克思，面对处境凄惨的工人，面对蒙昧、无序的工人，此情此景，你要说什么？

[明确] 马克思决定唤醒工人阶级，让他们明白工人运动的伟大历史意义以及工人运动的最终斗争方向。只有明白了最终的斗争方向才能激励工人阶级真正觉醒，真正团结起来，真正地走上斗争的正确道路。

[问题提出] 请同学们将你认为的马克思在此情此景该说的话，与本文主旨相印证一下，是否契合？请从文本中找出相应依据。

[明确] 契合。马克思利用演说的机会，在第1段就开宗明义、旗帜鲜明地提出，无产阶级终将解放19世纪的论断。他旨在向广大无产阶级阐述无产阶级革命的原理，并作关于无产阶级的世界历史使命的演说。

（三）思路意识："我"要怎么发表意见、阐发主张？

师：在确立了演说的主旨、目的之后，演说内容的主体——如何发表意见、阐发主张——就应该提上构思的日程。假如你是马克思，你将如何思考，如何建构思维链，如何进行谋篇布局？

[点拨启悟] 我们最近一直在训练事理阐释型的应用文写作，也致力于建立该类型作文的结构模型。同学们可根据该模型与我们的文本互相参验。请参照我们的模型，试画出本文的思维导图。

16. 走进历史现场，激活经典演说

——《在〈人民报〉创刊纪念会上的演说》教学课例

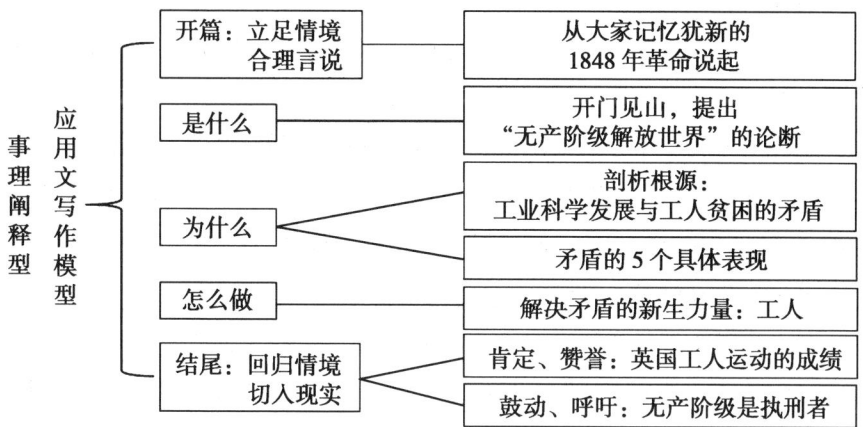

（四）对象意识："我"要向谁说？

马克思觉得有说一点什么的必要了，但他还需要一个契机，一个平台，让他可以向广大的无产阶级发声。

1856年4月14日，这个机会来了。宪章派的周报《人民报》在这一日迎来了创刊四周年的纪念大会。这里有必要稍微提一下英国宪章运动。

[PPT投影展示]

　　宪章运动是英国工人们为得到自己应有的权利而掀起的工人运动，虽然最终以失败告终，但列宁评价它是"世界上第一次广泛的、真正群众性的、政治性的无产阶级革命运动"，足见其影响之大。

　　宪章运动、《人民报》与马克思的关系。1852年5月，宪章活动的领袖之一、马克思的朋友厄·琼斯在伦敦创办了《人民报》。该报办报的初始目的就是希望团结和组织无产阶级，为无产阶级正义事业继续战斗。马克思作为厄·琼斯的朋友曾为该报撰稿，并对该报的编辑工作给予帮助。故而，在《人民报》创刊四周年纪念会上，马克思作为流亡伦敦的外国革命人士代表获邀参加并发表演说。

师：此时此地，同学们思考一下，马克思的演说要说给谁听？

143

[明确]

显性的听众：在现场的听众，包括《人民报》的编辑们，获邀而来的本国及外国的读者代表、工人代表、革命人士代表等。

隐性的读者：不在现场的听众，《人民报》的读者。《人民报》作为一家新闻媒体，必将刊发以飨读者。英报朝脱稿，而欧洲之众，夕读于巴黎之肆矣。一张有影响力的纸媒报纸，其潜在的读者群体难以估量。

（五）策略意识："我"该怎么向他们说？

师：面对这些显性的及隐性的群体，假如你是马克思，要怎么向他们演说？你该选取怎样有针对性的演说策略？请结合文中具体例子展开说明。

[点拨启悟] 同学们可以围绕任务单一"策略意识"中的两个问题"怎么说才能吸引听众？""怎么说才能提振士气、一扫颓风？"来展开思考。

生$_1$：既然是一场演说，那就要贴着演说对象走，不管是显性听众，还是隐性读者，要从他们共同经过的事情说起，这样才能引起共鸣。比如第1段，马克思演说的出发点，并不是从《人民报》如何筚路蓝缕、风风雨雨说这四年不凡的旅程；而是从广大革命人士亲身参与的1848年革命说起。如果演讲从前者说起，共鸣的只是编辑部的诸位编辑而已，马克思所怀者大，着眼点高，故从1848年革命说起，这场运动虽然过去八年，但对于广大无产阶级革命同志来说，应是记忆犹新的。

师：马克思是如何谈起1848年革命的？他讲这个革命的目的是什么？

生$_1$：刚才老师介绍说，1848年的欧洲革命，是欧洲近代历史上规模最大、范围最广的资产阶级民主革命。但马克思说起这场革命，遣词用语，颇让人玩味。"所谓的""只不过"等词，语气极度轻蔑。将这场声势浩大的革命视之为"一些微不足道的事件"，将革命的成果比喻成"一些细小的裂口和缝隙"，这显然是故意要给听众带来强烈的心理反差。马克思语义的重心，是在下面这句："但是它们却暴露出了外壳下面的一个无底深渊。"注意"但是"一词，此转折有四两拨千斤之功效。马克思要说

16. 走进历史现场，激活经典演说
——《在〈人民报〉创刊纪念会上的演说》教学课例

的是，1848年的资产阶级革命，于无产阶级而言，收效极低，收益极小。但通过这场革命，马克思发现了无产阶级有如"无底深渊"般的力量，从而表达了无产阶级解放19世纪的惊世宣言。马克思故意以这种强烈的反差，并用比喻、夸张、对比等手法，意在突出无产阶级革命的宏大愿景，以此鼓舞在1848年革命中失败的革命战士，从而提振士气、一扫颓风。

生$_2$：马克思有一大串头衔，他是思想家、政治学家、哲学家、经济学家、革命理论家、历史学家和社会学家等。但他既然是面向在现场的革命友人和不在现场的广大无产阶级，他演说的语言就不能太打专家腔，太过学究气，而要接地气，说"人"话——说人人听得懂的话。比如第2段，为了说明"蒸汽、电力和自动走锭纺纱机"这些先进的生产力是比巴尔贝斯等人更危险万分的革命家。马克思以大气压作比，人们身处大气压中，自然感受不到大气压的存在；同样，1848年的人们也没有感受到"山雨欲来风满楼"的革命气氛；也同理，人们没有感受到"蒸汽、电力和自动走锭纺纱机"这些先进生产力的威力，亦有如身在大气压中。这短短一段话，运用了拟人、比喻、类比等手法，语言生动，譬喻贴切，类比合理，很接地气。

生$_3$：作为现场即席的一次演说，当然要考虑现场听众的感受。马克思在伦敦演讲，与会者除了少数像他一样的外国革命人士，必然多数是英国志同道合的革命人士。所以，为了拉近与现场听众的距离，马克思在引用掌故时，援引的皆是英国民众最为熟悉的莎士比亚的悲喜剧。比如"狡狯的精灵""好人儿罗宾"两个典故，出自莎士比亚喜剧《仲夏夜之梦》，赞誉的是工人阶级在处理矛盾对抗的过程中，随时出现、善于战斗、淘气又可爱的情况。"这个会迅速刨土的老田鼠、光荣的工兵"，这个典故出自莎士比亚悲剧《哈姆雷特》，马克思在此想表达的是工人阶级他们就像那锲而不舍的老田鼠和一名好工兵，要担当起资产阶级掘墓者的使命。这些戏剧为英国民众所熟知，他们听起来也非常亲切。

师：为顾及现场英国民众的听讲感受，除了引用莎士比亚的典故，马克思还做了哪些努力？

生₃：在演讲临结尾处，马克思将演说的收结点、支撑点放在了英国工人身上。他高度赞扬"英国工人是现代工业的头一个产儿"，高度肯定英国工人自 19 世纪中叶以来的战争成果。这种赞誉与肯定，能够得到现场听众的情感认同，引发强烈的情感共鸣，从而激起世界无产阶级革命浪潮。

三、学习活动二：假如我是现场听众

要激活这篇经典演说，除了化身演说者，我们还可以让自己化身为现场的听众，穿越回那个历史现场，感受演说者的魅力，领会演说的内容，并与演说者现场互动，同频共振。同学们可以根据任务单二中提供的思维支架，从听众的立场，去深读文本。请分小组讨论，并完成任务单二。

四、作业设计

"一代人有一代人的长征，一代人有一代人的担当。"作为新时代的青年，应该具有怎样的抱负，承担怎样的使命？为激励同学们树立远大抱负，胸怀家国使命，在五四青年节到来之际，年级将开展以"我们的使命"为主题的演讲比赛。请同学们联系当下生活，结合自身实际，写一篇不少于 800 字的同题演讲稿。

五、板书设计

在《人民报》创刊纪念会上的演说

（一）情境意识："我"要在何情境下演说？
（二）主体与目的意识："我"是谁？"我"要说甚？
（三）思路意识："我"要怎么发表意见、阐发主张？
（四）对象意识："我"要向谁说？
（五）策略意识："我"该怎么向他们说？

17. 重复别具匠心，叙事自有洞天

——《祝福》教学课例

【前置任务设计】

1. 结合法国文学评论家热奈特和美国当代批评家米勒两人关于"重复叙事"的阐述，理解何为重复叙事，并梳理重复叙事的类型。

2. 以人物为索引，梳理重复叙事在《祝福》中的运用情况。

3. 以重复叙事为切入口，去探讨这些重复背后的文学效果，借此管窥鲁迅叙述的伟大，也试图以此解码祥林嫂的死亡之谜。

【教学过程】

一、情境导入

对于一篇体量不过是短篇规模的小说而言，某一种叙述手段，用上一两次就足矣，频繁多用往往是为文之忌。但是，在鲁迅的短篇小说《祝福》中，却有一种叙事技法——重复叙事，不厌其烦地被反复运用。是黔驴技穷或江郎才尽吗？还是敢为人之所不敢为，别有匠心寓其中？而且，这与小说情节的主线——祥林嫂之死有什么关系呢？为此，我们带着这些问题，走进小说，探索作者频繁使用重复叙事背后的苦心孤诣处。

二、学习活动一：何为重复叙事？重复叙事类型有哪些？

何谓重复叙事？法国文学评论家热奈特曾对"重复叙事"作出界说。请同学们拿出前置任务单，并请看PPT：

> 同一事件可以讲述好多次，不仅文体上有变异，而且"视点"有变化。这种类型的叙事……我当然称它为重复叙事。
>
> ——热奈特

请同学们结合热奈特的界说，思考何为重复叙事，重复叙事具有什么样的特点。

[前置任务研习成果展示] 重复叙事是指在小说文本中"讲述好多次"的"同一事件"，而且这一重复讲述的事件允许在文体、视点等方面有一定程度的"变式"。

美国当代批评家米勒着重对重复叙事的类型作出区分与研究。请看PPT：

> 从细小处着眼，我们可以看到言语成分的重复——词、修辞格、外形或内在情态的描绘；以隐喻方式出现的隐蔽的重复则显得更为精妙。从大处看，事件或场景在文中被复制着，由一个情节或人物衍生的主题在同一文本中另一处复现出来，作者在一部小说中重复他其他小说中的动机、主题、人物和事件。
>
> ——米勒

请同学们依据米勒关于重复叙事的类型研究，梳理出重复叙事的类型有哪些。

[前置任务研习成果展示]

指向文本"细小处"（细节）的重复：言语成分如某个词句的重复，

外形或肖像的重复，情态的重复，隐喻的重复（如小道具的隐喻，《百合花》中的"百合花被"，《哦，香雪》中的"文具盒"即是此类）等。

指向文本"大处"（即对情节运行或主旨显现等有较大影响）的重复：事件、场景的复制，情节、主题的复现等。

三、学习活动二：重复叙事运用"狂魔"？——重复叙事在《祝福》中的疯狂运用

明确了重复叙事的类型，我们以此来审视《祝福》这篇短篇小说。可以发现，重复叙事在这部作品中的运用可谓达到"疯狂"的地步。不管是重复叙事的哪种类型，小说中的各色人物，有名的也罢，无名的也罢，都统统被"安排"了这种手法。请同学们拿出课前任务单，展示一下研习成果。

[前置任务研习成果展示]

人物	被"重复"的次数		重复叙事的内容	该内容重复的频次	重复叙事的类型
四叔	2	1	皱眉	3	神态
		2	可恶！然而……	2	言语
四婶	1	1	"你放着罢，祥林嫂！"四婶慌忙说	3	言语+神态
祥林嫂	5	1	工钱	3	小道具
		2	白头绳	2	小道具
		3	乌裙，蓝夹袄，月白背心……	2	衣着
		4	脸色青黄，但两颊却还是红的……又只是顺着眼……	2	肖像
		5	反复讲述阿毛的故事（含2处鲁镇人的讲述）	6	事件/情节
柳妈与鲁镇人	2	1	我问你：你那时怎么后来竟依/肯了呢？	2	言语
		2	谈论额上的伤疤	2	言语

续表

人物	被"重复"的次数		重复叙事的内容	该内容重复的频次	重复叙事的类型
鲁镇人	1	1	大家都叫她祥林嫂	3	言语
"我"	1	1	无论如何,我明天决计要走了	2	言语

四、学习活动三：重复叙事运用"大师"——重复叙事在《祝福》中的匠心运用

作家余华曾表示："鲁迅曾是我这辈子唯一讨厌过的作家。"但在36岁时，重读鲁迅的作品，他才真正认识了鲁迅，认识到鲁迅的伟大。他说："这些布满灰尘的书页里隐藏着伟大的叙述。"为便于分析，我们以人物为索引，以重复叙事为切入口，去探讨这些重复背后作者的苦心孤诣处，借此管窥鲁迅叙述的伟大，也试图以此解码祥林嫂的死亡之谜。

（一）爱皱眉的四叔

运用于四叔身上的重复叙述共两处，一处为"皱眉"，为神态的重复；一处为"可恶！然而……"，为言语的重复：此二处均属于文本的"细小处"。四叔是《祝福》中极为重要的一个人物。要探寻作者运用在四叔身上的重复叙事的苦心孤诣处，首先必须了解作者赋予四叔这一人物怎样的定位。

[问题提出] 四叔何许人也？

[明确]

在该人物一出场时，作者就为其下了断语——"讲理学的老监生"。

监生，是指明清两代取得在当时最高学府——国子监读书资格的人。"老"监生，则说明四叔虽获得这个弥足珍贵的读书资格，然而在科考之途上并无建树。但这样一个身份，在僻远的江南小镇——鲁镇，那肯定也称得上是有头有脸、举足轻重的权威人士了。

"老监生"之前加了定语"讲理学"。何谓理学？理学，亦称义理之学，是宋元明时期儒家思想学说的通称。理学之要，黄宗羲认为"其学以易为宗，以中庸为的，以礼为体，以孔孟为极"。

综合以上分析，并基于作者的批判之意，我们对四叔进行这样的身份界定：理学老监生、"孔家店"的坚定追随者、封建思想的坚决拥护者、鲁镇威权人物。

[问题提出] 四叔这样一个重要角色，鲁迅先生虽在其身上设置了两处的重复叙事，但用墨均极为简省，神态上只提及"皱眉"一语，言语上不过是"可恶""然而"二词，这是为什么呢？

[明确]

画人须画其骨，写人当写其神，衡量一个人物的塑造成功与否，并不取决于篇幅、字数的多寡，而在于刻画这个人物是否形象传神。鲁迅先生用这种极简的方式，有何深意？

四叔是讲理学的老监生。程朱理学本是发端于孔孟之道。我们且到《论语》中去找寻鲁迅极简塑造这位理学老监生的合理性与深刻性。

在言语上，孔子反对什么？子曰："巧言令色，鲜矣仁。"孔子反感那种花言巧语、夸夸其谈的人。那么，孔子倡导什么呢？子曰："君子欲讷于言而敏于行。"孔子认为"君子不重则不威"，惟有少说话多做事，才能厚植君子庄重的威仪。为了刻画出"讲理学的老监生"庄重的威仪，他寡于言辞，"讷"到极致，甚至多处该用言语表态的地方，他只以"皱眉"来代替。所以，我们不得不叹服鲁迅先生在人物形象的刻画上，精准、犀利且深刻，虽运笔至简，却有如拘魂勾魄般，活画出了四叔这个理学老监生的特质；而且不惟如此，鲁迅先生还让我们从四叔"这一个人"看到了理学老监生"这一类人"的普遍特质。

[问题提出] 神态重复——四叔何以频皱眉？

师：四叔在小说中皱了三次眉。立足文本依据是我们解读文本的生命线。请同学们回归文本，找出四叔因何人何事而皱眉，并思考四叔的皱眉具有什么样的功能。

[明确] 四叔第一处皱眉，是因为得知祥林嫂是寡妇之身。第二处皱眉，是因为四叔猜测祥林嫂是逃出来的。他认为"这不好"，他的"皱眉"

表达的是对祥林嫂这种行为的否定。第三处与第一处大致相同，是对祥林嫂再嫁而寡身份的嫌恶。通过这三处的分析，我们可知，四叔"皱眉"的功能，是以此来表达对人、事、物的情感与态度。

师：表达情感与态度，并非只有"皱眉"一种方式，我们试着将原文的重复改掉，换上一些同样可以表达情感、态度的词语。请比较原文与改文，哪一种方式的文学效果更佳？

原文	改写
四叔皱了皱眉……	四叔皱了皱眉……
四叔一知道，就皱一皱眉	四叔一知道，就面露不悦之色
四叔虽然照例皱过眉	四叔虽然照例表现出不满的神色

［明确］两相对比，重复的效果自然一目了然。文本何以频重复？所贵就在于重复可收强调之效。小说通过重复四叔的皱眉，无非是为了强化四叔的形象。四叔以皱眉来替代言辞，以此表达对人、事、物的臧否好恶。其目的就是以"立不言之教"的方式，实现对家庭的治理，从而树立起专制、霸道的封建威权家长形象。

［问题提出］言语重复——"可恶"为哪般？"然而"意何指？

师：四叔言语上的重复为"可恶！然而……"，出现的频次有两次。四叔两次的言语重复，是针对不同事件而发。按照常理，因事而异才是正常的处理问题的方式，而在四叔身上，却为何异事而同，即在不同的事情面前，他发出了全然一样的言语？

第一次，面对祥林嫂被绑事件

师："可恶！"是四叔面对祥林嫂被婆婆以暴力的方式绑回去这一事件的回应，表达了四叔对此种行为的厌憎与否定。四叔何以对祥林嫂婆婆这种行为如此厌憎？

［明确］我们试着从四叔的理学老监生这一文化身份去分析他的态度。儒者尚义。义者，宜也，即每个人都应该做合宜的事。祥林嫂婆婆的暴力之举显然为不合宜之举，不符合理学老监生对于此事的处理方式，故四叔以"可恶！"二字表达了深恶而痛绝之的态度。

17. 重复别具匠心，叙事自有洞天
——《祝福》教学课例

师："然而……"此处突然而来的转折与省略，形成了艺术的留白，让人玩味。四叔这里的省略号，具体想说什么呢？我们不得而知。但从"然而"的语意转折来看，四叔对祥林嫂婆婆的行为是一种怎样的态度？

[明确] 妥协并默许了祥林嫂婆婆这一行径。

师：四叔为何刚表达完愤慨之情，随后态度却有了180度的大转变？

[明确] 依然从四叔的理学老监生这一文化身份去分析。四叔之所以妥协并默许，是因为这种行径亦有合乎礼制之处。从祥林嫂的角度看，封建礼制对女子提出了"三从""四德"的要求，《仪礼》云："妇人有三从之义，无专用之道。故未嫁从父，既嫁从夫，夫死从子。"祥林嫂私自出逃，违背礼制，有违妇道，故理应被抓回家；而从祥林嫂婆婆的角度看，封建的礼制所规定的宗法族权，又赋予了婆婆将丧夫无子、私自外逃的祥林嫂绑回并再嫁的处置权力。

[小结] "可恶！然而……"的背后，四叔面对的是"义"与"礼"的冲突。不义之举，理应报以愤慨；但合礼之行，似乎只能让四叔徒唤奈何而已。

师：四叔真的只能徒唤奈何吗？四叔是讲理学的老监生。那他所读圣贤书，所为何事？由此我们可以看出四叔是一个怎样的人？

[明确] 我们不妨在此追溯一下四叔的学术根源——孔孟之道。孔子以"仁"为最高的道德标准，子曰："当仁，不让于师。"仁者，爱人也。孔圣所教，像救人这种大仁之举，该出手时就出手。我们再看看孟子所倡，孟子以"义"为最高道德标准，他认为舍生取义是读书人该做的事，面对不义之行，自当仗义出手。孔孟所教，不过要人践行"仁""义"而已。四叔显然没有遵照孔孟所教，所行与所学相悖；亦全然不顾念祥林嫂在其家佣工的情谊：从中我们看出四叔冷酷、虚伪的一面。

第二次，面对卫老婆子的道歉

师："可恶！"二字，是四叔对卫老婆子所发，它表达了四叔对卫老婆子怎样的态度？

[明确] 卫老婆子作为中人，择人不察，鲁家也因此事折损了些许面

子，自有不可推卸的责任。故四叔面对登门谢罪的卫老婆子，当然是不假颜色，报以愤怒之语。

师：在卫老婆子一顿道歉"输出"后，四叔的"然而……"想表达什么样的言辞或态度？由此我们可以看出四叔是一个怎样的人？

[明确]卫老婆子主动登门谢罪，鲁家颜面算是保住了；而且于鲁家的未来而言，卫老婆或仍有可用之处，何况四叔也得到了卫老婆子许给的好处："我一定荐一个好的来折罪。"面子得保，利益不失，四叔虽然还有"然而……"这样的微辞，但也犯不着因祥林嫂这样一个如蝼蚁般的生命去开罪卫老婆子，此事就此揭过。从此处的言语重复，我们可以看出四叔圆滑世故，城府深沉的一面。

[问题提出]四叔之于祥林嫂的死有什么责任？

[明确]

从祥林嫂的命运轨迹看，祥林嫂此次被绑回去，让她的命运一步一步地走向万劫不复的深渊。我们不妨试想，如果鲁镇有一威权人士能伸出援助之手，那么她的命运是不是就会迎来转机？而在《祝福》中能施此臂助的，惟四叔一人而已。虽囿于礼制所限，但以四叔在鲁镇的威权地位，他有这个能力干预；以他所崇奉的儒学、理学之道，他也应该出手干预。

但是，本有能力、机会拯祥林嫂于危难，救祥林嫂出水火的四叔，既没有本于仁心而行，也没有激于义愤而起，而是在合乎宗法族权、合乎礼制规范的暴行面前，从自身利益最优化的角度来考量，选择袖手，选择沉默。作者在四叔身上设置的两处重复，让我们深刻地看到四叔冷酷、圆滑、虚伪的面目。

（二）没完没了讲述阿毛故事的祥林嫂

祥林嫂是小说的主人公，作者在其身上设置的重复叙事也比较多。我们重点来剖析祥林嫂及鲁镇众人反复讲述阿毛故事的这个"大处"的重复。讲述阿毛故事的重复，多达六次，请同学们拿出课前任务单，展示一下研习成果。

17. 重复别具匠心，叙事自有洞天
——《祝福》教学课例

[前置任务研习成果展示]

文本"大处"的重复（事件重复）：反复讲述阿毛的故事					
次数	讲述者	听者	讲述内容	内容的处理	代表的频次
1	祥林嫂	四婶、卫老婆子等	讲述阿毛的故事	详	1＝1
2	祥林嫂	鲁镇的人们	讲述阿毛的故事	详	1＝N
3	祥林嫂、鲁镇人互为讲述者、听众	祥林嫂开首说，鲁镇人接着说	略	
4	鲁镇的人们	祥林嫂	唉唉，我们的阿毛如果还在，也就这么大了	略	
5	鲁镇的人们	祥林嫂	祥林嫂，你们的阿毛如果还在，不是也就有这么大了么？	略	
6	祥林嫂	柳妈	"唉唉，我真傻"	略	1＝1

[问题提出] 区区一个小故事，却被重复了六次之多。这种重复真的是必要的吗？其实，如果把第二次到第六处的重复删掉，并不会影响小说故事的完整性，但鲁迅先生为什么要不厌其烦地在小说中复现这个小故事？这些重复到底能带来怎样的文学效果？

[点拨启悟]

讲述阿毛的故事，是文本"大处"的重复。对它的分析，就不能像前文分析"细小处"的重复那样，只耽溺于细节的分析，只局限于单维的审视。而要具备多维品鉴的能力，需要品鉴者具有较为系统、完备的小说知识体系。下图是小说知识要素结构图：

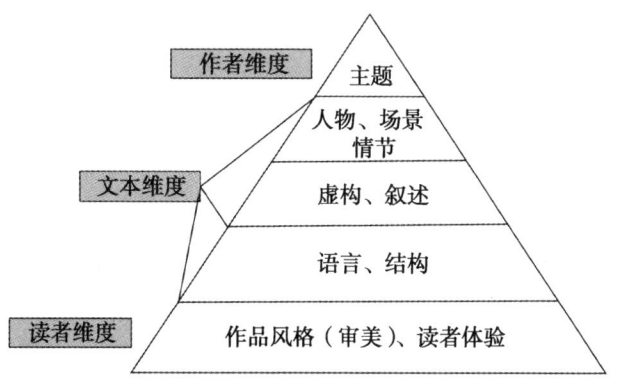

这个结构图,为我们打开了小说品鉴分析的视野,我们可以从中选择多维而适切的角度去品鉴分析。请同学们根据这个结构图选择合适的角度进行分析。

[明确]可从人物、主题、情节、叙述等角度进行分析。

1. 指向人物塑造。这里的人物,指向阿毛故事的讲、听双方。虽然故事的讲述者与听者互有转换,但讲故事的主体自然是祥林嫂,听故事的是鲁镇的人们。

(1) 故事讲述者祥林嫂:精神病态的真实写照,创伤后应激障碍的真实反应。一个母亲因为自己的失误让儿子葬身狼腹,这是何等的人间惨剧?于一位母亲而言,又是何等刻骨的痛?何等铭心的悔?这种痛与悔,如有万钧之重,无法救赎,无人开解。所以,她只能本能地向人诉说。这种行为,从心理学的角度看,应是创伤后应激障碍。通过祥林嫂的反复讲述,作者为我们真实呈现了祥林嫂失去爱子后的病征,刻画了一个既痛且悔、精神病态的可怜母亲形象。

从心理学角度看,讲述,也意味着寻求帮助。以鲁镇之大,听众之多,祥林嫂能获得她渴望得到的帮助吗?故而,指向人物的分析,我们还得关注故事的听众们。

(2) 故事的听众:勾连起鲁镇的各色人等,展现鲁镇众生相。祥林嫂无休无止、没完没了地日夜讲述,她的听众很快就遍及整个鲁镇,上至四叔四婶,下至不具名的鲁镇众人。从叙事学的角度看,小说选取一些代表性人物进行刻画,其目的往往不在于塑造这一个个的个体,而是通过这些个体,形成人物的群像。

[PPT投影展示]

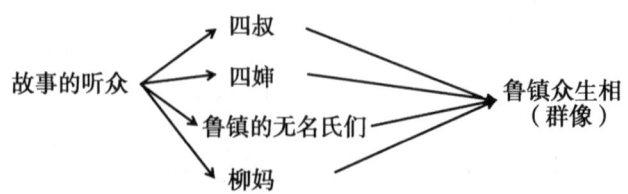

由此，鲁迅先生之所以不厌其烦地复现阿毛的故事，其目的便豁然开朗。他是想借这个反复讲述的故事，勾连起鲁镇的各色人等。这些形形色色的人，不论是有名，还是无名，都千人一面，冷漠、自私、麻木且残忍，他们汇聚成鲁镇的众生相，也构成了祥林嫂生活的社会环境。祥林嫂反复讲述故事的行为，就像一面照妖镜，照出了鲁镇人们的灵魂劣根性。

2. 指向主题的揭示。鲁迅的弃医从文，自有其一贯终始的写作目的，那就是通过揭露国民的劣根性，去唤醒沉睡麻木的国人。

[PPT 投影展示]

> 凡是愚弱的国民，即使体格如何健全，如何茁壮，也只能做毫无意义的示众的材料和看客，病死多少是不必以为不幸的。所以我们的第一要著，是在改变他们的精神。
>
> ——鲁迅《呐喊·自序》

揭露国民的劣根性，也成了鲁迅小说创作的母题。作者对于鲁镇人们的描写刻画，亦正是着力在这一方面。作品正是通过重复叙事的手段来反复呈现鲁镇看客们的表现，从而引发读者审视、思考看客的反应，揭示他们精神的劣根性，从而深化了作品的主题。

3. 指向情节的发展。情节的运行，涉及叙事时间与节奏的问题。小说中的叙事时间不等同于现实中的时间，有时推进极快，数语可跨千年；有时推进极慢，万言难越一刹。这就涉及小说叙事节奏的把控。

师：我们以水为喻，小说叙事节奏主要有以下三种样式。反复讲述阿毛的故事，属于以下哪种节奏？

显然是第三种。效果如下：

（1）舒缓叙述节奏，形成迂回延宕效果。文似看山不喜平，好的小说，故事的讲述往往注重节奏的把控，讲求张弛有致、起伏有序、缓急有度，比如《祝福》，就是通过阿毛故事的反复讲述，延迟故事的进程，以达到情节迂回延宕的效果。

（2）引出后续情节，为情节的高潮蓄势。情节的延宕不是叙事的目的，它的目的，往往是为后面情节蓄势。比如祥林嫂反复兜售她的不幸，却让自己陷入人见人烦的孤立境地。于是标榜"善"的女人——柳妈登场了，从而引出后续的情节，也让小说迎来了高潮。

[问题提出]祥林嫂之于自己的死的有何责任？鲁迅在《灯下漫笔》一文中指出，中国自古只有两个时代：想做奴隶而不得的时代；暂时坐稳了奴隶的时代。于祥林嫂而言，她只是个想做奴隶而不得的蝼蚁罢了。但蝼蚁尚且偷生，祥林嫂有什么错呢？她质朴、善良、勤劳、驯顺，传统贤良女性的典型。这样的女人，为何会被一步步推向死亡的境地？

[明确]

祥林嫂之死，从她自身的角度，无非是因为她的两重身份：

一是女人，一个桎梏于"三从四德"时代下的命运不能自主的女人；

一是寡妇，一个贞洁大于天的时代下丧夫再嫁的"不干净"的寡妇。

所以，正是因为祥林嫂身上的这两重标签，所有对于她的不公、屈辱（被绑、被卖、大伯收屋），就可以变得合乎情理；所有指向于她的冷漠、无视、践踏，也变得合乎正义。但是，这种合乎"情理"、合乎"正义"，是从封建礼制的社会架构去评判的。祥林嫂命运悲剧，让我们看到的封建礼制的反动、残酷，也引发我们对封建礼法的反思、批判。

（三）慌忙的四婶、冷漠的人们

四婶身上的重复与鲁镇人关于祥林嫂称呼的重复，背后折射的是同一个问题，故而我们归并一处讨论。

四婶：言语＋神态的重复	鲁镇的人们：言语重复
"祥林嫂，你放着罢！我来摆。"四婶慌忙的说。	大家都叫她祥林嫂。
"祥林嫂，你放着罢！我来拿。"四婶又慌忙的说。	大家仍然叫她祥林嫂。
"你放着罢，祥林嫂！"四婶慌忙大声说。	镇上的人们也仍然叫她祥林嫂。

师：从小说的空间布局看，这两处的重复在结构上有什么特点？又收何文学效果？

[明确] 指向结构布局：草蛇灰线，伏脉千里。这两处的重复，并不集中在文中的某一处，而是散落在小说的不同地方。我们初读前文，可能未有察觉；但当第二处或第三处的重复，如故友重逢般出现在眼前，我们顿时恍然大悟，拍手称妙：前为伏笔，后为呼应，有如草蛇灰线，伏脉千里，前后串联，结构圆融谨饬。

师：四婶与鲁镇人的这两处重复，虽是文本"细小处"的重复，但作者用意极深，不可等闲视之。它们共同折射出作者怎样的苦心与匠意？

[明确]

指向主题揭示：从来心贼不易破，自古成见最伤人。

1. 四婶重复叙事分析：四婶，不过是一介封建妇女，四叔意志的执行者。因为四叔对祥林嫂的偏见——"败坏风俗""不干不净"，而这种偏见就成了四婶心中根深蒂固的成见，故而不管祥林嫂是否捐了门槛，不管她为了重新获得认可与接纳付出多少努力，可一到祭祀，四婶便毫不犹豫、果决地将祥林嫂挡在了祭祀活动之外，也堵死了祥林嫂最后的自我救赎之路。

2. 鲁镇人关于祥林嫂称谓分析：祥林嫂初到鲁镇时，大家叫她祥林嫂，毕竟是在旧社会，以其夫祥林之名为名，没有什么问题。但令人不解的是，当祥林嫂二次来到鲁镇，此时的她，已再嫁贺老六，并育有阿毛一子，为何大家不叫她老六嫂或阿毛妈呢？这依然是人们心中顽固的成见在作祟。这种成见从何而来？《仪礼》有云"夫有再娶之义，妇无二适之文"，班昭的《女诫》亦曰"夫者，天也。天固不可逃，夫固不可离也"，理学之集大成者程颐、程颢在《二程遗书》中更是提出"饿死事小，失节事大"的训诫，俗谚也有"烈女不更二夫"之语。在这种文化语境下，祥林嫂自然成不了老六嫂或阿毛妈，因为鲁镇的人们沿袭的礼制的观念已然形成了一种千年难破的成见：拒不认同祥林嫂的第二段婚姻。

3. 四婶与鲁镇的人们之于祥林嫂之死的责任分析。

[PPT 投影展示]

《祝福》最深邃的特点乃是祥林嫂的死亡是没有凶手的，真正的凶手乃是一种对于寡妇的荒谬的、野蛮的成见。这种成见之所以能杀人，就是因为它存在于鲁镇每一个人头脑中，被当成天经地义的准则。

——孙绍振、孙彦君《文学文本解读学》

这个解读是深刻而精准的。祥林嫂之死，死于根植于鲁镇每个人头脑中由礼教观念筑起的万难破开的有如铁屋囚笼一般的成见。有这些成见在，祥林嫂是必死的，因为她的任何努力势必都是徒劳的。

（四）决计要逃离的"我"

"我"身上有一处言语重复。在小说的序幕部分，"无论如何，我明天决计要走了"先后重复了两次。这两次的重复，难道只是为了表达"我"对于去留的决心吗？作者的用意显然不止于此。要探讨这一处重复叙事的苦心匠意，我们首先要弄清楚人物的身份——"我"是谁？

[问题提出]"我"是谁？

[明确]小说作于1924年。这个时间点，距离1911年的辛亥革命已过

去了 13 年时间，距离 1919 年的五四运动已过去了 5 年的时间。显然，作者赋予"我"的角色定位是一个接受过辛亥革命、五四运动洗礼的具有进步思想的小资产阶级知识分子。

[问题提出]"我"决意逃离为哪般？

[明确]

第一处，是面对四叔而萌生的离去之意。四叔是"讲理学的老监生"，与接受过新思想的"我"自然格格不入；且"我"暂寓的书房，也都是些理学书籍，这让"我"备觉压抑。

第二处，是面对末路之际、依然心结难解的祥林嫂的求助而萌生的离去之意。祥林嫂此刻已是风中残烛，她问询灵魂之有无，"我"因为说不清楚，想仓皇逃离。

[问题提出]进步知识分子与落后乡土社会的角力："我"该不该逃离？

[明确]

作为一名拥有进步思想的知识分子，"我"该不该一走了之？不妨试想，进步知识分子，该有什么担当？面对顽固守旧的四叔，"我"理应与之辩驳问难，斗争到底；面对被封建迷信枷锁困住的祥林嫂，"我"理应伸出援助之手，启蒙、疗救到底。这才是一位进步知识分子应有的担当与使命。但是"我"这么做了吗？没有！"我"在四叔面前，懦弱无力；"我"在祥林嫂面前，冷漠应付。

四叔与祥林嫂，代表着鲁镇人们的两极：一为鲁镇举足轻重的威权人士；一为鲁镇贱如蝼蚁的最底层的人。两极化的个体，勾勒出鲁镇人的群像特点。在小说的序幕中，作者以此二人为代表，让我们窥见鲁镇保守、落后、愚昧的乡土社会风貌。而带着外界新思想回归乡土的"我"，也不只是代表"我"自己，"我"也是当时千千万万知识分子的代表。"我"在面对四叔与祥林嫂二人后仓皇而逃，这不仅意味着"我"这个进步知识分子在守旧、落后乡土社会面前的溃败；也意味着当时许许多多如"我"一般的知识分子并不是力行彻底的革命主义，而是奉行可耻的逃避主义。鲁迅先生通过"我"的言语重复，表达了对"我"以及如"我"一般的知识分子的辛辣讽刺！

[问题提出]"我"之于祥林嫂之死有什么责任？

[明确]

祥林嫂的故事为什么要由"我"来讲述？"我"来自鲁镇，我谙熟鲁镇的人与事；"我"又离开了鲁镇，在外面广阔的世界里接受了新思想。"我"此刻回来，已和陈旧腐朽、落后封闭的故乡——鲁镇格格不入。正是这样的一种疏离，让我能更清醒、更敏锐地审视鲁镇以及鲁镇的人与事。

这里，我们不得不提到鲁迅小说创作常用的模式："看-被看"模式。在《祝福》中有三个层级的"看"：鲁镇的看客们"看"祥林嫂；"我""看"祥林嫂以及鲁镇的看客们；而在故事讲述者"我"的背后，还有一位"隐藏观察者"——鲁迅，他冷眼旁"看"，构成对"我"的"看"与看客们的"看"的无情解剖与双重批判。

对于祥林嫂的命运悲剧，鲁镇的看客们集体表现出了冷漠、麻木、残忍，揭示了根深蒂固的精神劣根性。而"我"作为返乡的进步知识分子，既看着祥林嫂的命运悲剧，也冷眼旁观着鲁镇的看客们如何品鉴祥林嫂的命运悲剧。对于祥林嫂，"我"虽"哀其不幸"，但也选择漠然回避；对于鲁镇的看客们，"我"固然"愤其不争"，但也选择怯懦逃避：从这个意义上讲，"我"与鲁镇人没有什么本质的区别。而"隐藏观察者"鲁迅则藉由"我"之眼呈现出整个鲁镇基本的人文样态，同时也给我们提供了对这一方小世界的理性审视的空间：进步如"我"都无法给这一方世界带来一缕希望，那么，这个"看与被看"的世界到底是一个怎样让人绝望的世界？

五、学习活动四：鲁镇各色人等之于祥林嫂之死的责任分析

[问题提出]鲁镇各色人等如四叔、四婶、柳妈、无名看客、"我"等人对于祥林嫂之死有无责任？

17. 重复别具匠心，叙事自有洞天
——《祝福》教学课例

[PPT 投影展示]

我横竖睡不着，仔细看了半夜，才从字缝里看出字来，满本都写着两个字是"吃人"！

——鲁迅《狂人日记》

卑贱如蝼蚁、顽强如野草的祥林嫂用尽全部的力量，也只有低到尘埃的愿望——活下去。无辜的祥林嫂却为何还是不可逆转地死去？作者笔下"看-被看"的世界，不过只是表象，其背后，有更残酷的真相：这更是一个"吃-被吃"的世界。强者如四叔在"吃"弱者，弱者如鲁镇的庸凡大众在"吃"更弱者如祥林嫂之流的蝼蚁般的生命。而他们之所以能够心安理得地"吃人"，能够心中无愧地"吃人"，是扎根在他们身体、融化于他们心脉而形之于他们言行的那一把把无形的屠刀。这一把把无形的屠刀是什么呢？鲁镇的人们，他们以礼教吃人，以封建思想吃人，以宗法族权吃人，以冷漠麻木的社会环境吃人，以冷酷自私的人性吃人，以顽固不化的成见吃人……

六、小结

伏尔泰说："雪崩时，没有一片雪花是无辜的。"鲁镇的众生，上自四叔四婶，下至无名大众，包括返乡的"我"，于祥林嫂之死，虽于礼法上无责，但在情理上难逃其辜。他们都是吃人者，却个个不自知他们正在吃人；吃人者们昂起头来，却不知道个个脸上有着血污。这才是鲁镇式的社会的大可悲之处。作者深恐麻木、冷漠的国民（包括当时的读者），不能自我省察，耽于旧俗，袭于故步，遂不惮其烦，反反复复，三致其意，无非就是要逼世人开眼，以见到人性的沉疴，看到社会的痼疾，从而达到唤醒国人、疗救世陋的目的。这也正是鲁迅作品的苦心处、深刻处。

七、作业设计

请运用小说知识要素结构图，多角度思考本课未涉及的其他类型的重复叙事的文学效果。

1. 关于"场景"的重复叙事：一年之中，各种年节大都有祭祀祈福的活动，作者却只抓住年底的这场祝福，反复描写、呈现。请简要分析其文学效果。

2. 关于"小道具"的重复叙事：《祝福》中的"白头绳""工钱"，《百合花》中的"百合花"，《哦，香雪》中的"文具盒"，这些小道具在文中多次出现。请简要分析其文学效果。

八、板书设计

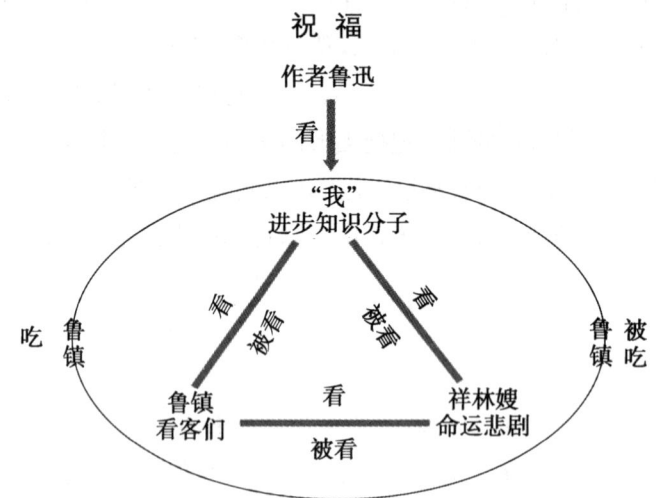

18. 理足气盛辩护新政，"名"正行"实"更革旧法

——《答司马谏议书》教学课例

【前置任务设计】

研读改编后的《王介甫、司马君实廷辩纪实》（附于文末），并试着根据这份廷辩纪实，分角色演绎一下，以感受二人的论辩是如何你来我往、针锋相对的。

【教学过程】

一、情境导入

如果有人骂你、欺你、辱你，你该如何处之？有人曾问孔子："以德报怨，可以吗？"孔子反问道："你用德回报怨，那别人施予你德，你拿什么回报呢？"于是他提出了八字方针："以直报怨，以德报德。"所谓"以直报怨"，就是不必忍气吞声，但要正道直行，依托礼法，予以回击。

大概在 900 多年前，儒门后学、北宋政坛双子——王安石与司马光，因变法问题，爆发不可调和的矛盾。时任谏议大夫的司马光给时任参政的王安石写了一封信，洋洋洒洒四千言，指责、否定他的变法。假如你是王安石，面对四千言的批评与否定，你当如何处之？我们今天就来学习一下王安石教科书式的"以直报怨"的漂亮回击。

二、学习活动一：与其纸上看风云，莫若廷前论唇舌——研读《王介甫、司马君实廷辩纪实》

如果仅读王安石的《答司马谏议书》，而不读司马光的来信《与王介甫书》，你就无从知道司马光批得有多尖锐，骂得有多酣畅，而你也无法真正领略王安石答得有多克制，驳得有多精彩！但是，洋洋四千言的一封文言书信，让多少人视为畏途。于是，黄老师突发奇想，吵架就该有吵架的样子，我们与其纸上看风云，莫若廷前论唇舌，何不尝试改换一下情境，让二人从笔下论辩，走上朝廷争论？黄老师不惮浅薄，剪裁二人往复书信中针锋相对之言语，改编成当廷争辩的一段对话，杜撰成一段《王介甫、司马君实廷辩纪实》。

请各小组同学组成学习互助小组，研读黄老师改编的《王介甫、司马君实廷辩纪实》。并试着根据这份廷辩纪实，分角色演绎一下，以感受二人的论辩是如何你来我往、针锋相对的。同时，请在分角色演绎之时，思考：作为朝廷两位股肱大臣、作为儒门高级知识分子，他们的骂仗，与匹夫村妇的当街对骂有何不一样？他们的高明之处在哪里？

生$_1$：果然是高级知识分子，与匹夫村妇的当街对骂最大的不一样，是全程不带脏字，一方骂得犀利，一方驳得有力。

生$_2$：果然是朝廷两位大员，措词用语，合乎双方身份，雍容大气，彬彬有礼，高妙得体，不失大臣之体。

生$_3$：果然是有理不在声高，二人虽是唇枪舌剑、你来我往，但都很讲理，双方皆思虑周详，说理严谨，理足气盛。

[小结] 非常好。同学们果然能用心演绎角色、体悟论辩。交际语境下的游说论辩要注意树立六种意识，这与我们在训练应用文体写作的思维路径是一样的。见下图：

18. 理足气盛辩护新政，"名"正行"实"更革旧法
——《答司马谏议书》教学课例

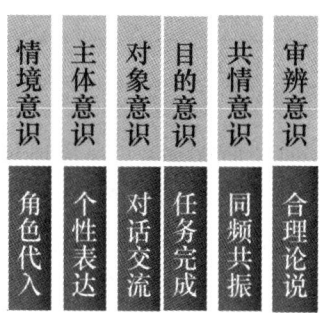

以上六种意识，其言虽烦，其实稍加提炼，可分为两种策略：其一，怎么说，才得体？——基于具体情境、双方身份的得体言说策略；其二，怎么说，才有效？——指向任务解决的说理策略。

三、学习活动二：怎么说，才得体？——基于具体情境、双方身份的得体言说策略

要探究二人的基于具体情境、双方身份的得体言说策略，重点要关注二人论辩的起点与收结处。回到二人的书信中，则是关注二人书信的开端与结尾。请同学们细品二人的称呼语、问候语、论辩的出发点与收结处。且看下表，试比较二人遣词用语上的不同以及为什么会有这些不同。

	司马光《与王介甫书》	王安石《答司马谏议书》
书信开端	二月二十七日，翰林学士兼侍读学士、右谏议大夫司马光，惶恐再拜介甫参政谏议阁下。光居常无事，不敢涉两府之门，以是久不得通名于将命者。春暖，伏维机政余裕，台候万福。	某启。
	光不才，不足以辱介甫为友，然自接侍以来，十有余年，屡尝同僚，亦不可谓之无一日之雅也。……孔子曰："君子和而不同，小人同而不和。"君子之道，出处语嘿，安可同也？然其志则皆欲立身行道，辅世养民，此其所以和也。	昨日蒙教，窃以为与君实游处相好之日久，而议事每不合，所操之术多异故也。

167

续表

	司马光《与王介甫书》	王安石《答司马谏议书》
	向者与介甫议论朝廷事，数相违戾，未知介甫之察不察，然于光向慕之心，未始变移也。……如光则不然，忝备交游之末，不敢苟避谴怒，不为介甫一一陈之。	虽欲强聒，终必不蒙见察，故略上报，不复一一自辨。重念蒙君实视遇厚，于反复不宜卤莽，故今具道所以，冀君实或见恕也。
书信结尾	光今所言，正逆介甫之意，明知其不合也，然光与介甫趣向虽殊，大归则同。……故敢一陈其志，以自达于介甫，以终益友之义。其舍之取之，则在介甫矣。……介甫其受而听之，与罪而绝之，或诟詈而辱之，与言于上而逐之，无不可者，光俟命而已。不宜。光惶恐再拜。	无由会晤，不任区区向往之至！

[分析] 同学们可根据下表提供的思维支架，进行思考。

项目	文中的措词或语句	语气、口吻、态度
主体意识		
对象意识		

师：双方开口的第一句话，便大有玄机。司马光将时间、自身官职、揖拜礼节、问候之语，长达六七十字，一一谨书于信中；而王安石仅复以"某启"二字。是司马光更礼貌而王安石不礼貌吗？

生：显然不是。首先，司马光时任右谏议大夫，官阶较低；而王安石官拜参知政事，品级较高。孟子曰"天下有达尊三：爵一，齿一，德一"，而爵居其首。在古代极重尊卑等级的社会环境中，司马光身为下官，谏议虽其职也，但礼不可废，故毕恭毕敬，多卑辞，多敬语。而王安石身为上官，复以"某启"二字，似有官长的倨傲。其实不然，联想到他刚读完司马光四千言的批评、指责，王安石能复以"某启"二字，已是极大的克制，极大的涵养了。

师：司马光说"屡尝同僚，亦不可谓之无一日之雅也""忝备交游之末"，王安石称"与君实游处相好之日久""蒙君实视遇厚"，二人均打友

18. 理足气盛辩护新政，"名"正行"实"更革旧法

——《答司马谏议书》教学课例

情牌，其目的何在？

生：司马光希望从益友的角度说服王安石放弃变法，故虽政见相左，但志在求同，"其志则皆欲立身行道、辅世养民，此其所以和也"，其辞多婉商。而王安石并不因二人的交情而丧失原则，放弃变法，故他直言"议事每不合，所操之术多异故也"，术异道殊，不必求同，其辞多斩截，多直语。

师：书信的结尾，常用一些套语收结，但司马光说了冗长一大段，王安石结尾则仅十余字。二人为什么有如此悬殊的处理？

生：司马光在结尾，书信之末，再致揖拜之礼，属于礼节上的套语。此外，他呼应开头，依然立足于益友的角度，志在求同，并猜测王安石可能出现的四种反应：或"听之"，或"绝之"，或"辱之"，或"逐之"，而自己"俟命而已"，颇有义无反顾的悲壮之意。司马光身为下官，又是为了说服王安石放弃变法，有求于人，故不惮其烦，三致其意，殷勤反复，其用心用意，亦令人敬佩。

而王安石书信的结尾仅十余字"无由会晤，不任区区向往之至！"亦是书信常见套语，但其背后态度，有拒人千里的回绝之意，有懔然不可犯之势，言简意坚，不容回旋。

[小结] 相比于司马光来信中的多卑辞，多敬语，多婉商，且柔中带刚，目的明确；而王安石的回信，似有身为上官的倨傲的姿态，但更多的是，面对指摘，虽怀怒而克制，斩截而坚定。

四、学习活动三：怎么说，才有效？——指向任务解决的有效说理策略

关注了二人论辩的开头和结尾，我们再来关注二人论辩的主体部分，重点关注王安石如何驳斥司马光的指摘。

（一）立片言以居要——"名""实"之辩

师：收到司马光洋洋四千言的来信，面对来自下级官员（兼朋友）毫无情面的指责（侵官、生事、征利、拒谏），王安石有没有对这些指责作

169

出同样细致繁琐的反驳,他是如何批驳的?

生:作者高屋建瓴地抓住问题的本质"儒者所争,名实而已",以此立论,所谓立片言以居要是也,从而避免了陷入纠缠于具体事实的细枝末节而使自己陷入琐碎辩解的不利处境。

师:何谓"名""实"呢?

生:愿闻其详。

师:儒教亦谓之名教。为什么儒教也称名教呢?主要是源自孔子的观点。孔子认为,为政必先正名。因为,"名不正,则言不顺;言不顺,则事不成;事不成,则礼乐不兴;礼乐不兴,则刑罚不中;刑罚不中,则民无所措手足。故君子名之必可言也,言之必可行也"。惟有名正,方可行实,才能名实相符。那么问题又来了,王安石、司马光二者所争,其"名""实"是否一致?他们的"名"与"实"又是什么?

[补充拓展]

	司马光	王安石
根本分歧	帝曰:"汉常守萧何之法不变,可乎?"光对曰:"宁独汉也,使三代之君常守禹、汤、文、武之法,虽至今存可也。汉武取高帝约束纷更,盗贼半天下。元帝改孝宣之政,汉业遂衰。由此言之,祖宗之法不可变也。" (节选自《宋史纪事本末·王安石变法》)	方今之法度,多不合乎先王之政故也。……夫二帝三王,相去盖千有余载,一治一乱,其盛衰之时具矣。其所遭之变,所遇之势,亦各不同,其施设之方亦皆殊,而其为天下国家之意,本末先后,未尝不同也。臣故曰:当法其意而已。法其意,则吾所改易更革,不至乎倾骇天下之耳目,嚣天下之口,而固已合乎先王之政矣。 (节选自《上仁宗皇帝言事书》)
名	祖宗之法(先王之法)	先王之政
实	守祖宗之法不可变	法先王之意,革方今之法

从上图可知,二人所争之"名",从根本上而言,其实质是一样的,都是古圣先王之法,即"禹、汤、文、武之法"。但司马光偷偷混淆了一

18. 理足气盛辩护新政，"名"正行"实"更革旧法
——《答司马谏议书》教学课例

个概念，即将祖宗之法亦等同于先王之法。司马光立足于这个"名"，所行之"实"是"守祖宗之法不可变也"。而王安石立足于这个"名"，则看到了势易时移，故所行之"实"是法先王之意，因时而变，以变革今日之弊。

所以，两位儒门高贤，皆高张"名""实"的旗帜。司马光指责王安石"名""实"不符，不守祖先成法，"思得古人所未尝为者而为之"；而王安石亦自信笃笃，认为自己是"法先王之意，革方今之法"，"名""实"相称。"名""实"相称，这是王安石一系列变法的思想根基，也是他驳斥司马光关于侵官、生事、征利、拒谏等一系列指责的理论依据。

（二）执一理而破万法——"名""实"之用

师：针对司马光洋洋四千言的批评、指责，王安石是如何——予以驳斥的？

生："名""实"之理既立，自然是以"名""实"为理论武器来驳斥司马光的指摘。

师：说得好。王安石将司马光的四千言指摘，高度概括，理出头绪，分为五事：侵官、生事、征利、拒谏与怨谤。于此五事，作者是均衡用力，一一驳斥，还是分类处理，依类驳斥？

生：于此五事，司马光用分类思维法，将此五事分为两类：一类是具体而微之事，为侵官、生事、征利、拒谏；一类是行此四事之总结果，"以致天下怨谤"。故，王安石以"名""实"为理论武器，分类驳斥，各个击破。

1. 王安石如何借助"名""实"之理来驳斥司马光关于侵官、生事、征利、拒谏等方面的指摘？

[**点拨启悟**] 司马光对于王安石变法的指摘，给王安石扣了四顶帽子，即侵官、生事、征利、拒谏等，从"名""实"角度而言，此即"名"也。为了驳斥司马光所批之"名"，王安石列举的"实"行是什么？请同学们完成下面的任务单。

[明确]

| 司马光的"批" || 王安石的"驳" ||
所批之"实"	所批之"名"	以所行之"实"	驳所批之"名"
略。详见《王介甫、司马君实廷辩纪实》	侵官	受命于人主,议法度而修之于朝廷,以授之于有司	不为侵官
	生事	举先王之政,以兴利除弊	不为生事
	征利	为天下理财	不为征利
	拒谏	辟邪说,难壬人	不为拒谏

[分析]

(1) 所颁新法,受命于人主,议而修之于朝廷,以授之于有司,此所行之"实",合乎程序,合理合法,名正言顺,非为"侵官"。

(2) 你说是变祖宗之法,我说是举先王之政。我所行之"实",乃合古圣先王之道,目的是为朝廷除弊端,为万民谋福祉,名正言顺,焉可谓之生事?

(3) 彼时大宋积贫积弱,国库亏空。行青苗诸法,乃为天下理财,不为一己私利,我所行之"实",福泽在万民,不为"征利"。

(4) 辟邪说,是为了树正道;难壬人,是为了黜小人。你批评我拒谏,我实则是以道自任,捍卫正道。孟子说:"予岂好辩哉?予不得已也!"纵是以一己之力,战天下之人,虽千万人,吾往矣,不为拒谏。

[小结] 本段,作者先立"名""实"之理,先立而后破,以立为基,以此作为后文驳论之张本。后文四个"破",以赋文的铺排笔法,一气贯注,如江海之下百川,如河岳之聚风云,理足气盛,语气斩截,不容置辩,亦不可置疑。

2. 王安石如何借助"名""实"之理来回应司马光关于"以致天下怨谤"的指摘?

[点拨启悟] 对于司马光批评的"致天下怨谤",王安石并没有否认,而是坦承"至于怨诽之多,则固前知其如此也"。二人在"名"的层面难

18. 理足气盛辩护新政，"名"正行"实"更革旧法
——《答司马谏议书》教学课例

得能够达成共识，但是，司马光认为致谤之"名"，是由于王安石侵官、生事、征利、拒谏等变革之"实"行。而王安石则列举自己所行之"实"以批驳之。请完成下列任务单。

司马光的"批"		王安石的"驳"	
所批之"实"	所批之"名"	所行之"实"	所得之"名"
侵官、生事、征利、拒谏	致天下怨谤	上乃欲变此，某出力助上以抗之	怨诽（固前知其如此）

[分析] 北宋中期，国家内有社稷之忧，外有夷狄之惧，天下财力日以困穷，风俗日以衰坏，而人皆习于苟且，士大夫不恤国事、同俗自媚，苟安于一时。王安石怵于当时累卵之势，不忍坐视，助上变法，遂致天下汹汹谤议。此岂变革之罪也？

3. 王安石采取什么论证手法，来回应司马光关于"以致天下怨谤"的指摘？

（1）因果论证。先直陈结果"至于怨诽之多，则固前知其如此也"，然后分析原因——直击当下社会问题"人习于苟且，士大夫不恤国事、同俗自媚"。正是人人因循苟且，趋过目前，逸豫无为，以为祸灾可以无及其身，遂忍坐视国家内忧外患日益丛集。这也是变法的迫切性所在，于是"上乃欲变此，而某不量敌之众寡，欲出力助上以抗之"。

（2）举例论证。列举盘庚迁都的例子，意在以盘庚之例，证明纵是天下谤议，只要是"度义而后动"，就可义无反顾，无需后悔。

（3）假设论证。假设两种情境，表达自己变革的决心，表明自己的态度与立场。

五、作业设计

1. 司马光在收到王安石的复信《答司马谏议书》后，其意难平，再致书王安石，遂有了《与王介甫第三书》。在信中，司马光对侵官、生事、征利、拒谏、怨谤等方面又进行了辩驳，假如你是王安石，你将如何再进行反驳？可择其中一二项试着运用"名""实"之理再予驳斥。

司马光之批评	王安石之驳斥	司马光再反驳	假如你是王安石，又将作何反驳
侵官	受命于人主，议法度而修之于朝廷，以授之于有司，不为侵官。	夫议法度以授有司，此诚执政事也，然当举其大而略其细，存其善而革其弊，不当无大无小，尽变旧法，以为新奇也。	
生事	举先王之政，以兴利除弊，不为生事。	且人存则政举，介甫诚能择良有司而任之，弊法自去；苟有司非其人，虽日授以善法，终无益也。	
征利	为天下理财，不为征利。	今之散青苗钱者，无问民之贫富，愿与不愿，强抑与之，岁收其什四之息，谓之不征利，光不信也。	
拒谏	辟邪说，难壬人，不为拒谏。	恐介甫之座，日相与变法而讲利者，邪说、壬人为不少矣。彼颂德赞功、希意迎合者，皆是也。	
怨谤	盘庚之迁，胥怨者民也，非特朝廷士大夫而已；盘庚不为怨者故改其度，度义而后动，是而不见可悔故也。	盖盘庚遇水灾而迁都，臣民有从者，有违者。盘庚不忍胁以威刑，故勤劳晓解，其卒也皆化而从之，非谓尽弃天下人之言而独行己志也。	

2. 请根据老师改编、整理的《王介甫、司马君实廷辩纪实》，再参读《与王介甫第三书》，请你设计、撰写一个王安石与司马光的廷辩剧本，呈现二人的辩论现场，让我们感受北宋政坛双星的风采。

18. 理足气盛辩护新政，"名"正行"实"更革旧法
——《答司马谏议书》教学课例

六、板书设计

答司马谏议书

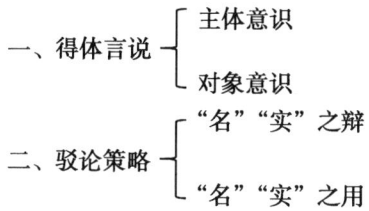

附录

王介甫、司马君实廷辩纪实

黄艳明 改编、整理

司马光：翰林学士兼侍读学士、右谏议大夫司马光，惶恐再拜介甫参政谏议阁下。光居常无事，不敢涉两府之门，以是久不得通名于将命者。春暖，伏维机政余裕，台候万福。……光不才，不足以辱介甫为友，然自接待以来，十有余年，屡尝同僚，亦不可谓之无一日之雅也。……孔子曰："君子和而不同，小人同而不和。"君子之道，出处语嘿，安可同也？然其志则皆欲立身行道，辅世养民，此其所以和也。

王安石：某启。昨日蒙教，窃以为与君实游处相好之日久，而议事每不合，所操之术多异故也。

司马光：向者与介甫议论朝廷事，数相违戾，未知介甫之察不察，然于光向慕之心，未始变移也。……如光则不然，忝备交游之末，不敢苟避谴怒，不为介甫一一陈之。

王安石：虽欲强聒（guō），终必不蒙见察，故略上报，不复一一自辩。重（chóng）念蒙君实视遇厚，于反复不宜卤（lǔ）莽，故今具道所以，冀（jì）君实或见恕也。

司马光：今天下之人恶介甫之甚者，其诋毁无所不至。光独知其不

175

然，介甫固大贤，其失在于用心太过，自信太厚而已。何以言之？自古圣贤所以治国者，不过使百官各称其职，委任而责成功也；其所以养民者，不过轻租税、薄赋敛、已逋责也。介甫以为此皆腐儒之常谈，不足为思，得古人所未尝为者而为之。

王安石：盖儒者所争，尤在于名实，名实已明，而天下之理得矣。

司马光：财利不以委三司而自治之，更立制置三司条例司，聚文章之士及晓财利之人，使之讲利。……是知条例一司已不当置而置之，又于其中不次用人，往往暴得美官，于是言利之人皆攘臂圜视，炫鬻争进，各斗智巧。……又置提举句当常平广惠仓使者四十余人，使行新法于四方。……所遣者虽皆选择才俊，然其中亦有轻佻狂躁之人，陵轹州县，骚扰百姓者。于是士大夫不服，农商丧业，故谤议沸腾，怨嗟盈路。……夫侵官，乱政也……

王安石：某则以谓受命于人主，议法度而修之于朝廷，以授之于有司，不为侵官。

司马光：今介甫为政，尽变更祖宗旧法，先者后之，上者下之，右者左之，成者毁之，弃者取之，矻矻焉穷日力，继之以夜而不得息，使上自朝廷，下及田野，内起京师，外周四海，士吏兵农、工商僧道，无一人得袭故而守常者，纷纷扰扰，莫安其居……

王安石：举先王之政，以兴利除弊，不为生事。

司马光：贷息钱，鄙事也，介甫更以为王政而力行之；徭役自古皆从民出，介甫更欲敛民钱雇市佣而使之。……今介甫为政，首建制置条例司，大讲财利之事。又命薛向行均输法于江淮，欲尽夺商贾之利；又分遣使者散青苗钱于天下而收其息，使人人愁痛，父子不相见，兄弟妻子离散……

王安石：为天下理财，不为征利。

司马光：介甫素刚直，每议事于人主前，如与朋友争辩于私室，不少降辞气，视斧钺鼎镬如无也。及宾客僚属谒见论事，则唯希意迎合，曲从如流者，亲而礼之；或所见小异，微言新令之不便者，介甫辄艴然加怒，

18. 理足气盛辩护新政，"名"正行"实"更革旧法
——《答司马谏议书》教学课例

或诟骂以辱之，或言于上而逐之，不待其辞之毕也。明主宽容如此，而介甫拒谏乃尔，无乃不足于恕乎？……观介甫之意，必欲力战天下之人，与之一决胜负，不复顾义理之是非，生民之忧乐，国家之安危，光窃为介甫不取也。

王安石：辟邪说，难壬人，不为拒谏。

司马光：今介甫从政始期年，而士大夫在朝廷及自四方来者，莫不非议介甫，如出一口；下至闾阎细民、小吏走卒，亦窃窃怨叹，人人归咎于介甫。

王安石：至于怨诽之多，则固前知其如此也。人习于苟且非一日，士大夫多以不恤国事、同俗自媚于众为善，上乃欲变此，而某不量敌之众寡，欲出力助上以抗之，则众何为而不汹汹然？盘庚之迁，胥怨者民也，非特朝廷士大夫而已；盘庚不为怨者故改其度，度义而后动，是而不见可悔故也。

司马光：光窃念主上亲重介甫，中外群臣，无能及者，动静取舍，唯介甫之为信，介甫曰可罢，则天下之人咸被其泽；曰不可罢，则天下之人咸被其害。方今生民之忧乐、国家之安危，唯系介甫之一言，介甫何忍必遂己意而不恤乎？

王安石：如君实责我以在位久，未能助上大有为，以膏泽斯民，则某知罪矣；如曰今日当一切不事事，守前所为而已，则非某之所敢知。

司马光：光今所言，正逆介甫之意，明知其不合也，然光与介甫趣向虽殊，大归则同。……故敢一陈其志，以自达于介甫，以终益友之义。其舍之取之，则在介甫矣。……介甫其受而听之，与罪而绝之，或诟詈而辱之，与言于上而逐之，无不可者，光俟命而已。不宣。光惶恐再拜。

王安石：无由会晤，不任区区向往之至！

19. 复盘文本创作过程，推演作者思维路径

——《六国论》教学课例

【前置任务设计】

三苏父子均各自创作了同题史论——《六国论》。古时风雅之家，家庭聚会，吟风诵月，赋诗作文，是常有之事。我们假设这也是来自三苏一家某次聚会的命题之作。三苏，均是才华高卓，都是文章圣手，他们的同题作文，一定是势均力敌，难分轩轾。但既然是同题写作，千古之下，无数好事者都怀着"看热闹不嫌事大"的心态，想要给他们分出个高下。我们就作为一群"好事之徒"，化身评委，依据《三苏〈六国论〉同题写作大赛评分表》，给三苏的同题作文，评出等次，区分高下。

【教学过程】

一、情境导入

会下围棋的同学都知道，围棋有一个术语，叫作复盘。所谓复盘，是指一局终了，棋手复演该盘棋的博弈过程，以检查对局中的招法优劣与得失关键。这个词，现在已广泛运用于各个领域，泛指对已经发生的行为和结果进行推演、分析、归纳与总结。复盘的目的有四，其一为了知其然和知其所以然，其二为了同样的错误不要再犯，其三为了传承经验和提升能

力，其四为了总结规律和固化流程。复盘也被认为是一种高效的学习方式，我们今天就借用"复盘"这种方法，推演一下《六国论》是如何创作的，复盘一下苏洵解决现实问题的理性思维过程，借以学习他的说理艺术。

二、学习活动一：复盘文本创作过程，推演作者思维路径——《六国论》是如何创作的

复盘一：六国破灭，其因极多，作者为什么会提出"弊在赂秦"的观点？

［明确］六国相较于秦，有五倍之地，十倍之众，然终究不免于灭亡。若深究其原因，"赂秦"的观点，恐有失公允，难孚众议。六国灭亡的原因极多，历来聚讼不休，有六国政治保守，因循守旧，而秦国锐意进取，变法图强；有六国各存异心，不能"合纵"抗秦；而秦国远交近攻，威胁恐吓，大施连横之策；有天心厌乱、民心思定；等等。原因种种，博览经史的苏老泉岂会不知？苏老泉为何会避开这些众人皆知的理由不谈，而独标非史家公允的"赂秦"一因，此中莫非大有深意？

［PPT投影展示］

> 北宋建国后，鉴于唐末藩镇割据和五代军人乱政，实行中央专制集权制度，将军权完全收归中央，造成了军事上的衰势。北宋建国往后一百年间，与契丹、西夏作战60余次，败多胜少。到苏洵所处的时代，北宋每年要向契丹纳银20万两，绢30万匹；向西夏纳银10万两，绢10万匹，茶3万斤。这样"赂邻"的行径，与六国"赂秦"何异？其结果助长了契丹、西夏的气焰，极大地损伤了国力，带来了无穷的祸患。

苏老泉愤激于时事，巧妙地抓住了北宋"赂邻"与六国"赂秦"的共同点，借史鉴今，意在借"六国破灭""弊在赂秦"之说，警告宋朝统治者,"赂邻"之危害,殷鉴不远。其现实之针对性,尽在于此。

复盘二:作者是如何提出"六国破灭""弊在赂秦"的观点的?

师:读论述类文本,首务是领会作者的观点。作者的观点,在文本的第1段,就开宗明义、旗帜鲜明地提出来了。要而言之,即"六国破灭""弊在赂秦"。请同学们聚焦、品读第1段,思考作者是如何提出"六国破灭""弊在赂秦"的观点的。

[**问题提出**]我们发现,"或曰:六国互丧,率赂秦耶?曰:不赂者以赂者丧,盖失强援,不能独完",此数语似乎是多余,删去并不影响作者观点的提出。删后的句子论证链条依然严密,论证条理仍旧清晰,请试析之。

且看删后的句子:

六国破灭,非兵不利,战不善,弊在赂秦。赂秦而力亏,破灭之道也。故曰:弊在赂秦也。

[**分析**]

其一,首句运用排除法,提出观点。六国破灭之因,作者首先排除"兵""战"的因素,得出其弊在于赂秦。

其二,第二句运用因果论证,来论证观点。我们可以给该句加上因果连词,其因果逻辑链就很清晰了:因为赂秦,所以力亏,从而导致六国破灭。

短短三句话,有排除法,有因果论证,论证链条严密,论证条理清晰,似已不必再画蛇添足再增加"或曰"的内容。

[**问题提出**]文贵精练,作者要写这一段话,有无非写不可的理由?有无必不可删的依据?

或曰:六国互丧,率赂秦耶?曰:不赂者以赂者丧。盖失强援,不能独完。

19. 复盘文本创作过程，推演作者思维路径
——《六国论》教学课例

我们复盘、推演作者的写作思路，发现六国中，楚、魏、韩与秦直接接壤。秦国在推出远交近攻的对外政策后，此三国受冲击最大，他们在合纵瓦解之后，失去强援，在秦国纵横之士如张仪等人的威胁恫吓下，只好割地赂秦，苟延残喘，以换得一夕安寝。而齐、燕、赵三国因为有魏、韩之阻，没有与秦接壤；而秦国既不能越国鄙远，亦难以跨国远征，故此三国，相对安全，也无须割地赂秦。基于这样的历史事实，我们发现，作者提出"六国破灭""弊在赂秦"的观点，与史实严重不符，存有巨大的漏洞与硬伤。那作者是如何处理的呢？

作者的高妙之处，就在这里引入"虚拟论敌"——"或曰"。所谓虚拟论敌，就是我们在证明某个观点时，可以想象存在一个驳论者，想象该论敌可能对我们发起的攻击，我们再进一步考虑采取怎样的措施而使自己的论证免于或抵御这些攻击。作者引入"虚拟论敌"——"或曰"，提出："六国互丧，率赂秦耶？"这一质疑，再通过"曰"来反驳这一质疑，有力地支撑自己的论证，使自己的论证严谨严密，滴水不漏。

复盘三：观点既立，作者如何进行谋篇布局？

师：观点既立，作者会怎样去构思文章？我们这学期在指导、训练同学们的议论文写作时，一直致力于议论文写作模型的建构。请同学们试以我们建构的议论文写作模型，去观照、审读文本，并据此画出《六国论》的思维导图，从而去把握作者构思本文的理性思维方式。

[明确]我们建立的议论文的基本模型，有"四维"，即"是什么—为什么—怎么做—现实旨归"。观点既立之后，基于六国中有"赂秦"与"不赂秦"两大阵营，在论证中自然要分而论之，故于第2、3段，作者着眼于"为什么"而就两大阵营而展开论证。如何解决此弊，又如何指向反思历史的现实针对性，则在文本的后两段完成。详见下图。

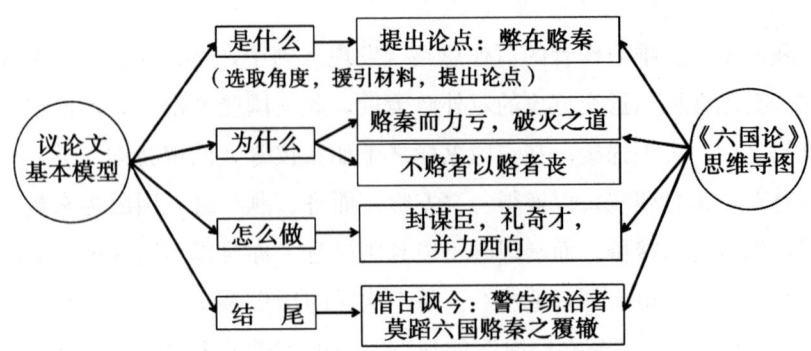

复盘四：作者在第 2 段是如何论证"赂秦而力亏，破灭之道也"的观点的？

师：从上图的议论文基本模型和《六国论》思维导图来看，第 2 段的功能是要论证分论点"赂秦而力亏，破灭之道也"，从论证的功能上看，这一段要回答的是论证环节中的"为什么"，即赂秦为什么会力亏，为什么是破灭之道。那么，作者是怎么构思这一段的呢？要复盘作者的理性思维路径，老师有两个"锦囊"妙计，可以帮助同学们解锁文章背后的密码。

锦囊一：区分观点与材料。论述性的文段，首先当明了哪些为观点性的句子，哪些是论证性的材料。二者既明，文脉自能厘清。请先找出观点性的句子，将观点性的句子连缀而读，自能把握作者论证的基本思路。请同学们完成以下任务单。

[示例]

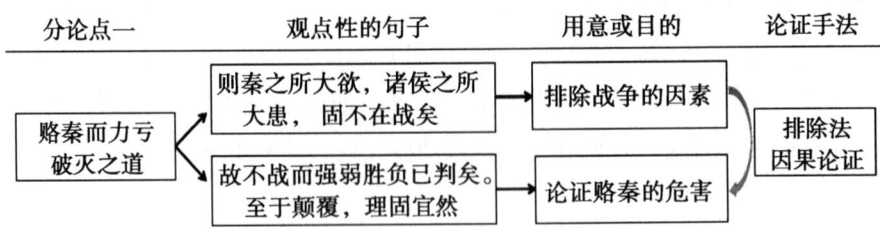

[分析] 本段观点性的语句一共两句。第一句"则秦之所大欲，诸侯

19. 复盘文本创作过程，推演作者思维路径
——《六国论》教学课例

之所大患，固不在战矣"，可知此处用了排除法，排除六国破灭并非主要来自战争的因素。第二句"故不战而强弱胜负已判矣。至于颠覆，理固宜然"，可知作者所论应是指出赂秦之危害。一"故"字，可知此处用了因果论证。

锦囊二：论证的识别与评估，换言之，即要把握论证性材料是如何论证观点的。

本段论证性的材料计有三处，试析之：

［第一处］

> 秦以攻取之外，小则获邑，大则得城。较秦之所得，与战胜而得者，其实百倍；诸侯之所亡，与战败而亡者，其实亦百倍。

这一处的论证性材料要论证的是"秦之所大欲，诸侯之所大患，固不在战矣"。秦之大欲，显然是吞并六国；诸侯之大患，显然是国家破灭。行文是如何通过"大欲"与"大患"的对比，得出"固不在战矣"的观点呢？

此处采用了层层对比的论证手法。此处的对比，句句对比，无句不比，颇有点像俄罗斯套娃，一层套着一层。最外一层，也是对比的终极指向，应是"大欲"与"大患"的对比；往下一层，则是将秦之所得与诸侯所亡进行对比；再往下一层，则是秦的"战胜而得"与"受赂而得"的对比，是诸侯"战败而亡"与"赂秦而亡"的对比。层层对比，排山倒海，无可辩驳。可参见以下图表：

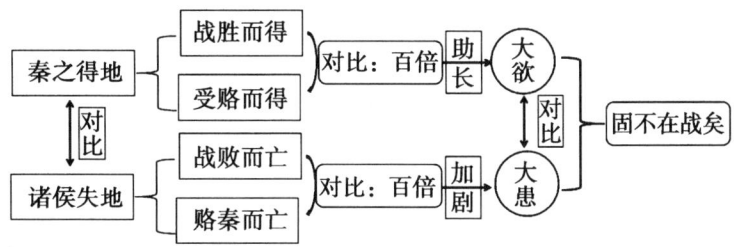

183

[第二处]

思厥先祖父，暴霜露，斩荆棘，以有尺寸之地。子孙视之不甚惜，举以予人，如弃草芥。今日割五城，明日割十城，然后得一夕安寝。起视四境，而秦兵又至矣。然则诸侯之地有限，暴秦之欲无厌，奉之弥繁，侵之愈急。

这一处的论证性材料要论证的是"故不战而强弱胜负已判矣。至于颠覆，理固宜然"，要指出赂秦之危害。作者先抓住两组"难""易"的对比：先祖父创业之难与子孙弃地之易的对比，直指诸侯之地之有限；子孙割地之易与自保之难的对比，直指暴秦之欲无厌。以有限之地，奉无厌之欲，故不战而强弱胜负昭昭然矣，至于颠覆破灭，只是时间问题罢了。

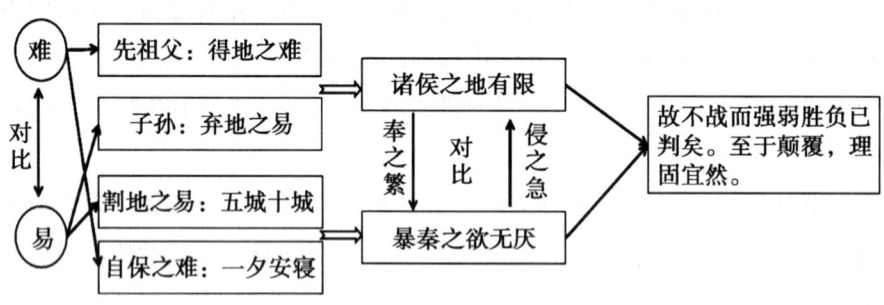

[第三处]

古人云："以地事秦，犹抱薪救火，薪不尽，火不灭。"此言得之。

这一处的论证性材料要论证的依然是前文"故不战而强弱胜负已判矣。至于颠覆，理固宜然"。引用古贤之语，运用道理论据，再兼之比喻手法，再次深化论证赂秦之害。

[本段小结] 要复盘作者本段的思维路径，我们就要借助文脉去推演

19. 复盘文本创作过程，推演作者思维路径
——《六国论》教学课例

之。故首要之务，是帮助同学们去建构论述类文本的阅读策略。我授以同学们两个锦囊：其一，区分观点与材料；其二，论证的识别与评估，即论证性材料是如何论证观点的。此二法，不惟在古文中适用，但凡是论述类文本，皆可适用。

复盘五：作者在第 3 段是如何论证"不赂者以赂者丧"的观点的？

师：论证完"赂秦"的三国之后，行文转入分析不赂秦的另外三国。第 3 段的写作方式、论证方法，与上一段截然不同。上一段赂秦的三国楚、魏、韩，合而论之；而此段不赂秦的三国齐、燕、赵，分而论之。

[问题提出] 第 2、3 段，分论六国之破灭的缘由，为什么采用的写作方法大相径庭？

[明确] 赂秦的三国楚、魏、韩，因赂秦力亏而亡，其破灭的原因相同，灭国的情形也大致相似，故合而论之。而不赂秦的三国齐、燕、赵，虽皆不赂秦，但有的"与嬴而不助五国"，有的"用武而不终"，其破灭原因各有不同，破灭之情形亦各相迥异，故分而论之为宜。

[问题提出] 要复盘第 3 段理性思维方式，就要明白作者是如何基于三国的史实，通过推理而得出"不赂者以赂者丧"的观点的。

[明确] 推理是从一个或者一些已知的命题得出新命题的思维过程或思维形式。其中已知的命题是前提，得出的新命题是结论。推理主要有两大类，从一般到个别的推理为演绎推理，从个别到一般的推理为归纳推理。本段作者运用的就是归纳推理的思维方式，即从一定数量个别性事实，抽象概括出某种一般性道理。见下图：

```
齐不赂秦，（失强援）继五国迁灭
燕不赂秦，（失强援）虽小国而后亡
赵不赂秦，（失强援）邯郸为郡而亡
─────────────────
盖失强援，不能独完
```

[问题提出] 为论证"不赂者以赂者丧"的观点，作者采用了哪些论

证手法？

[明确]

其一，举例论证。分论不赂秦的三国破灭之道，罗列各国的史实，采用的事实论据，运用的是举例论证的手法，以不容争辩的事实来论证观点。

其二，假设论证。以"向使"领起，假设韩、魏、楚不赂秦，齐、燕、赵措置得宜，则六国胜负存亡之数，犹不可知也，寄寓了作者深切的叹息。假设论证，设想与事实相反的情况，体现作者的二元立场、辩证思维。

复盘六：第4、5段是如何从史论的泥沼中跳脱出来借古鉴今、针砭时弊的？

师：本文属于史论，但并不是纯粹的史学分析，其目的是借史立论，以古鉴今，针砭时弊。因此我们解读这篇文章，不是看它是否准确、全面地评价了历史事实，而应关注其强烈的现实针对性。那作者是如何从史论的泥沼中跳脱出来借古鉴今、针砭时弊的？

[明确]

其一，关注感情强烈的嗟叹词。在论述"怎么做"这一环节，作者提出"封谋臣""礼奇才"的建议。但若只是就史论史，就事议事，客观理性即可，为何用了"呜呼！""悲夫！"这类词呢？何需如此？显然，作者是借六国旧事之杯，盛感时伤世之苦酒，故而有此深重之慨叹。

其二，关注倾向明显的态度句。作者以史为据，夹叙夹议，将倾向明显的态度句缀于史论之后，表达自己态度，借以讽喻现实。"为国者无使为积威之所劫哉！""苟以天下之大，下而从六国破亡之故事，是又在六国下矣。"

三、学习活动二：试将三苏萃一堂，同题作文争短长——三苏同题写作大PK

古时风雅之家，家庭聚会，吟风诵月，赋诗作文，是常有之事，如晋时谢安于家宴中与诸子侄咏雪之旧事。而北宋时期,三苏之家,"一门父子三词客","八家唐宋占三席",这是何等文采风华的家庭,若是聚会,又将会有怎样的风雅事呢?

在给同学们的前置任务单中,有三苏创作的三篇同题史论——《六国论》。我们假设这也是来自三苏一家某次聚会的命题之作。三苏,均是才华高卓,都是文章圣手,他们的同题作文,一定是势均力敌,难分轩轾。但既然是同题写作,千古之下,无数好事者都怀着"看热闹不嫌事大"的心态,想要给他们分出个高下。今天,我们就作为一群"好事之徒",给三苏的同题作文,区分个高下。

要评定三苏作品的优劣等差,实非易事。毕竟是高手之争,相差只在毫厘之间,若无正眼法藏,难识其中妙谛。为此,老师基于论述文的体式特征,制作了一份评价量规——《三苏〈六国论〉同题写作大赛评分表》(见文后"评价工具设计")。我们在前置任务单中给出了苏轼、苏辙两兄弟两篇文章的注释与译文,请依照本课的分析方法,自行解读这两篇文章。请同学们化身为本次作文大赛的评审,依据评价表上的项目,给三苏的文章打分并评出等次。

四、板书设计

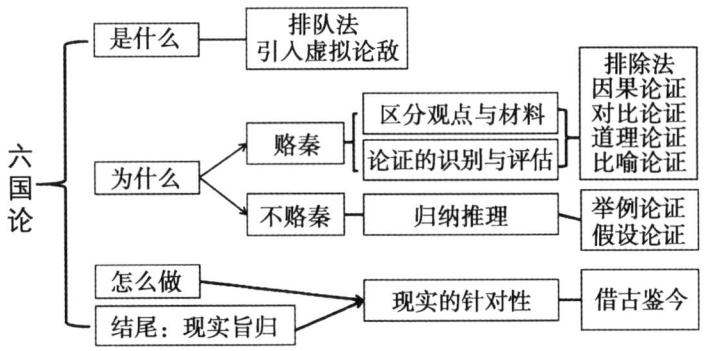

附：评价工具设计

三苏《六国论》同题写作大赛评分表

评价要素	评价内容	分值	苏洵作品	苏轼作品	苏辙作品
观点提出	符合事理依据且鲜明准确地提出观点	10分			
	观点有较强的现实针对性	10分			
	全文紧紧围绕论题或观点展开论述	10分			
证据支撑	事实论据真实典型或道理论据准确得当	10分			
	论据充实且能有力证明观点	10分			
说理艺术	能辩证地分析观点或现象	10分			
	有基于一定逻辑的合理推理，能形成较严密的逻辑思维链条	10分			
	采取有效的论证方法	10分			
论证语言	论证语言准确、生动、鲜明	10分			
	论证语言有雄辩的力量和充沛的气势	10分			
合计		100分			

20. 须知少年拏云志，曾许人间第一流

——《沁园春·长沙》教学课例

【前置任务设计】

1. "自古逢秋悲寂寥""秋来处处割愁肠"，"悲秋"是中华民族独有的文化现象，悲秋情结也由此成为中国历代文人士大夫的独特情愫。他们在悲叹秋天的同时，也在悲叹人生多舛、理想落空、怀才不遇……请小组凝聚集体智慧，自制《文人悲秋录》，下周进行展示。

2. 利用调查问卷、访谈、查阅资料等形式，尽量还原真实的湘江秋景。

【教学过程】

一、情境导入

自古以来，秋天在文人眼中常含凄凉、萧瑟之感，它是杜甫笔下的"无边落木萧萧下，不尽长江滚滚来"，是孟郊笔下的"飒飒秋风生，愁人怨别离"，是白居易的"西风飘一叶，庭前飒已凉"，是徐再思的"一声梧叶一声秋，一点芭蕉一点愁"……毛主席笔下的秋天，又是何样光景呢？今天，就让我们一同走进毛主席的青春之作——《沁园春·长沙》，感受这曲青春之歌。

诗词是特殊的艺术审美形式。受限于篇幅，作者在书写诗词时往往不能

言尽其意，只能选择性留白式表达。要窥见诗心，直抵诗意，就要关注诗词文本的呈现方式，如为何这样写而不那样写，或为何写这些而不写那些……王弼在《周易略例·明象》曾点明了"言象意"的关系："夫象者，出意者也；言者，明象者也。尽意莫若象，尽象莫若言。言生于象，故可以寻言以观象；象生于意，故可以寻象以观意。意以象尽，象以言著。"简而言之，诗词教学须有三阶段：立足于品"言"，探微于鉴"象"，终成于悟"意"。

二、学习活动一：因声求气，立足于品"言"

师：请大家诵读诗歌，涵泳品味，说说毛主席笔下之秋与文人笔下之秋有何不同。

[初读感受] 毛主席笔下之秋是豪壮的，绚烂的，昂扬的，并无"无边落木萧萧下"之萧瑟凄冷，亦无"愁人怨别离"之消沉低落。

[点拨启悟] 请大家对比《沁园春·长沙》与《天净沙·秋思》，说一说两首作品中秋的不同。

[明确]

	《沁园春·长沙》	《天净沙·秋思》
意象特点	万山（红遍），层林（尽染），漫江（碧透），百舸（争流），鹰（击）长空，鱼（翔）浅底……	（枯）藤，（老）树，（昏）鸦，（古）道，（西）风，（瘦）马，（断肠）人……
笔下之秋	豪壮之秋	悲凉之秋

师：《沁园春·长沙》中的秋景，是否有独特之处？

生：秋天，万物萧瑟，可这里却是"万山红遍，层林尽染"，万山层林鲜艳绚丽，已是反常，作者还要用一个"遍"字强调绚丽程度之深，用一个"染"字强调面积之广，更为反常。这更像是夏日景象。

生：在我印象里，秋天往往是黯淡景致居多。可作者还写到了"漫江碧透"，"透"字精辟，我仿佛看到了江水满溢、碧绿清澈的样子，有一种明亮剔透之感。

生："百舸争流，奋楫者先"，数百艘船争相竞发，你追我赶，勇立潮头。这是充满希望、英姿勃发之秋!

生:我关注到了毛主席笔下的动物,活力四射,生机勃勃。"鹰击长空,鱼翔浅底"是很新颖的表达,尤其是"击""翔"二字,极富力度,写出了老鹰肆意翱翔和鱼儿自在畅游的昂扬、自由的生命状态。

师:我们可以通过近义词辨析的方式体悟作者深意。为何不能是"鹰飞长空,鱼游浅底"?因为如果改成这样,便失去了力度之美,也没有豪秋的味道了。

生:我非常喜欢上阕的最后一句话——"万类霜天竞自由"。在毛主席眼中,所有物种,所有生命,在这秋意十足的季节里,都在竞相展现出最自由的一面!我不知怎么地,联想到了陶潜笔下"木欣欣以向荣,泉涓涓而始流"的画面,在我们认为应该呈现出肃杀萧条景象的秋天,在毛主席笔下,竟是如此大气蓬勃,绚丽多姿,充满力量,充满希望!

[质疑探究] 是的,《沁园春·长沙》走出了悲秋诗文的窠臼,一扫落寞萧索气息,重在展现秋天的绚烂多彩、盎然生机。可大家不知道的是,《沁园春·长沙》创作于1925年岁首,严谨地说,它应属于冬季之作,应是深秋、寒秋、晚秋,可为何我们目之所及、心之所感,皆是豪秋?

生:钱锺书先生说,"风景即心境"。每一片风景都有作者浓厚的感情色彩,而每一片风景背后的每一个"我"都是独特的生命和审美存在。所以我大胆地猜想,毛主席笔下之秋,亦是他心上之秋,笔下绚丽多彩、蓬勃大气、充满力量之秋,是他信念坚定,乐观积极的人生态度的映射。

[点拨启悟] 思考深入!一切景语皆情语也,一切写景皆写心也!笔下之景是心中之情的外化,词人撷眼中之象,造心中之境。相由心生,意由心起,境由心造。此写心造境也。面对秋天,刘禹锡曾直言"自古逢秋悲寂寥,我言秋日胜春朝",是其身为"诗豪"的豪迈洒脱性格的外化;郁达夫唯独钟情"清、静、悲凉"之秋,这独特审美的背后,是其主观感情、审美取向、文学气质和人生态度的浸染。本该是万物萧索的秋,在作者笔下,却呈现一派生机勃勃、欣欣向荣、自由豪放之景,究其原因,是作者为表情志,斟酌取景,造景写心,既是对客观自然景物的真实描摹,

更是其伟人胸襟的真实流露。

生："笔下景为心中情之外化"的说法，我们在《归园田居（其一）》中也有所提及，"羁鸟恋旧林，池鱼思故渊"一句，陶渊明将久在官场的他比作"羁鸟""池鱼"，失去自由，痛苦不堪。而此处，词人笔下的"鹰"和"鱼"意象，亦有象征含义，说明词人渴望翱翔天际，搏击长空，亦渴望自在畅游，拥抱自由。

三、学习活动二：解码意象，探微于鉴"象"

[点拨启悟]

胡应麟在《诗薮》中言，"诗歌之妙，专求意象"。同学们，我们鉴赏诗歌时，要解码"意象"，由"象"入"意"，达到以意逆志的目的。那么，何为"意象"？"意"是作者内心的思想情感，"象"是诗歌中运用的具体物象。要由"象"入"意"，便不能只在诗歌表面滑行，仅仅着眼于它所描写的客观物象，还应深入肌理，感受其中注入的意蕴和深情，亦要注意主客观融合的程度。

本诗中选取了多种典型意象，情感表达含蓄蕴藉。请你找出典型意象，用意象解码诗歌情感，并以表格的形式呈现。

意象	意象特点	蕴含情感
寒秋（独立）	意象宏大，意境开阔。	抒发了革命青年不畏权贵、反抗压迫，并以天下为己任的豪情壮志。
湘江（北去）		
橘子洲头		
万山（红遍）	"万"字意指山之多，更添辽阔之感；"遍"字意指红之广，更显色彩绚丽。	
层林（尽染）	"层"字意指山林之叠嶂，"尽"字意指红之彻底，更着色彩浓郁之美。	
百舸（争流）	"百"字意指船只数量之多；"争"字展现出你追我赶、千帆竞发之热闹场面。	
鹰（击长空）	"击"字更显雄鹰的刚健有力和勇敢无畏。	

续表

意象	意象特点	蕴含情感
鱼（翔浅底）	"翔"字更能体现鱼儿的轻松自如和潇洒从容。	
万类（霜天竞自由）	"竞"字写出了秋天万物竞相生长，绚丽多姿，充满力量，充满希望的生命力。上阕描绘了一幅湘江秋景图，整幅图色彩斑斓，生机勃勃，蓬勃向上，是美景壮景。	

四、学习活动三：造景写心，终成于悟"意"

[质疑探究] 目前，大家基本认同这首词作的基调是积极、昂扬、向上的，那么，你能否再认真、仔细品读几回，找一找，有没有"不和谐的音符"？

生$_1$："独立寒秋"这一句，我有疑问。首先，"独"字我品出一种"便纵有千种风情，更与何人说"的落寞寂寥；其次，这里也点明了"寒秋"，后面却大量使用暖色调的描写，令人不觉"寒"意，这是否矛盾呢？

生$_2$：这个"独"未必只能是"孤独寂寥"，也可以是"独当一面"，可以是"舍我其谁"的霸气，有一种王者"睥睨天下"之感。至于"寒秋"，我理解为这里指的是词人当时的处境可能不是那么顺利，而后面描写秋却呈现绚丽多姿、蓬勃生机，是词人在乐观主义精神的浸染下对未来依旧充满希望的表现。

生$_3$："怅寥廓，问苍茫大地，谁主沉浮？"中的"怅寥廓"有明显的失意、不畅快之感，我认为此处与前文我们所感受到的豪迈积极的基调不甚相符。

生$_4$："怅寥廓"读来确实有些许失意，但这种失意不是长久的，而是短暂的，很快被平复的。"问苍茫大地，谁主沉浮？"一句应是无疑而问，答案是非常清晰的——"我主沉浮"，像"我"这样的有雄心壮志、敢于搏击风浪的革命青年，终将主宰国家命运、掌握民族前途。从这一句其实能深切地感受到毛主席以天下为己任的情怀与敢于改造旧世界的自信。

生$_5$：我同意。下阕这种乐观主义精神表现得更加明显了。词人回忆往昔与同窗在长沙时期的战斗生活，"恰同学少年，风华正茂"点出革命青年的英姿勃发，"书生意气，挥斥方遒"绘其精神状态昂扬向上、才华横溢,"指点江山,激扬文字"则强调他们意气风发、斗志昂扬,"到中流击水,浪遏飞舟"写出了早期革命青年搏击风浪,激流勇进,不畏艰难,勇往直前的战斗风貌与豪迈气概。

我们要进一步探究词人当时的身份和处境,才能找出答案。

[知人论世]《沁园春·长沙》是1925年词人离开湖南去广州主持农民运动讲课时,路过橘子洲头所作。1925年,正是工农革命运动蓬勃发展的时期,各地革命正如火如荼、轰轰烈烈地开展,但反动势力为了维护其统治,对革命力量进行疯狂的镇压。

[明确] 笔下的壮丽秋景,实则是"我手写我心",是"以心迎物",是词人主观选择甚至重塑了这些自然景物,投入了词人以天下为己任的凌云壮志、忧国忧民的爱国情怀。换言之,并非是橘子洲头的秋景真与普通秋景不同,而是在革命青年毛泽东立志改天换地、主宰乾坤的万千豪情倾注之下,方有如此蓬勃景致。

[拓展延伸]

材料一:

毛泽东的同班同学周世钊回忆说:"星期天,他喜欢和班上同学沿着铁路散步,大家看到麓山夕照,湘水归帆,心神轻松开朗。就在这时,他每每为我们分析中国和世界的政治、军事形势,是那么详尽,那么明晰,那么有根有据,特别是谈到列强如何侵略中国,中国为什么被侵略而不能抵抗,青年对救国应负的责任时,同学们的情绪,随着他有感情、有鼓动力的谈话,时而兴奋,时而激昂,时而愤怒。因此,同学们都赞誉他'身无半文,心忧天下'。"

材料二:

王蒙读完这首词感慨:"我感到的是震动更是共鸣。青春原来可以这样强健,才华原来可以这样纵横,英武原来可以这样蓬勃,胸怀原来可以这样吞吐挥洒。"

[**明确**]"少年心事当拏云。"青年毛泽东回忆了同学们的意气风发的战斗风貌和对以天下为己任的战斗精神的赞美之情,还抒发了自己对祖国命运和前途的深切关切之情,表达了自己改造世界的雄心壮志和坚定信念。这不仅是一首秋日的劲歌,更是一首青春的高歌!让我们再次朗诵这首词,去感受字里行间的蓬勃生机,体悟青春的力量!

五、作业设计

中国雕塑协会副会长黎明在橘子洲头设计了眉清目秀、长发飘逸、脸庞英俊的毛泽东的雕塑。这是一座全国最大体量的毛泽东雕塑,总高度为 32 米,长 83 米,宽 41 米。自橘子洲头的雕塑建成以来,

无数游客慕名而来,这里也成为一道亮丽的风景线。请你结合材料撰写一则 75 字以内的推介语。

六、板书设计

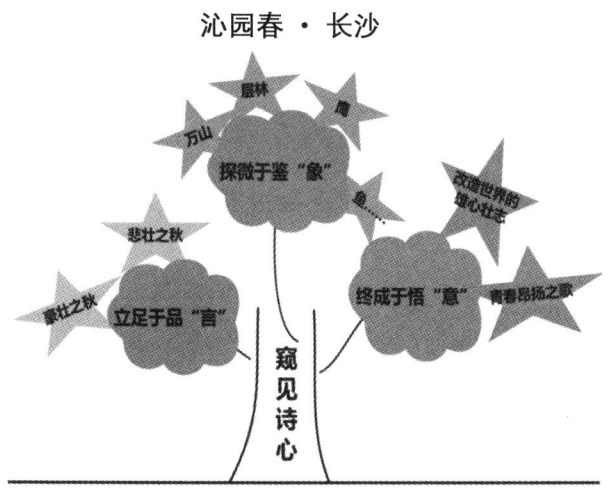

21. 宏大叙事下的一朵奇葩

——《百合花》教学课例

【前置任务设计】

1. 阅读战争题材作品，观看相关电影，如《红岩》《红旗谱》《林海雪原》《保卫延安》《铁道游击队》《亮剑》等。

2. 阅读茹志鹃《我写〈百合花〉的经过》、熊坤静《短篇小说〈百合花〉创作的前前后后》；阅读《百合花》同时期的其他几部战争小说，包括峻青《黎明的河边》节选、王愿坚《七根火柴》、孙犁《荷花淀》。

3. 请结合你对这部小说情感的感受和理解，参考《百合花》的创作、发表的时代背景和同时期其他战争小说的特征，撰写一句简明扼要的编辑推荐语。

【教学过程】

一、激趣导入

当年，《百合花》受到了茅盾的高度评价，他说："这是我近期读过的几十篇小说中，最使我满意也最使我感动的一篇。"在 20 世纪五六十年代革命战争题材小说当中，它可以说是一枝独秀，被称为"宏大叙事下的一朵奇葩"。那么，它到底"奇"在何处呢？让我们进入战火硝烟下的诗化世界，沿波讨源，披文入情，寻得究竟。

二、对比出真知——非战争化的战争小说

［**探究**］课前，我们观看阅读过 20 世纪五六十年代革命战争题材的代表作品，如《红岩》《红旗谱》等，这些作品有何共性？

［**明确**］

1. 描写的英雄形象视死如归，高大完美。
2. 描写的战争场面宏大残酷，血腥暴力。

这个时期的革命题材小说，主要采用宏大的叙事方法来高扬理想主义和英雄主义精神。在人物形象上追求刻画英勇无畏、叱咤风云的英雄性格，在情节上凸现血与火的时代氛围，复现战争的严酷图景与具体过程，在丰富曲折的情节中洋溢着革命英雄主义与革命乐观主义的时代基调。因此，战争小说大都呈现出慷慨激昂、雄伟崇高的美学特征。

［**对比**］在诸多战争题材小说中，《百合花》为何能够脱颖而出，一枝独秀？"非战争化"体现在哪里？请大家结合前置阅读经验，以表格四个维度为方向展开思考。

作品	英雄性格	情节安排	环境描写	美学特征
《百合花》				
《红岩》《红旗谱》《林海雪原》《保卫延安》《铁道游击队》《亮剑》				

（一）英雄走下神坛，云端走向大地

［**探究**］请找出课文中对小通讯员的描写，仔细品读，说说小通讯员这个人物有何特点。

［**关于"小通讯员"的描写**］

1. 小通讯员在与异性交往时显得局促不安，羞涩拘谨。
2. 小通讯员把肩上的步枪插上树枝和野菊花作为点缀，富有生活情趣。
3. 小通讯员因没有借到被子而生闷气，发牢骚，说百姓"死封建"，

但当得知自己借的是人家结婚的被子时，又想把被子送回。

4. 小通讯员急匆匆出门了又把衣服刮破了，有些许莽撞。

5. 小通讯员十九岁，参加革命一年；无名无姓，连名字都没有；稀松平常，不太起眼。

6. "平常的、拖毛竹的青年人"。

[问题提出] 小通讯员没有名字，为什么不给他名字？是忘记了吗？

[明确]

无名无姓的战士牺牲在战场上，正彰显了战争残酷的真实，毕竟在战场上，牺牲是再平常不过的一件事了，又有多少英雄的名字会被记住呢？他是千千万万个牺牲在战争中的青年人的缩影。此处虽未直写战争的残酷，却感受得更深了。

这些描写突出了他的可爱，真实，强调了他是一个有血有肉、贴近生活、真实的普通人，与当时主流的"高大全"的英雄形象大不相同。

[关于"典型革命英雄"的描写] 播放《亮剑》中关于战士李云龙的片段，说说小通讯员与他有何不同。

[明确]

是形象高大、无所畏惧的典型英雄。小通讯员与之相比，却是平凡、普通的，印证了文中所说"平常的、拖毛竹的青年人"，可他最后为救护百姓，不怕牺牲，舍己救人，在行为上是可以称得上英雄的。

小通讯员虽有英雄的行为，却无英雄的性格，是非典型的英雄形象，这是对当时英雄美学形象的极大颠覆。用一句茹志鹃自己的话来说："这个小通讯员，是够不上英雄的高度的，然而文学上的感染力，是不受人物功绩大小约束的。"

[拓展]

20世纪五六十年代，主流文坛普遍的文学取材倾向于塑造抗战中的典型的光辉形象，例如《红岩》主人公江姐，《红日》主人公陈毅。在同时期主流文学的史诗风格的追求下，视死如归、高大完美成了英雄的代名词，而读者对这些完美英雄时常是敬而远之的。

茹志鹃在当时各种写大英雄的主流之下，选择了从小人物入手，让英雄走下神坛，从云端走向大地。真是"独辟蹊径，匠心独运"。

（二）刻意淡化情节，诗化战争场面

[探究]《百合花》在情节安排、环境描写上与同时期的作品有何不同？

[明确]不正面描写战争的血腥残酷，而是将笔墨投向了富有诗意的氛围和环境描写。

[赏析环境描写]

去包扎所途中的风景："早上下过一阵小雨，现在虽放了晴，路上还是滑得很，两边地里的秋庄稼，却给雨水冲洗得青翠水绿，珠烁晶莹。空气里也带有一股清鲜湿润的香味。要不是敌人的冷炮在间歇地盲目地轰响着，我真以为我们是去赶集的呢！"

舒缓叙事节奏，为后来战争爆发蓄势。我们认知当中的战争是枪林弹雨、炮火连天的，可这里的描写却是宁静祥和的田间小路风光，颇有诗意。

想象竹海的景物描写："我朝他宽宽的两肩望了一下，立即在我眼前出现了一片绿雾似的竹海，海中间，一条窄窄的石级山道，盘旋而上。一个肩膀宽宽的小伙儿，肩上垫了一块老蓝布，扛了几枝青竹，竹梢长长的拖在他后面，刮打得石级哗哗作响……"

通过富于浪漫气质的想象，使作品充满抒情、诗意的色彩。

此外，还有中秋佳节对家乡的怀想、小通讯员牺牲的片段（没有血腥场面，侧面描写，由他人转述），文中找不到任何有关敌人的穷凶极恶、狰狞丑陋的描述。

[明确]傅书华在《细读"十七年"小说中个体生命的碎片》一文中指出：《百合花》"取材于战争生活而不写战争场面，涉及重大题材而不写重大事件"。卡尔维诺曾提出"轻逸诗学"理论："当我觉得人类的王国不可避免地要变得沉重时……我应该改变方法，从另一个角度去观察这个世界，以另外一种逻辑、另外一种认识与检验的方法去看待这个世界。"《百

合花》的叙事逻辑恰好完美契合了该理论。写战争题材的小说，容易写出英雄气，但不容易写出人间烟火气，因而茹志鹃有意将严酷的战争场景巧妙处理为故事的背景，多次穿插对故乡风光景物的诗意叙写，如竹海林深，山道盘旋，渲染诗意氛围，以此衬托小通讯员淳朴、纯真的性格和美好的心灵世界，使小说形成内在舒缓的节奏感和松弛感，使人体味到悠远、简淡与含蓄的诗情美。

（三）"立象以尽意"，风格清新，主旨含蓄

[学习活动] 罗兰·巴特在其著作中指出："符号具有指意双重功能和结构。"也就是说，符号具有能指和所指，由此开启了文学符号的大门。《百合花》中有很多文学符号，其象征表现和意象方式别具特色。基于此，请你精挑细选，找出能体现《百合花》主旨的文学符号，为《百合花》设计插图。

[展示讨论] 展示插画作品，发现许多同学不约而同地都画了"百合花"这一意象，为什么呢？（研究意象的作用，就能洞悉隐含的主旨）

[明确]

百合花素有"云裳仙子"之称，在中国由于百合的种头由鳞片抱合而成，取"百年好合""百事合意"之意，百合花亦是纯洁的象征。大家一致赞同"百合花"成为表达《百合花》主题的重要文学符号。"百合花被子"于"新媳妇"，是她唯一的"嫁妆"和爱情的象征；于"通讯员"，是他生命最后的尊严和人民的崇敬；于读者，是军民情同鱼水、水乳交融的重要见证；于时代，是人与人之间美好纯洁的情感象征，是普通人的善良淳朴的人性之美。

《百合花》以意象叙事，来圆合情节，丰满人物，深化主旨。

小说中的象征表现和意象方式是诗性的，风格清新俊逸，"浸透着浓郁的诗情"，带有强烈的"抒情气息"，追求诗意的语言、意境的营造与散淡的叙事，是典型的"诗化小说"。

作品	英雄性格	情节安排	环境描写	美学特征
《百合花》	无名无姓、淳朴纯真、有血有肉、平凡普通	淡化情节，重在挖掘人物丰富复杂的心理世界	注重富有诗意的氛围和环境描写，将战争的血腥场面诗化和虚化	洋溢着浓郁的抒情性与牧歌性
《红岩》《红旗谱》《林海雪原》《保卫延安》《铁道游击队》《亮剑》	英勇无畏、叱咤风云	情节丰富曲折	追求宏大叙事，复现战争的严酷图景与具体过程	慷慨激昂、雄伟崇高

这是使《百合花》成为宏大叙事下的一朵奇葩的第一个原因：具有诗意倾向，极富诗性美。

三、视角巧开掘——没有爱情的爱情牧歌

[探究] 叙事视角是重要的文学表现艺术，是小说创作理论的重要范畴。《百合花》的叙事视角有何特殊？

（一）女性视角

[明确] 以文工团员"我"的女性视角来叙述。

[特点] 细腻、柔软、偏重阴柔的审美倾向。

[对比]

呈现同时期曲波的《林海雪原》男性视角的写作片段，女性视角跟男性视角的区别在哪里？

1. 避开了男性作家热衷于表现的暴力、血腥题材。

2. 无意呈现宏大的场面，把关注点更多放在人与人之间的感情描写上，通过精巧的故事和细节描写，体现出人情人性的美好。

冰心女士曾这样点评《百合花》："女性作家偏重阴柔的审美倾向，注重内心体验的天性，在宏大叙事的洪流中也难以抑制内心的泉流。"

（二）有限视角

[明确]

以第一人称出现，有限视角。

茹志鹃在《我写〈百合花〉的经过》中写道："战争使人不能有长谈的机会，但是战争却能使人深交。有时仅几十分钟，几分钟，甚至只来得及瞥一眼，便一闪而过，然而人与人之间，就在这个一刹那里，便能够肝胆相照，生死与共。"

[特点]

1. 取材灵活，一些没必要交代的情节可以大胆省略，重点叙述想要的片段。

2. 自如掌握、调整叙述节奏。

（三）有情视角

[明确] 茹志鹃自己评价《百合花》是一曲"没有爱情的爱情牧歌"。

[主题探究] 思考文章最后一句话为何用"青年人"而不用"小同乡"？这与主题的表达有何关系？（"我也看见那条枣红底色上撒满白色百合花的被子，这象征纯洁与感情的花，盖上了这位平常的、拖毛竹的青年人的脸"）。

[拓展]

我写《百合花》的时候，正是反右派斗争处于紧锣密鼓之际，社会上如此，我家庭也如此。啸平处于岌岌可危之时，我无法救他，只有每天晚上，待孩子睡后，不无悲凉地想起战时的生活和那时的同志关系。

——茹志鹃《〈百合花〉的写作经过》

[明确]

用"青年人"而不用"小同乡"，是想由"这一个"写一类人，即像小通讯员这样值得铭记与颂扬的青年；此外，它还写出了特殊年代青年人

21. 宏大叙事下的一朵奇葩
——《百合花》教学课例

的情感，不同于同志之情、战友之情、同乡之情、军民之情，表达了作者对美好的、纯洁的人际关系的怀念，颂扬了人与人之间纯洁美好的感情。

这是使《百合花》成为宏大叙事下的一朵奇葩的第二个原因：具有人性美、人情美。

[**总结**] 在战场上，嗅到的总是火药味、血腥气，但《百合花》嗅到的是每个普通人灵魂的香气。我们很愿意为英雄加冕，但比起加冕，盖一床温暖的棉被，或许才是对那些离开的生命最好的体贴。正如评论家雷达所言："富于诗性的小说，总是那种既让我们看清了脚下的泥泞，又令人展望闪烁不定的星斗，且能唤起无尽的遐想和追问。"这或许就是一个人被珍视的时代里，《百合花》这个久远的故事一再回归我们的课本最大的意义。

四、作业设计

课外阅读黄秋耘先生的《丁香花下》，分析它与《百合花》有何异同，写一篇不少于 800 字的文学短评。

五、板书设计

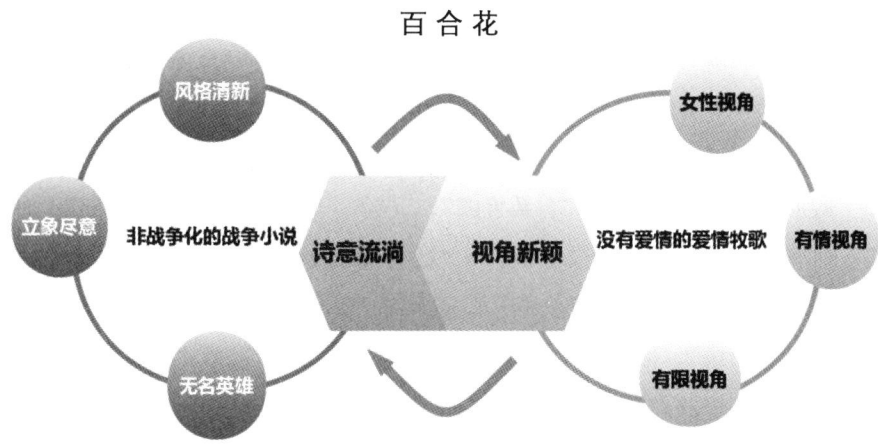

22. 人生归处是田园，田园深处听波涛

——《归园田居（其一）》教学课例

【前置任务设计】

1. 阅读《陶渊明：归去来兮（节选）》（鲍鹏山）。
2. 结合陶渊明生平资料、作品，画出陶渊明的"人生走向图"。

【教学过程】

一、情境导入

曹操《短歌行》与陶渊明《归园田居（其一）》创造背景极为相似：前者是诸侯割据的东汉末年，后者是日渐式微的晋宋易代，同是时局动荡，人心惶惶，曹操和陶渊明做出的人生选择却大相径庭。

陶渊明曾"身在田园，心系魏阙"，又曾"身在魏阙，心系田园"，他年少时胸怀凌云壮志，曾口出豪言，"猛志逸四海，骞翮思远翥"，立志建功立业；然而在无情的岁月磨砺中，最终选择诀别官场，惜叹"目倦山川异，心念山泽居"，回归"采菊东篱下，悠然见南山"的自得其乐。

从大家呈现的陶渊明"人生走向图"可看出，陶渊明从29岁至41岁的13年中，曾经5次入仕。初为仕，后归隐，且是"五进五出"，陶渊明为何如此纠结？他到底是不愿为官还是不会为官？"抱拙归园田"是否真

正让他乐安天命？今天，我们就在《归园田居（其一）》中寻得答案。

二、学习活动一：涵泳品味，一字立骨

[**点拨启悟**]"涵泳工夫兴味长"，请同学们带有感情朗读本诗，并且找出"诗眼"。诗眼是诗歌的"神光所聚"，是"精华所在"，是"情志密码"。

[**明确**]诗眼是"归"，在渊明传世的一百余首诗歌中，含"归"字的诗句就有40余句，占比何其大，可见其"归"心之切，"归"思之重！若探寻其归处，无一例外是田园，他总是坚定地选择归向田园。

[**质疑探究**]选择"归"，就是选择了"隐"，与他年少时"猛志逸四海，骞翮思远翥"的远大志向渐行渐远，甚至背道而驰。为何他要违背年少心志转而"归"田园？

生：渊明的"归"是坚决的，不动摇的，是明知归后生活会潦倒、清贫，还执意不回头的那种"归"。

三、学习活动二：缩减原诗，沿波讨源

[**点拨启悟**]渊明此诗，意欲表"归园之意"，展现归后生活，我便依此意对此诗进行缩减，使其更为简洁凝练，诸生认为如何？

归园田居（其一）

陶渊明

开荒南野际，守拙归园田。

方宅十余亩，草屋八九间。

榆柳荫后檐，桃李罗堂前。

暧暧远人村，依依墟里烟。

狗吠深巷中，鸡鸣桑树颠。

户庭无尘杂，虚室有余闲。

生：不可，如此缩减删除了诸多关键意象，也隐去了渊明对田园生活的"真情告白"和与官场生活的"正面割席"，读者无从得知渊明归园的真实目的和煎熬矛盾的过程，诗歌就没那么精彩了。

[点拨启悟]那么我们就聚焦"万万不可缩减"之处，细细探究之。古往今来，对渊明之"归"，各家各有灼见，诗人王维并不赞同陶渊明的辞官归隐，在《与魏居士书》一信中，他甚至认为此为"忘大守小"。你怎么看？

生：由"万万不可缩减"之处观之，渊明辞官归隐是志在必行，也是最适合他的人生选择。"少无适俗韵，性本爱丘山"一句已经谈及归田原因是质性自然，难以矫厉本性去迎合世俗。"误落尘网中，一去三十年"，一个"误"字，读出浓浓悔意，还将官场比作了密不透风、束缚自由、动弹不得、挣脱不开的"尘世之网"，可见其对官场的深恶痛绝。

[点拨启悟]老师查阅过关于陶渊明为官资料，资料显示他为官十三年，而朱光潜认为陶渊明仅仅做了几年官，为何此处是"三十年"如此漫长的表达？提示大家，时间可以分为物理时间和心理时间。

[明确]此处"一去三十年"既是夸张，也是写实。可以想见渊明对官场生活厌恶反感至极，可谓是度日如年。此一句，遗憾、后悔、厌恶、反感错杂其中，确实"不可缩减"。

[点拨启悟]"羁鸟恋旧林，池鱼思故渊"此句有何特别，为何不可删？为何"旧林"和"故渊"就值得被依恋和怀念呢？

生：首先，鸟本应翱翔天际，鱼本应畅游大海，而"羁鸟"和"池鱼"都失去了自由，被禁锢、被限制，且都远离最适合自己生存之所，故而"恋"旧林，"思"故渊，对于渊明而言，"田园"便是他的"旧林""故渊"。他迫切地想要回到最适合自己的生存之地，挣脱官场枷锁。

[资料拓展]晋宋易代，诸事艰难。门阀制度之下，有志之士难以施展抱负，有志不得伸，且士人多以保全自身为要义，隐逸流风盛行。

[明确]
渊明急切"归"园田，原因交代得很清楚："守拙归园田"，即为了

"守住本性"，为了"坚守初心"。诗人在其他诗词中也常以"拙"自居。如《与子俨等疏》："性刚才拙，与物多忤。"可渊明年少时受儒家教育，也信奉"学而优则仕"，难道在官场中不能"守拙"吗，非得辞官归隐？"守拙"和"为官"矛盾吗？

清代的沃仪仲对此给出了恰切的答案："有世俗之韵则拙不肯守，不肯守拙则机巧百端，安得复返自然！"亦如《归去来兮辞》所说："田园将芜胡不归？"若在官场中久待，久而久之，耳濡目染，机变圆滑，便会丢失自然本性，遗忘初心。渊明将其"拙"视为珍宝，田园将芜，三径就荒，精神之地面临污染，于是，毅然决然，选择速归。

[质疑探究] 本诗还有一处反常值得关注。"户庭无尘杂"，结合生活经验便知，身在农家不可能"无尘杂"。

[明确] 作者对田园、对乡村生活的喜爱，纵有"尘杂"，也可泰然处之，甘之如饴，可见渊明内心之清静无为、自在闲适，更何况，此等"尘杂"，与官场"尘杂"相较，又算得了什么呢？

生："久在樊笼里"一句，"久"和"误"字有异曲同工之妙；"樊笼"一词毫不留情面地指出他身在官场的窒息感受，与"羁鸟"相对，写出了人在官场不得自由、备受压抑的境况。

[明确]

此"樊笼"不仅困住了身，更困住了心。《归去来兮辞》中亦提及了官场污浊对身心的束缚："既自以心为形役"，让心灵被身体所役使，多么痛苦！"尝从人事，且口腹自役"，多么无奈！"役"有强迫之意，可想见渊明之痛苦，确实是"饥冻虽切，违己交病"啊！

诗是空白艺术，高明的诗人善于以"不说出"来传达"说不出"，诗人总是集内心倾吐的慷慨和语言表达的吝啬这两种相反品格的统一。通过分析，我们明白，田园隐居并非陶渊明从始至终的不二选择，而是本心与社会发生激烈的冲突对抗之后的顺心选择。他以文人独特的方式抗世发声，虽是"出世"，却也是另类的"入世"，"五进五出"是他对年少猛志的最大诚意，正是一次次的尝试、碰壁、挫败，让他领悟到——寻求到适合自己心灵自由、身体舒展、情绪稳定的生活方式才是真正的成功,以出世之精神,做入世之事业,亦是一种成功!周国平先生曾说:"人生最好的境界就是丰富的安静。"我想,渊明于田园处,应寻得了人生最好的境界。

四、学习活动三:一方田园,安养身心

古往今来,很多志士文人都渴求能于案牍劳形之外求得方寸田园,得以安养身心,陶冶性情。东汉张衡就曾写下《归田赋》,"龙吟方泽,虎啸山丘。仰飞纤缴,俯钓长流",景象何其奇幻。陶渊明笔下田园与之相较,有何不同?为何不同?

诗倾吐的是心灵的波涛,而落墨点却往往是引起这一波涛的具体事象。请大家再读诗歌,走进"渊明的田园",含英咀华,品味专属渊明的"田家语"。

生:渊明笔下的田园描写恬静悠然,榆柳成荫,桃李芬芳,狗吠鸡鸣,充满烟火气息。笔下景象虽平凡普通,却也美好惬意。

[质疑探究] 单从诗歌内容来看,渊明笔下的田园生活确实美好惬意,令人艳羡。请结合渊明所处的社会背景、家庭条件等,思考一下,魏晋时期的田园真如渊明所描述的那么美好惬意吗?

生:从"方宅十余亩,草屋八九间"可知,渊明归园田之后,物质条件貌似也不差,且尚有耕植收入,应该是美好惬意的吧!

[资料拓展]《食货志》记载,当时土地分配为"男子一人占田七十亩,女子三十亩"。加之晋朝实行占田制,农民赋税重,且须承担徭役。由此推之,"方宅十余亩"实属不多,渊明自陈"余家贫,耕植不足以自给"。若以世俗的眼光来看,做官远比归园田要好得多,可很大程度缓解渊明家中"幼稚盈室"(陶渊明辞官时,五个孩子正是"吃饭年龄")、"瓶无储粟"的艰难,且耕植劳作绝非轻松之事,甚至是劳累的、艰苦的,而渊明作为"耕植新手",也坦承自己不擅长劳作,一度"草盛豆苗稀",可见收成并不喜人。可他仍能轻描淡写、甘之如饴,足见他对心灵自由和

人格尊严独立的坚守，摒弃"功利"，选择"逍遥"。歌赞劳动的诗人何其多，身体力行，耕植劳作的诗人何其少，渊明就是第一人，可见其对田园真实的喜爱和悦纳。

[明确] 渊明用平和冲淡之"田家语"，真实地再现了田园风景，并无过度美化，过多矫饰。笔下平淡之景，是内心平和之境的再现。袁行霈认为渊明的诗是"生活感触述诸笔墨，既不矫情，也不矫饰，如实说来，真率自然"。渊明之诗，是日常生活的诗，是对日常生活的如实描述，是其真情实感的坦然流露。

五、学习活动四：独善其身，任真随心

叶嘉莹先生说："古今诗人之中，能够直接面对人生的苦难悲哀，而且真正找到了一个解决办法的，只有陶渊明。"这个解决办法就是脱下官服，归向田园。那么老师想问，为何一定要归向田园，过平淡人生，为何不选择与其同时期的竹林七贤等魏晋名士一同唱歌纵酒、及时行乐？

[资料拓展]

一是渊明所处的时代极其混乱，对于"生死"有普遍的担忧。"魏晋三百年间，中央政府与门阀世族之间、门阀世族各个不同政治集团之间的斗争异常残酷。"就像鲁迅先生在《魏晋风度及文章与药及酒之关系》一文中所说的："看晋人的画像和那时的文章，见他衣服宽大，不鞋而屐，以为他一定是很舒服，很飘逸的了，其实他心里都是很苦的。"起初，渊明忠于内心，选择出仕，投入桓玄门下，可桓玄篡位，违背了"忠君"思想；随后又投靠刘裕，看到统治阶级为排除异己而滥杀无辜，心灰意冷，失望至极，于是他又忠于内心，选择归隐。正因为祸乱连连，社会动荡，渊明才急于归隐，耕植田园，想要把有限的生命活成自己喜欢的样子。

二是渊明受儒释道三家思想的影响，形成了自己独特的人生见解。达时兼济天下，穷时独善其身，走得进官场，也沉得下田园，来去皆由心，委心任去留。

渊明归向田园，既是职场"去就"之抉择，更是人生"随心"之选择，陶渊明的归是竭尽全力后无可奈何的归，也是听从心声自然而然的归。他"任真""随心""逍遥"，率性自然，不加矫饰。纵使外界物欲横流，自有一方"桃花源"。

六、作业设计

曹操和陶渊明虽相距约 200 年，但社会背景极其相似，一是诸侯割据的东汉末年，一是动荡不安的晋宋易代之际。在如此相似的年代，两人却作出如此迥异的人生选择——曹操求贤若渴，渴望建功立业；渊明淡泊名利，希图回归田园。请你结合任务清单进行对比阅读，体会两首诗语言形式的不同，手法技巧的特色，把握诗歌情感，体察诗人的人生志趣与生命追求，探究这两种截然不同的人生选择背后的原因。

诗歌	体裁	处世态度	言说方式	风格	情志	时代背景	文化土壤	理想追求
《短歌行》								
《归园田居（其一）》								

参考答案：

诗歌	体裁	处世态度	言说方式	风格	情志	时代背景	文化土壤	理想追求
《短歌行》	四言诗	仕	用典比兴	志深笔长 梗概多气 古直悲凉	一统天下	东汉末年 天下三分	建安风骨 关注社会	建功立业 一统天下
《归园田居（其一）》	五言诗	隐	白描 寓情于景	闲散冲淡 朴素自然	隐逸自在	社会动荡 政治黑暗	魏晋玄学 老庄思想	猛志在怀 治国平天下

22. 人生归处是田园，田园深处听波涛
——《归园田居（其一）》教学课例

七、板书设计

归园田居（其一）

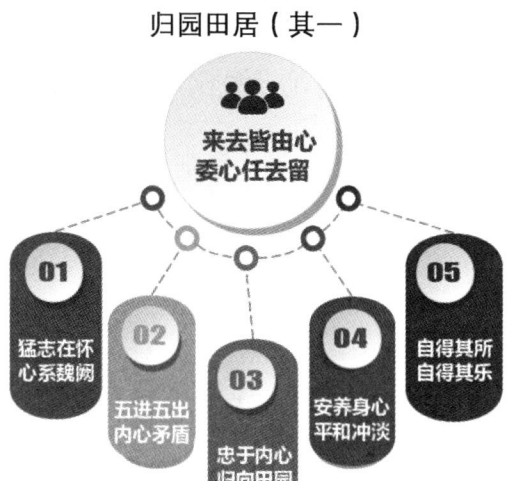

23. 梦不出心境，旷然成远游

——《梦游天姥吟留别》教学课例

【前置任务设计】

1. 李白在《别储邕之剡中》云："辞君向天姥，拂石卧秋霜。"可见诗人对天姥山向往已久。此外，据考证，曾有450多位诗人在这里流连并留下1500多首唐诗，由此也可见天姥山水的魅力所在。请查阅相关资料，为天姥山公众号撰写《寻迹诗路，幸会天姥》的宣传文案。

2. 阅读屈原《湘君》《湘夫人》，曹植《仙人篇》，郭璞《游仙诗》。

【教学过程】

一、情境导入

盛唐诗词之巅，站着这样一位诗人。他身上展现了盛唐精神风貌，恣意昂扬，狂傲不羁，心雄万丈，他对生活充满热情，对自己满怀信心，对朋友坦诚热烈，对未来乐观以待。他，是李白。今天，我们要学习他的诗作——《梦游天姥吟留别》。

在进入今日的学习之前，老师想问大家一个基本问题——《梦游天姥吟留别》是一首什么诗？

生：《梦游天姥吟留别》首先是记梦诗，而后是游仙诗，最后它还是一首离别诗。

[**点拨启悟**]

没错，《梦游天姥吟留别》首先是一首记梦诗，此诗以梦起思，以梦托怀，托梦言志，现出心境。夜寐而梦，最为日常，却充满了神秘色彩。

何为"梦"呢？19世纪末，奥地利精神病医生西格蒙德·弗洛伊德出版的《梦的解析》，提出了"潜意识"概念，认为人类的梦是"通往无意识的大道"，梦境是人的潜意识的反映，即平时隐匿在心底没有表现出来，但在梦中以隐喻、象征等形式表现出来的意识，也就是古人常说的"日有所思，夜有所梦"，可以说，梦是连接现实与虚幻、本我与自我的媒介。梦中所想，往往是现实中求而不得之人、事、物，如辛弃疾《破阵子》"醉里挑灯看剑，梦回吹角连营"一句，写尽了他对上阵杀敌、抗金复国的渴望和报国无门的无奈愤恨，如陆游《九月十六日夜，梦驻军河外遣使招降诸城，觉而有作》"将军枥上汗血马，猛士腰间虎文韔。阶前白刃明如霜，门外长戟森相向"，托梦咏怀，书写了他怀念前线生活，渴望"横戈上马"、痛快杀敌的复杂情感，如苏轼《江城子·乙卯正月二十日夜记梦》中"相顾无言，惟有泪千行"一句，在对亡妻的哀思中又糅进自己的身世感慨……

记梦、咏梦的终极内蕴，不过是对现实人生的感慨、反思。

二、学习活动一：初识天姥——梦里不知身是客，一晌贪欢

弗洛伊德说："梦有两个主要特征，愿望的满足和幻觉的经验""梦是愿望的达成""是对愿望的伪装和改装"。既是"梦"，便有了虚构的自由，也有了想象的权利。

据考证，李白曾多次前往天姥山，一览"芳泽"。但只有在这首《梦游天姥吟留别》中，以梦为由，揭开了天姥山的神秘面纱。梦境中的天姥山有何不同，令诗人认为值得挥笔书写？请各位同学自由朗读诗歌，找出天姥山的不凡之处。

生："越人语天姥，云霞明灭或可睹。天姥连天向天横，势拔五岳掩赤城。天台四万八千丈，对此欲倒东南倾。"由此可看出天姥山于云霞彩

霓中时隐时现，胜似仙境，乃钟灵毓秀之地。它比五岳挺拔，比天台巍峨，耸立天外，直插云霄，巍巍然非同凡比。

[点拨启悟] 事实上，天姥山海拔只有762米，在浙江群山中低于天目山、雁荡山、莫干山、江郎山，以及诗里吟咏的天台山等诸峰，它比天台山矮100多米，更谈不上"势拔五岳"（中岳嵩山海拔约1492米、东岳泰山海拔约1533米、西岳华山海拔约2155米、南岳衡山海拔约1300米、北岳恒山海拔约2016米）。

生：既是"梦游天姥"，又基于李白对天姥山的无限神往，必然要为"梦中情山"增添不凡之笔，于是他进行了一定程度的夸张和美化，在描绘天姥山时叠加了奇山峻岭的幻影，意在令天姥山蒙上一层神秘面纱，引人入胜。

师：如此气派不凡的天姥山，便顺理成章地吸引李白为之"一夜飞度镜湖月"，此乃梦游之由。

三、学习活动二：走进天姥——初闻不知曲中意，再听已是曲中人

《周礼》说人的梦可分为六种："奚谓六候？一曰正梦，二曰噩（通'噩'）梦，三曰思梦，四曰寤梦，五曰喜梦，六曰惧梦，此六者，神所交也。"请同学们思考，李白关于天姥之梦，属于哪一种？并说明理由。

生$_1$：我认为是喜梦。"湖月照我影，送我至剡溪。谢公宿处今尚在，渌水荡漾清猿啼。脚著谢公屐，身登青云梯。半壁见海日，空中闻天鸡。"这一段读来遂觉天姥山人杰地灵，此处石径盘旋，渌水荡漾，且有海日升空，天鸡高唱，曙色初现，风景怡人。

生$_2$：我认为是噩梦。初入天姥山，山花迷人，登山览景，风景虽好，可其旦暮之变何其迅疾，令人手足无措。"千岩万转路不定，迷花倚石忽已暝。熊咆龙吟殷岩泉，栗深林兮惊层巅。云青青兮欲雨，水澹澹兮生烟。列缺霹雳，丘峦崩摧。洞天石扉，訇然中开。"此处奇异的境界，令人惊骇，多了几分恐怖。而且后文"忽魂悸以魄动，恍惊起而长嗟。惟觉时之枕席，失向来之烟霞"几句，更是作者梦醒片刻心惊胆战，神志恍惚

23. 梦不出心境，旷然成远游
——《梦游天姥吟留别》教学课例

的写照，说明他境遇不佳。

生₃：我认为是思梦。这首诗的最后几句，明显是李白于梦境之外，于现实之中所悟及的。所以这个梦应是"日有所思，夜有所梦"，满腹思绪，借梦发之。

师：其实，我们并非一定要给李白的"天姥一梦"归属类别，而是通过这个问题，聚焦到"李白为何做此梦"这个问题上来。同学们，中国是最早研究梦的国家，东汉文学家王符说："夫奇异之梦，多有收而少无为者矣。"也就是说做梦总是要有原因的。那么，李白做梦的原因是什么？

[点拨启悟] 弗洛伊德曾说："幸福的人决不幻想，不幸的人才会幻想。"弗洛伊德为什么这么说？这跟李白为何做梦是否相关？

生：弗洛伊德的意思应该是，不幸之人常常求而不得，难遂己愿，才需要到梦境中去寻觅一些现实中无法触及、无法实现的东西。《毛诗序》有言："诗者，在心为志，发言为诗。"或许是现实让李白愤懑无奈，满腔思绪无处发泄，于是他借记梦畅叙之，抑或是李白在现实中境遇不佳、处境艰难，于是他入梦境寻求宽慰。

[点拨启悟] 严羽在《沧浪诗话》中指出盛唐诗人的诗作往往"言有尽而意无穷"，那《梦游天姥吟留别》写梦游，到底意在何处？大胆猜想固然可行，我们更要知人论世，小心求证。我给大家展示一些诗句，请大家自由朗读，根据诗歌情感揣摩诗人当时心境。

[诗句联读]

愿将腰下剑，直为斩楼兰。

——《塞下曲六首·其一》

归时倘佩黄金印，莫见苏秦不下机。

——《别内赴征三首·其二》

仰天大笑出门去，我辈岂是蓬蒿人。

——《南陵别儿童入京》

云想衣裳花想容，春风拂槛露华浓。

——《清平调·其一》

花间一壶酒，独酌无相亲；举杯邀明月，对影成三人。

——《月下独酌·其一》

彷徨庭阙下，叹息光阴逝。

——《答高山人兼呈权、顾二侯》

群沙秽明珠，众草凌孤芳，古来共叹息，流泪空沾裳。

——《古风·其三十七》

秦水别陇首，幽咽多悲声……挥涕且复去，恻怆何时平？

——《古风·其二十二》

安能摧眉折腰事权贵，使我不得开心颜！

——《梦游天姥吟留别》

[知人论世]

　　唐玄宗天宝元年（742），这一年李白42岁。道士吴筠向玄宗推荐李白，玄宗随即召他到长安来。李白对这次长安之行抱有很大的希望，只用了十天，便跨越两千余里赶到了长安。初到长安，李白曾有过短暂的得意，也受过玄宗的优待（"以七宝床赐食于前，亲手调羹"），他以为自己终于能做到"佐佑王化，润色鸿业"，但好景不长，李白生来一副傲骨，不肯与权贵同流合污，"恃才傲物""交通外官，图谋不轨"等谗谤接踵而来，玄宗逐渐心生不满。天宝三年（744）暮春，李白上书请求还山，玄宗认为他"非廊庙器"，趁势同意。李白"由布衣而卿相"的美梦从此完全破灭，这是李白政治上的一次大失败。

　　离开长安后，李白在东鲁家中居住数日。此时，东鲁的家已颇具规模，尽可在家中怡情养性，可他毅然告别东鲁家园，再次踏上漫游的旅途。这首诗便是他告别东鲁朋友时所作，所以又题作"梦游天姥山别东鲁诸公"。

　　[明确] 品《塞下曲六首·其一》《别内赴征三首·其二》《南陵别儿

童入京》等诗，皆能感受到李白初入宫廷时对建功立业的极度渴盼，从《清平调·其一》开始，逐渐感受到他深入宫廷的无可奈何，读《月下独酌·其一》《答高山人兼呈权、顾二侯》《古风·其三十七》《古风·其二十二》等诗，皆能感受到李白在梦醒时分的壮志难酬、无限愤懑。原以为的昭昭日月，不过是风花雪月；原以为的朗朗乾坤，不过是步步惊心。"梦醒时分"最痛。

[点拨启悟] 链接李白生平过往，便知天姥一梦，实是李白的长安一梦。现实与理想的冲突矛盾，在此便可窥见一二。梦游之初，天姥苍翠，长安迷人，令人神往。入梦渐深，天姥旦暮巨变与君心之变、境遇之变何其相似。梦醒时分，方才悟透：否泰、仕途、人生，永远瞬息万变，难以捉摸。长安之行，是梦碎，亦是梦醒，更是李白生命的觉醒。

四、学习活动三：走出天姥——世事一场大梦，人生几度秋凉

这一次政治失意确确实实给了李白沉重的打击，赐金放还后，他思想消沉，内心压抑，整日借酒浇愁，以致天宝五年春患上大病。但李白毕竟豪迈洒脱，本性浪漫，自会寻求心灵解脱，他是如何宽慰自己的？

生："世间行乐亦如此，古来万事东流水。别君去兮何时还？且放白鹿青崖间，须行即骑访名山……"李白深知世间一切终究会如流水东去不复回，或建功立业，或籍籍无名，终将变为历史的尘埃，烟消云散。这是李白惯有的洒脱豪迈。面对挫折坎坷，他选择徜徉山水，快意人生。

师：诗言志，歌咏怀。从李白诗作便可窥其心魂，在《赠钱徵君少阳》，晚年的他慨叹："秉烛唯须饮，投竿也未迟。如逢渭水猎，犹可帝王师。"可见其有虽至暮年仍壮心不已的豪情，亦颇有"邦有道，则仕；邦无道，则可卷而怀之"的从容潇洒。

[质疑探究] 李白两度提及谢灵运，因二人境遇相似，选择相似——仕途受挫，于是纵情山水，游山陟岭，颇有"浮览山川景物，以消其沉忧"之意。至此，诗意看似已尽，却又愤愤然吐出一句"安能摧眉折腰事权贵，使我不得开心颜"来，此句于此似乎不太和谐，可否删去？

生：不可删！李白寄情山水，借以疗愈身心，可尚有不平，故而卒章显志，此乃全诗点睛之笔。

[点拨启悟] 对《梦游天姥吟留别》的主旨探寻，历来众说纷纭。明代唐汝询的《唐诗解》中持"世事虚幻说"，清代陈沆的《诗比兴笺》中持"回首蓬莱宫殿说"，20世纪60年代以来，主流解读认为此诗反映了李白在政治上的失意苦闷，表现了李白对神仙世界的向往追求。后来，诸多高校教材中甚至将其解读为"以神仙世界的美好来反衬上流社会的丑恶"。你怎么看？

生₁：从记梦诗这一诗歌性质出发，此诗应是借梦写实，托梦抒怀，意在借吴越之游与过去的失意人生进行一次迫切、彻底、坚决的分割与和解，是对自己政治失意的不平之鸣，是对现存秩序的不满与反抗，亦是对徜徉于自然山水、摆脱官场羁绊的郑重宣言。梦醒了，梦碎了，李白逼迫自己正视现实，面对现实，放弃为统治阶级服务的幻想，追求自由，摆脱束缚。

生₂：李白受道教影响颇深，因而他格外豁达，曾有"人生得意须尽欢，莫使金樽空对月"之语。美梦虽破碎，人生却初醒。所以，我认为此诗表达了对世俗功名的看淡和对达观人生的追求。

生₃：刘熙载云，"太白诗多有羡于神仙者，或以喻超世之志，或以喻死而不亡，俱不可知"。其实，在李白的内心深处，他对神仙之说是存疑的，对神仙世界的幻想，实则是渴望超越现实，追求个性自由解放的生命意识的体现，表达对独立自由和人格尊严的追求。

[补充拓展] 游仙诗，即表现人们对长生不老意识的信仰及对神仙世界的向往的诗歌，常以天衢之想、四海之游来形容中区迫厄，人生如寄。游仙诗的实质，在于表现人们对生命存在形式及活动方式的超现实幻想。

师：同学们，"诗无达诂"，诗歌并没有通达的或一成不变的解释，因时因人而有歧异。我们借探寻此诗主旨，读懂了李白的快意人生，也许无法一帆风顺，但我们可以"划着断桨，继续出发"；也许往往事与愿违，但我们可以"但行好事，莫问前程"。因为啊，人生不在于身在何处，而

23. 梦不出心境，旷然成远游
——《梦游天姥吟留别》教学课例

在于心往何处。

五、作业设计

面对人生的坎坷挫折，李白选择"主动自由行"，杜甫则是"被迫去流浪"，相较之下，看似李白更豁达，更清醒，可老师却发现一处破绽——"且放白鹿青崖间，须行即骑访名山"。"且"是"暂且、姑且"之意，"须"是"等待"之意。这个句子的意思是：我暂且把白鹿放置在青崖之间，等到需要的时候再骑着它去遍访名山。言下之意，此时还不是需要离开的时候，李白并不想一走了之。那么，李白究竟是"欲仕"还是"欲隐"？请你再读诗歌，揣摩李白复杂的思想，并写一篇《李白的自述》，字数不限。

六、板书设计

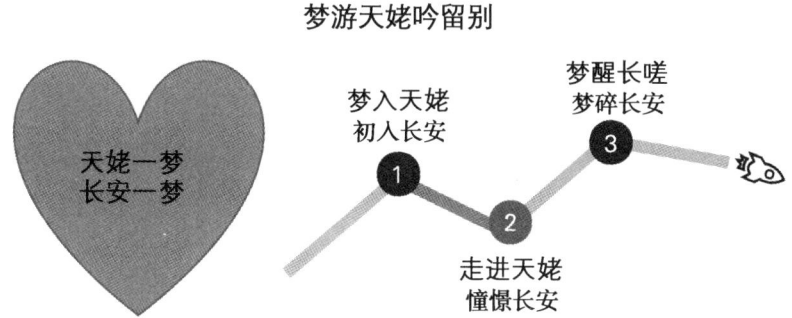

219

24. 琵琶一曲肠堪断，伤人伤己更伤时

——《琵琶行》教学课例

【前置任务设计】

《琵琶行》前置作业	
选定《琵琶行》理由	LED舞台背景元素选择及理由

【教学过程】

一、情境创设，直击肯綮之处

恰逢学校第一届社团节，我们班从众多作品（如元稹《琵琶歌》、李绅《悲善才》、刘禹锡《泰娘歌》、李贺《李凭箜篌引》等）中选择了《琵琶行》作为诗文朗诵篇目，下周将参加第一轮节目遴选，需介绍篇目的选定理由，提供LED舞台上播放的表演背景元素，要求做到情景相谐相生。本节课，借深入品读《琵琶行》之契机，为参加社团节节目遴选做好充足准备。

二、配乐吟诵，品味音乐魅力

我们品味过白居易的《琵琶行》中的音乐描写，确实魅力无穷，有绕梁三日之效。但是你可知白居易的琵琶曲在当时并不是唯一一首，在他之前或之后都有过类似作品，元稹有《琵琶歌》，李绅有《悲善才》，刘禹锡《泰娘歌》，李贺《李凭箜篌引》。清人方扶南《李长吉诗集批注》卷一云："白香山'江上琵琶'，韩退之'颖师琴'，李长吉'李凭箜篌'，皆摹写声音之至文。韩足以惊天，李足以泣鬼，白足以移人。"可见，这些作品的音乐描写比起白居易《琵琶行》并不逊色，众探龙穴而白独获骊珠，元、李诸人只能附其骥尾，其原因何在？今天，让我们来一探究竟。

现在老师播放音乐，请大家有感情地朗读《琵琶行》，边读边思考一个问题：《琵琶行》的过人之处在哪里？

[问题提出]《琵琶行》的过人之处在哪里？

[小组发言]音乐描写有特点，运用了恰切的比喻和大量拟声词。

[问题提出]《琵琶行》的音乐描写确实精彩，但它超越元稹《琵琶歌》的地方是在音乐描写吗？（将元稹《琵琶歌》的全文放到了PPT上，方便对比阅读。）

[点拨启悟]用"霜刀破竹无残节"来形容音乐流畅；用"冰泉呜咽流莺涩"来形容音乐冷涩，也用了恰切的比喻，从这里可以窥见元稹的《琵琶歌》还给后来的白诗以直接的启发和影响，比起《琵琶行》的音乐描写并不逊色。同学们有没有不同意见？

生$_1$：我认为它的过人之处在于情与景之间的关系处理得非常好，情景交融。

生$_2$：元稹的《琵琶歌》最后一段交代了写作原因，是因为过去答应过管儿，如今是完成约定，另一原因是要勉励后继者铁山努力学习，继承技艺。我认为它的音乐描写很精彩，但是在情景结合这一块做得不好，只是一首单纯的描述琵琶弹奏技艺的诗，在情景交融上明显逊色于《琵琶行》。

[明确]同学们都注意到了在《琵琶行》中，情和景是相衬相生、互

相作用的，更胜于其余篇目，因而我们选其作为社团节展示节目。

三、情景相生，以江月为文澜

[问题提出]接下来，我们要为《琵琶行》诵读节目选定表演背景元素。既是情景相衬相生，那我们就从"景"入手，请大家披文入情，沿波讨源，选出你认为具有代表性、能帮助白居易"表情达意"的具有特征的"景"，并说明理由。

[明确]江月描写居多，故取"江月"作为节目表演背景元素。理由如下：清人沈德潜在《唐诗别裁集》中，评价这首诗是"以江月为文澜"，即以江月描写来作为文章内容所起的波澜。

[问题提出]我们来验证以"江月"作为背景元素的合理性和普适性。请大家选取自己最喜欢的、感受最深的一处江月描写，并在一旁批注你从中感受到的情感。

第一小组：第一处江月描写"别时茫茫江浸月"（这一处江月描写在听曲之前）

生$_3$：我抓住了"别时"，这一句叙述了与友人别离的景象，他乡遇故知，可能给愁苦的诗人带来一丝暖意和慰藉，可是眼下友人又将别去，我感受到了诗人的依依惜别之情。"何处合成愁，离人心上秋"，秋天的别离尤其让人感到不舍。我想起杜甫《送路六侍御入朝》"忽漫相逢是别筵"给人同样的感受。

生$_4$：我注意到了这是秋月，正逢秋季，万物凋零，"自古逢秋悲寂寥"，悲秋是古代文人的一种情结。我体会到的情感是伤秋之愁。

生$_5$：我抓住了"茫茫江浸月"，寒江茫茫，江浸秋月，江面泛起水汽，月色溶于其中，白茫茫一片，这不正是诗人此时心中对前途愁苦迷茫情感的写照吗？我体会到的情感是贬谪之愁。

[明确]秋月本冷，江上秋月更冷，人生之秋最冷。结合白居易创作《琵琶行》的背景，便可略知一二。白居易在《赠韦炼师》一诗中写道："浔阳迁客为居士，身似浮云心似灰。"诗人因直言进谏而被贬九江，自己

满腹才华不得施展，空有报国之情，贬期无尽，十分愁苦。

第二小组：第二处江月描写"唯见江心秋月白"（这一处江月描写在听曲之后）

生₆：一个"白"字，突出了月色的明亮，江水的平静，夜色的静谧；更表达了诗人心境的空白、苍白、迷茫，感受到了诗人对人生困境的迷惘之情。

生₇："曲有误，周郎顾"，白居易是听曲行家，琵琶女的技艺固然高超，但打动人的却是琵琶曲当中蕴含的情感力量，他与琵琶女产生了共鸣。

[明确] 从前文"未成曲调先有情""似诉平生不得志"可以知道，琵琶女的弹奏是含情脉脉的，从序当中知道这种共鸣应是：是夕始觉有迁谪意。白居易才华过人，可无奈造化弄人，英俊沉下僚。

第三小组：第三处江月描写"绕船月明江水寒"（这一处江月描写是在琵琶女自述身世之后）

生₈：这一处描写写出了琵琶女独守空船的环境，一个"寒"字，写出夜之深，江面景色之冷，更写出琵琶女心境之寒。其中饱含诗人对同是天涯沦落人的琵琶女的怜悯之情。曾经的青春年少，曾经的貌美艺佳，曾经的风光无限；如今的年长色衰，门庭冷落，对比何其鲜明！本想通过婚姻来让自己后半生踏实生活，可是婚姻这根救命草却又是如此脆弱。商人重利轻别离，只留她一人痴痴望月，心寒，更觉月凄冷。

[小结] 三处的江月描写，果真是"以江月为文澜"，这里的"江月"，不仅是自然界的"江月"，更是倒映在白居易和琵琶女心中的"江月"。由此看来，情景交融，正是白诗的高明之处。景为情染，景因情更美好。情借景重，情因景更深厚。

四、满腔迁谪，借商妇以发之

[问题提出] "以江月为文澜"，我们把江月元素作为朗诵的背景元素，要能够进入江州司马的精神世界，倾听他的"一片诗心"。江州司马为何

在一个素不相识的琵琶女面前泪湿青衫，泣下最多？

［点拨启悟］

1. 《琵琶行》："同是天涯沦落人，相逢何必曾相识。"

2. 《唐宋诗醇》有言："满腔迁谪之感，借商妇以发之，有同病相怜之意焉。"

"天涯沦落人"不必相识也可惺惺相惜，同病相怜者，伤人亦伤己。江州司马和琵琶女有何同病相怜处？

［明确］

1. 白居易始为京官，年少成名，大展才华，仕途光明；琵琶女家住京城，倾国倾城，才貌双全，风光无限。

2. 白居易后贬九江，卧病浔阳，苦竹绕宅，取酒独倾；琵琶女年长色衰，人事皆非，委身商人，独守空船。

他们的遭遇，何其相似！故而会在这人生的寒秋相遇、相知、相诉。白居易将迁谪不遇之情投射于琵琶女的坎坷遭遇，难免产生共鸣。

五、眼冷心热，为时代悲歌

［点拨启悟］如此看来，伤曲、伤景、伤别、伤人只是表象，而伤己才是内里。你同意吗？

［PPT 投影展示］了解"江州司马"的生平和时代背景

白居易从小刻苦学习，读书作文，辛苦至极，苦学深思，大器早成。据传在长安时，他携带所作诗文去谒见前辈顾况。顾况望着诗卷上"居易"这个名字，开玩笑说："长安米贵，居大不易！"说着打开看，头一篇《赋得古原草送别》，读到"野火烧不尽，春风吹又生"的句子，大为赞叹道："有句如此，居天下亦不难。"在顾况推荐下，白居易开始有了名气。

儒家的"达则兼济天下，穷则独善其身"是他立身处世的指导思想，儒家思想是他的行事底色，他怀揣着极高的政治热情，为民请命，勇敢战斗。这与元和初年宪宗的整顿朝纲、追求振兴的政治意愿是相契合的，任左拾遗时，白居易认为自己受到喜好文学的皇帝赏识提拔，故希望以尽言官之职责报答知遇之恩，因此频繁上书言事，并写大量的反映社会现实的诗歌，希望以此补察时政，乃至于当面指出皇帝的错误。白居易上书言事多获接纳。而此时元稹、李绅等相继步入仕途，他们意气相投，彼此唱和，形成热烈呼应的局面，他们把政治主张的宣传写进诗歌里，更是以诗歌反映严峻的社会问题，诗歌开始成了有力的政治工具。此时，白居易官居谏官，面对民生困苦，官吏剥削，权利分裂，统治黑暗，他立志要挽狂澜于既倒，"救济人病，裨补时阙"，并提出了"诗歌合为时而作，文章合为事而著"的创作理论。

元和十年，平卢节度使李师道派人刺死宰相武元衡。面对此等大事，韦贯之、张弘等宰相保持沉默，文武大臣装聋作哑，唯有白居易义愤填膺，首先上书请求缉拿凶手，"急请捕贼，以雪国耻"，这触怒了权贵们，后因"越职言事"被贬谪到州郡，又遭谣言中伤，被贬到江西九江偏远地区，成了"处江湖之远则忧其君"的远在江湖者，有名无实、有职无权的仕途失意者。

他抵九江不久，就在香炉峰与遗爱寺之间，建一草堂，与当地的僧人交游，打算了此余生。此后，他开始融合儒家的"乐天知命"、道家的"知足保和"和佛家的出世思想，行事渐渐转向"独善其身"。

左手引妻子，右手抱琴书，终老于斯，以成就我平生之志。

——白居易《庐山草堂记》

州民康，非司马功；郡政坏，非司马罪，无言责，无事忧。

予佐是郡，行四年矣，其心休休如一日二日，何哉？识时知命而已。

——白居易《江州司马厅记》

[点拨启悟] 白居易自知，他的时代结束了。这固然让才华横溢、政治抱负远大的白居易愤愤不平，但，《琵琶行》仅是伤己吗？琵琶女也曾名震京城，如今却沦落江湖，她的不顺、不遇、不幸又是谁造成的呢？

[回顾《卖炭翁》]

卖炭翁

卖炭翁,伐薪烧炭南山中。
满面尘灰烟火色,两鬓苍苍十指黑。
卖炭得钱何所营?身上衣裳口中食。
可怜身上衣正单,心忧炭贱愿天寒。
夜来城外一尺雪,晓驾炭车辗冰辙。
牛困人饥日已高,市南门外泥中歇。
翩翩两骑来是谁?黄衣使者白衫儿。
手把文书口称敕,回车叱牛牵向北。
一车炭,千余斤,宫使驱将惜不得。
半匹红纱一丈绫,系向牛头充炭直。

经历安史之乱后,人民生计艰难,而朝廷赋税过重,权贵耽于享乐,无意于振兴家国,百姓生活难以为继,琵琶女的遭遇是千千万万个百姓的缩影。唐宪宗无所作为,放弃战斗,任由掌权的宦官集团和旧官僚集团打击迫害白居易,元稹、韩愈、柳宗元等敢于抗争的人,也纷纷遭到贬谪,官场腐败不堪,大厦将倾。

[小结] 诗人眼极冷,心极热。琵琶声中,他泪洒青衫,感时伤怀,问其缘由,不仅是伤物,伤曲,伤人,伤己,伤别,更是伤时。辉煌的大唐盛世不可能再现了,《琵琶行》就是感伤大唐盛世永远落下帷幕的一首悲歌。

六、作业设计

任选一项感兴趣的作业完成。

作业一:李绅的《悲善才》在借景抒情、宾主映带这点上与白居易《琵琶行》很相近,请结合李绅的创作意图,找一处景物描写,分析其蕴

24. 琵琶一曲肠堪断，伤人伤己更伤时
——《琵琶行》教学课例

含的情感，形成赏析文字。

作业二：人生幸得好友在，殷勤寄诗画心声。下面这首诗是杨巨源写给好友白居易的赠诗，意图明显，即鼓励此时遭贬的白居易不要沉溺于谈佛论经，期待他有东山再起的那一天。我们从某种程度来说，也是江州司马不同时空维度的"知音"，请你也给人生失意、仕途受挫的白居易写一首赠诗。

寄江州白司马
杨巨源

江州司马平安否？惠远东林住得无？
湓浦曾闻似衣带，庐峰见说胜香炉。
题诗岁晏离鸿断，望阙天遥病鹤孤。
莫谩拘牵雨花社，青云依旧是前途。

七、板书设计

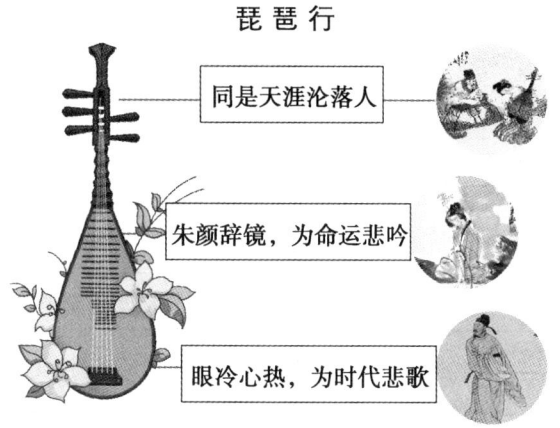

25. 困顿人生中的生命诗意

——《念奴娇·赤壁怀古》教学课例

【前置任务设计】

1. 这是一首存在诸多矛盾、错位的词作。请你仔细阅读，提出疑问，填在"我思故我在"学习活动单上。

疑问	矛盾处
关于地点的疑问	"赤壁大战"和"黄州赤壁"是同一地点吗？
关于人物的疑问	"羽扇纶巾"原是诸葛亮等文臣的装扮，为何用来形容周瑜？
	周瑜当真如词作中体现的那样春风得意吗？
关于时间的疑问	赤壁之战之际是小乔初嫁之时吗？
关于事件的疑问	周瑜和小乔是情投意合地结合的吗？
	"樯橹灰飞烟灭"符合史实吗？

2. 近日，学校隆重推出《朗读者》展示活动。本月主题是"苏轼与黄州的故事"，轮到我们班作展示。经班级投票选定《念奴娇·赤壁怀古》作为展示词作，现进行展示前的准备工作：一是为《念奴娇·赤壁怀古》的朗诵进行布景，营造恰切氛围；二是知人论世，以意逆志，体悟苏轼情志，以期朗诵的效果更佳。

25. 困顿人生中的生命诗意

——《念奴娇·赤壁怀古》教学课例

【教学过程】

一、情境导入

有人说，要真正读懂苏轼，便避不开黄州赤壁。《念奴娇·赤壁怀古》《赤壁赋》《后赤壁赋》便是苏轼于黄州赤壁写就的"赤壁三绝"。今天，我们穿越历史风云，故地重游，来到黄州赤壁，看到苏轼迎面走来。"从监狱里走来，他带着一个极小的官职……带着官场和文坛泼给他的浑身脏水走来，满心侥幸又满心绝望地走来。他被人押着，远离自己的家眷，没有资格选择黄州之外的任何一个地方，朝着这个当时还很荒凉的小镇走来。"（余秋雨）一代全才苏轼，在被贬黄州、精神苦闷之际，到底是如何通过咏怀古迹，实现精神突围的呢？让我们从第一站《念奴娇·赤壁怀古》出发，开启文化之旅。

二、学习活动一：涵泳品味，亲临雄奇赤壁

余秋雨在《苏东坡突围》中写道："此时此刻，他完成了一次永载史册的文化突围。黄州，注定要与这位伤痕累累的突围者进行一场继往开来的壮丽对话。"那么，与苏轼多次对话的黄州赤壁，又是一派怎样的景象？请大家朗读本词。

生：黄州赤壁，一派雄奇壮阔之景。读来颇感苏轼词风豪放。

师："豪放"二字概括精准。若要为《念奴娇·赤壁怀古》的朗诵进行布景，营造恰切的氛围，我们可以选择哪些景？

生：大江、浪、故垒、乱石、惊涛皆可。

[点拨启悟]这些景实属普通、平凡之景，并无特殊之处。为何我们却能感受到一种雄浑壮阔的意境来？

[明确]完全得益于苏轼用词的艺术。

师：上阕中的哪几个词用得有味道，理由是什么？

生₁："穿"字甚好。东汉许慎《说文解字》是这样解释"穿"的："通也。"陡峭山崖直通云霄，写出赤壁山势之险要高峻。

生₂：“惊”字出奇。东汉许慎《说文解字》中将其解释为"马骇也"，像惊马一样的波浪拍击着岸边，写出江水的汹涌澎湃。

生₃："卷"字亦佳。滔滔的江流卷起千万堆澎湃的浪，犹如白雪。柳永的《望海潮》中也有一个"卷"字，"怒涛卷霜雪，天堑无涯"。

[评点] 上阕的赤壁奇景，可谓形声色俱全。

[质疑思考] 黄州赤壁，当真如此雄奇壮阔吗？

[资料拓展] 陆游在《入蜀记》中说，赤鼻矶"略无草木"；范成大在《吴船录》也说："赤壁，小赤土山也，未见所谓'乱石穿空'……之境，东坡词赋微夸焉。"

[点拨启悟] 无独有偶，《赤壁赋》中"清风徐来，水波不兴"的月下赤壁，在苏轼《后赤壁赋》中被形容为"江流有声，断岸千尺"。可小土丘赤鼻矶，哪有什么"江流有声，断岸千尺"之惊心动魄？黄州赤壁，实为赤鼻矶，就是一个小土丘而已，以上皆为苏轼的夸张与变形。可苏轼为何将之写得那样气魄雄伟？是无意为之？还是刻意为之？

[明确] 应是有意为之，苏轼不可能不知道黄州赤壁非"赤壁大战"之赤壁，他早在《与范子丰书》里就说过："黄州少西，山麓斗入江中，石室如丹，传云曹公败所，所谓赤壁者，或曰非也。"在本词上阕，他也直言"人道是"。之所以这样写，原因恐有二。其一，融入了词人的主观想象，表面是在写黄州赤壁的景色，实则是在描绘词人心中那万马奔腾、惊心动魄的古战场，从中体现他不凡的抱负、阔大的胸襟、豪放的词风；其二，为即将出场的"风流人物"周瑜蓄势布景，雄奇之景配风流之人，甚好。

三、学习活动二：于矛盾处解词，细看风流人物

此刻，舞台已布置完毕，序幕拉开，背景就是如画的江山。聚光灯亮起来了，照在周瑜身上。在苏轼眼中，周瑜是什么样的形象？

1. "遥想公瑾当年"，"当年"指周瑜指挥赤壁大战时，他34岁，年少有为，意气风发。

2. "小乔初嫁了"，此处有一矛盾，周瑜纳小乔是建安四年，而赤壁之战是建安十三年，相隔近10年，不该用"初"。苏轼有意以美女衬英雄，"小乔初嫁"更衬出周瑜的年轻有为、春风得意，足以令人艳羡。

3. "羽扇纶巾"，这是儒将的行头，却用来写周瑜，为的是更显其风度翩翩、温文尔雅。

4. "谈笑间，樯橹灰飞烟灭"，临战仍在谈笑，足见周瑜之从容镇定，每临大事有静气。

四、学习活动三：以词吐情，探究东坡之怀

三国时代是一个英雄辈出的时代，同学们，在你们的心中，堪称英雄的有谁呢？

[点拨启悟]有酾酒临江，横槊赋诗，固一世之雄也的曹操；出师一表真名世，千载谁堪伯仲间的诸葛亮；有生子当如孙仲谋的孙权；还有一身是胆的赵子龙……真是"一时多少豪杰"！这么多英雄人物，为何苏轼偏偏只将周瑜作为追比对象呢？是随意选择，还是有意为之？

（一）志同道合之人

周瑜身为人臣，亦是以天下为己任，终生致力于匡扶天下。苏轼虽为一介文臣，但"早岁便怀齐物志，微官敢有济时心"，纵使屡遭贬谪，但他不忘初心，仍在贬谪期间劳心劳力，如他在《南康望湖亭》诗作中所言，"许国心犹在"，以微薄之力济世救道，每到一处，皆竭尽所能造福地方，兴修水利、赈济灾民，留下了极好的口碑，"东坡处处筑苏堤"便是明证。他们皆是有济世之心、匡扶天下之志的人。故而，苏轼将周瑜作为追比对象，是敬服，是志同道合之人的相知相惜，亦是对自我价值的追寻和确认。

（二）心中艳羡之人

为何苏轼偏偏只"羡"周瑜呢？苏轼可是中国古代第一全才，他又羡慕周瑜什么呢？

[点拨启悟]弗洛伊德认同"文学乃痛苦使然"的思想观点，认为一

个得意的人从来不会去幻想。"我们可以断言，一个幸福的人从来不会去幻想，只有那些愿望难以满足的人才去幻想。"文学"幻想的动力是尚未满足的愿望，每一个幻想都是一个愿望的满足，都是对令人不满足的现实的补偿"。文学创作的目的，就是对现实不满的补偿。故，能引起羡慕之情的，往往是自身缺乏的东西。试将二人进行多方面、多维度对比，找出只"羡"周瑜的深层原因。

[点拨启悟]

1. 年龄：周瑜指挥赤壁大战时 34 岁，而此时苏轼已 47 岁了。

2. 外貌：周瑜外貌是雄姿英发，而苏轼是早生华发。

3. 婚姻生活：周瑜迎娶了国色天香、倾国倾城的江南美女小乔，与东吴国君孙权成为连襟。而苏轼被贬黄州之前，已失去爱妻王弗，他曾经为她写了一首令人柔肠寸断的《江城子》："十年生死两茫茫，不思量，自难忘……"

4. 事业：34 岁的周瑜是赤壁大战的指挥者，是东吴的大都督，相当于全国最高军事统帅，年轻有为；而苏轼刚刚经历了"乌台诗案"，九死一生，政治上受到打击和迫害，被贬至黄州，当一个闲散不管事的小官，只有职务，没有权力，年老无为。

人物	年龄	外貌	婚姻	事业
周瑜	34 岁指挥赤壁大战	雄姿英发	小乔初嫁	东吴大都督
苏轼	47 岁被贬谪至黄州	早生华发	爱妻早逝	黄州团练副使

如此看来，周瑜可谓情场、官场、战场，场场得意，苏轼却是黄州、惠州、儋州，州州失意，心中的愁苦与辛酸不言而喻。周瑜的辉煌，愈加衬托出苏轼的狼狈，相形之下，他怎不黯然神伤？至此，我们便能明白，为何苏轼只"羡"周瑜，从某种程度上说，周瑜是他热切向往却难以企及的梦。所以在这首词中，周郎是宾，自己是主，寓主于宾，借古人之酒杯，浇自己心中之块垒，虽言"怀古"，实则"述己"。

25. 困顿人生中的生命诗意
——《念奴娇·赤壁怀古》教学课例

五、学习活动四：还酹江月，洞悉东坡思想

[质疑思考] 仕途的坎坷、理想的落空、人生的失意究竟有没有困住苏轼？"人生如梦，一尊还酹江月"到底是消极？还是洒脱？苏轼思想的底色是什么？

[资料拓展]

惟江上之清风，与山间之明月，耳得之而为声，目遇之而成色，取之无禁，用之不竭，是造物者之无尽藏也，而吾与子之所共适。

——苏轼《赤壁赋》

回首向来萧瑟处，归去，也无风雨也无晴。

——苏轼《定风波·莫听穿林打叶声》

生：苏轼虽然遭遇多次政治失意，但他一直都是林语堂先生口中"无可救药的乐天派"，再联系我们学过的苏轼作品，我认为这里的"人生如梦"未必是消极的体现，而是一种经历过生死大事之后的看淡与和解，明白"求而不得才是常态"，明白"人生不如意事十有八九"，是经历大风大浪之后的"看透"，是品尝辛酸苦辣之后的"正视"——人生如梦如幻一般，不必计较一时得失，不必纠结于官场进退，从容处之即可，谈不上消极和悲观。

[点拨启悟] 苏轼将自己与周瑜进行对比，这落差是极大的，更增添了他壮志未酬的失落，所以有短暂的消沉之意是难免的。但是，苏轼毕竟是苏轼，他特别想得开，特别豁达。生命何其短暂，何必计较荣辱得失、悲欢离合呢？唯有这江月是永恒的！既然人生如梦，稍纵即逝，那么我便借江月来宽慰超脱自己。东坡的过人之处就在于他能将儒、释、道三家思想（儒家入世，佛家超世，道家避世）圆融起来，以佛修心，以道养生，以儒治世，并将其三者作为理想信仰的有力支撑。他能灵活根据生活境遇的不同，来选择不同的思想武器，如在任职时期以儒家思想为主，"达则

233

兼济天下"；而贬谪时期又以佛老思想为主。苏东坡就是这样一个奇人，能在黑暗的人生中活出光明，能在绝望之境播种希望！

[明确] 文学评论家林语堂先生认为，《念奴娇·赤壁怀古》之所以在宋词中名列前茅，是因为其对于历史和人生的哲理性思想提高了这首词的思想境界和艺术水平。《念奴娇·赤壁怀古》之所以历久弥新，给人以无穷力量，就在于它勾连古今，借助时间观和历史观将词作推向更为宏大阔远之境界，由此传达出关于人生的哲理性思辨——以洒脱悠然的心态看待人生的得失，在人生路上就能多一分淡定和气定神闲。美国作家海明威曾说："一个人并不是生来就要给打败的，你尽可以消灭他，却不能打败他。"苏东坡就是这样一个永远不会被打败的人，是蒸不烂，煮不熟，锤不扁，炒不爆，响当当的一粒铜豌豆。

六、作业设计

评论家韦勒克和沃伦在《文学理论》中指出："与其说文学作品体现作家的实际生活，不如说它体现作家的'梦'；或者说可以算是隐藏着作家真实面目的'面具'和'反自我'。"那么，透过《念奴娇·赤壁怀古》这一文学的"面具"，我们可以发现苏轼怎样的"自我"呢？请你结合苏轼黄州时期的作品，写一段"东坡的自白"。

七、板书设计

26. 以心抗世，以笔唤天的至情之语

——《声声慢》教学课例

【前置任务设计】

1. 自主阅读李清照写"愁"的词作：《点绛唇》《一剪梅》《醉花阴》《武陵春》。

2. 查阅李清照相关资料，知人论世，体悟她人生前后期的际遇以及由此引起的词作风格的变化，并制作"李清照大事年表"。

3. 唐代诗人王昌龄提出"诗歌三境"的美学观念，他认为诗歌的审美层级可分为"物境""情境""意境"。其中，"物境"侧重客观景物或境遇，是具体直观的形象；"情境"侧重"娱乐愁怨"，即人的喜怒哀乐；"意境"侧重读者结合自己的境遇进行诗歌意境的"破译"。请同学们在熟读本词的基础上，感悟"三境"。

目之所触之景（物境）	心之所感（情境）	审美意趣（意境）

【教学过程】

一、情境导入

请同学们根据以下特征描述判断该词人是谁。

　　她是独创一格的，她是独立于一群词人之中的。她不受别的词人的什么影响，别的词人也似乎受不到她的什么影响。她是太高绝一时了，庸才的作家是绝不能追得上的。

——郑振铎

　　她偏偏是以心抗世，以笔唤天。她凭着极高的艺术天赋，将这漫天愁绪又抽丝剥茧般地进行了细细的纺织，化愁为美。

——梁衡

　　婉约词中抒写女性愁苦的佳作甚多，但写得如此生动、如此深刻的作品相当罕见。

——莫砺锋

在中国词坛，有这样一位奇女子，她天真烂漫，浅唱"争渡争渡，惊起一滩鸥鹭"，她哀婉惆怅，低吟"此情无计可消除，才下眉头，却上心头"，她也有巾帼不让须眉的铮铮铁骨，大声呐喊"生当作人杰，死亦为鬼雄"，她是谁？她就是婉约派的一代词宗李清照。著名散文家梁衡曾评价李清照为"乱世中的美神"，"乱世"如何乱，"美神"何以美？这一首《声声慢》会告诉我们答案。

二、诗歌阅读的一般路径

关注文学四要素与诗歌内容的对应，从四个维度深度理解诗歌。

文学四要素	世界	作者	文本	读者
诗歌内容	意象之象	意象之意 韵律之韵	韵律之律	联想与想象

三、学习活动一：读韵寻眼，体会匠心

美学大师朱光潜曾说："一切纯文学都要有诗的特质。……诗比别类文学较谨严、较纯粹、较精致。"中国古典诗歌，尤其注重音韵和谐，用字凝练，情感蕴藉深厚。如何从诗歌表面走向诗歌内核，如何从感知语言特点走向体悟深层意蕴，首先一定要不厌其烦地朗读，在读中品，在读中悟。现在，请同学们自由朗读本词，通过找出"韵律之律"，体会词人"韵律之韵"，即用韵之匠心。

[点拨启悟]《声声慢》押韵格律为入声韵："戚、息、急、识、摘、黑、滴"，请大家试着开口读一读，并分析以上韵母有何特点。

[明确] 入声韵开口皆较小，发音时声音短促且低沉，吟诵时会有间隔、顿挫，仿佛内心千言万语却难以一吐为快，有一种欲说还休之感。

[点拨启悟] 不仅如此，《声声慢》一词共97字，其中舌音有16字，齿音有41字，齿音占据全词半壁江山。齿音因其以舌尖顶住上门发声，其声短而急促，更显凄清。李清照这样处理音韵的用意是什么？

[明确] 押韵格律为入声韵，朗读时声音便会偏低沉、凄凉、哀怨，更能进入词人"愁"的情境深处，切身体会李清照的愁情；多用齿音，有欲言又止之感，便于词人将自己难以言说的悲哀，都寄托在这难发的凄清的齿音中。

师："读书切戒在慌忙，涵泳工夫兴味长"，请同学们再次朗读，加深理解音韵与意蕴之间的关系。

四、学习活动二：斟酌字句，含英咀华

[朗读品味] 在朗读的过程中，大家也关注到了词开头的叠字现象。"寻寻觅觅，冷冷清清，凄凄惨惨戚戚"这七组叠字历来被盛赞，称其

"超然笔墨蹊径之外",冯金伯赞其为"大珠小珠落玉盘",沈谦自称和遍唐宋词三百阕,唯独不敢和《声声慢》,张端义称其为"公孙大娘舞剑手"。请同学们反复诵读这一句,体会叠字中包孕的情感及其递进层次。

[点拨启悟]"寻寻觅觅,冷冷清清,凄凄惨惨戚戚"这七组叠字可以任意调换位置吗?

生$_1$:不可调换,若随意调换顺序会影响本词的平仄,而平仄正造就了本词抑扬顿挫的音律之美。清代学者顾炎武说:"平声轻迟,上去入之声重疾。"江永亦在《音学辨微》中说:"平声音长,仄声音短;平声音空,仄声音实;平声如击钟鼓,仄声如击木石。"由此可知,平声徐缓,仄声重疾。仄声像击打在木石之上,无回响,无余韵,有顿促之感,戛然而止。再观本词开篇十四个叠字的平仄,依次为:平平仄仄,仄仄平平,平平仄仄仄仄。"寻寻"为平声,"觅觅"为仄声,"冷冷"为仄声,"清清"为平声,"凄凄"为平声,"惨惨"为仄声,"戚戚"为仄声,这一组叠字的平仄交错便形成了徐缓重疾的变化,极富音律之美。

生$_2$:不可,叠字顺序安排有其内在情理逻辑。"寻寻觅觅"是动作描写,为何"寻觅"?因为丢失才会有意寻觅,词人想将失去的一切都找寻回来,因而表现得空虚怅惘、怅然若失,而寻觅的结果是什么?是"冷冷清清",一无所获。此刻家中无人,词人只身度日,此时的"冷清"不仅指的是环境的凄清,更是指向心境的凄凉。而"凄凄惨惨戚戚"则是在环境确认之后进而对内心情感的一次确认,直言生活痛苦,愁苦悲戚,凄厉异常,顿挫凄绝。这里的惨痛,是由内而外的,我是由弱转强的。"那种茕独凄惶的景况,非本人不能领略,所以一字一泪,都是咬着牙根咽下。"(梁启超)于是,千言万语化为一句——"这次第,怎一个愁字了得!"

[明确]分析得透辟!开篇十四个叠字,不仅是音乐的语言,更是生命的吟唱。而"愁"即为本词"词眼"。何为"愁"?宋代吴文英有言:"何处合成愁?离人心上秋。"众所周知,"愁"是非常抽象、难以描述的一种情感。词学家唐圭璋先生选释的《唐宋词简释》这样评价《声声慢》:"自庾信以来,诗人写愁,多半极言其多。这里却化多为少,只说自己思

绪纷茫复杂，仅用一个'愁'字如何包括得尽，而词中句句皆现愁。"《声声慢》是如何"句句皆现愁"呢？

生：以意象造境，词人无法量化的抽象之"愁"皆通过具象之物形象地表现出来了。

五、学习活动三：捕捉意象，体境悟情

清人袁枚有言："凡作诗，写景易，言情难，何也？景从外来，目之所触，留心便得；情从心出，非有一种芬芳悱恻之怀，便不能哀感顽艳。"故，要读懂诗词，必须捕捉"意象之象"，体境悟情。明代诗论家谢榛在《四溟诗话》中亦有言："景乃诗之媒。"古人亦曾总结："诗是无形画。"诗歌在选择、组合客观物象以及物象所组合成的"景"的基础之上，外化词人的主观情感，从而实现"情""景"的交织、"我""物"的交融。

现在，请大家自由朗读本词，在完成前置作业（感悟"三境"）的基础上，揣摩词人因外物触发的内心波澜，捕捉"意象之象"，并且说说该意象是如何体现"意象之意"（即"愁情"）的。

生$_1$：我捕捉到"淡酒"这一意象，它历来就是苦闷的意象。曹操诗中的"对酒当歌，人生几何"，李白诗中的"呼儿将出换美酒，与尔同销万古愁"，范仲淹诗中的"酒入愁肠，化作相思泪"，等等。

[**点拨启悟**]注意，这里的酒为"淡酒"，若要以酒浇愁，"烈酒"岂不更合适？

[**明确**]此处的酒"淡"应与愁"浓"相对，不是酒太"淡"，而是"愁"太浓。再"烈"的酒，也浇不熄词人心中浓厚的"愁苦"。且此处是"三杯两盏淡酒"，确实抵御不了晚来急风之寒（身体之寒），更无法消解内心之寒。

生$_2$：我捕捉到"雁"这一意象。"雁过也，正伤心，却是旧时相识"，大雁与李清照是"旧相识"，古人又有"雁字传情"的传统，如"云中谁寄锦书来？雁字回时，月满西楼"。故，我大胆猜想，李清照应是触景伤情，想到过往与丈夫赵明诚以书信寄情的甜蜜时光已然不复，不禁黯然神伤。还有一种可能，过雁也是和她一样由北方来到南方，可唯一不同的是，大雁能够按照季节的变迁南来北往，词人却漂泊困顿不得归。

生₃：我捕捉到"黄花"这一意象。这一句不仅写"黄花"，还写"满地堆积"，说明黄花已凋谢落地，且有一定数量，才会用"堆积"，说明这是一场铺天盖地的凋零，更衬"愁"绪。

[点拨启悟] "憔悴损"是形容满地黄花还是词人？

[明确] 应是"借花喻人"。"如今有谁堪摘"，言下之意即现如今已无心赏花，更无心摘花，《醉花阴》也提及"黄花"："莫道不销魂，帘卷西风，人比黄花瘦。"黄花枯萎凋零，象征着女子容颜渐衰，此时的李清照，容颜不再，年岁已老，"暮去朝来颜色故"，再也没有"东篱把酒黄昏后，有暗香盈袖"的雅致了，愁绪笼罩了她所有生活。

生₄：我捕捉到"梧桐"这一意象。梧桐喻示悲秋情绪，且更兼蒙蒙细雨，"到黄昏，点点滴滴"，此雨不是下得痛痛快快，而是淅淅沥沥，断断续续，持续许久的。由此可想见梧桐叶落，加之秋雨瑟瑟，便觉丝丝凉意入骨。

[明确] 李白诗中的"人烟寒橘柚，秋色老梧桐"，李煜诗中的"寂寞梧桐，深院锁清秋"，温庭筠词中的"梧桐树，三更雨，不道离情正苦"……皆可见梧桐历来就是牵愁惹恨之物，再加上此时淅沥的秋雨，愁上加愁。这雨不仅滴在耳畔，更打在了李清照的心头之上。

师："景无情不发，情无景不生"。诗词源于情动，本词借酒消愁，雁过生愁，黄花引愁，晚风惹愁，梧桐秋雨生愁，用意象叠加愁情，使得处处是愁，事事含愁，愁上加愁，"句句皆现愁"。李清照到底愁为哪般呢？

六、学习活动四：知人论世，以意逆志

[对比阅读] 李清照前期词作代表《醉花阴》和后期词作代表《声声慢》都提及了"愁"，试问，这两种"愁情"程度、成因、范围一样吗？

生：《醉花阴》之"愁"更浅、更淡、更轻，是女子独守空闺、百无聊赖之愁，是思念夫君、闲来无事之愁，甚至可以是"为赋新词强说愁"；

26. 以心抗世，以笔唤天的至情之语
——《声声慢》教学课例

对比之下，《声声慢》之"愁"明显更深、更浓、更重。

[**思考探究**] 为何会有这样的差异呢？韦勒克、沃伦在《文学理论》中说："一部文学作品最明显的起因，就是它的创造者，即作者。"因此，我们应先从作品了解作家，再从作家走向作品。现在请大家拿出前置作业——"李清照大事年表"，进行讨论分析。

[**展示人物资料卡片**] "李清照大事年表"

1084 年：出生于一个官宦人家，家境殷实，父母能诗能文。

1101—1126 年：与门当户对的翩翩君子太学士赵明诚结婚，婚后两人情趣相投，琴瑟和鸣，感情笃厚。(《金石录后序》这样描述婚后生活："每饭罢，坐归来堂，烹茶，指堆积书史，言某事在某书某卷第几页第几行，以中否角胜负，为饮茶先后。中即举杯大笑，至茶倾覆怀中，反不得饮而起。"足见其与赵明诚恩爱相当，婚姻生活美满幸福。)

1127 年：生逢国变，金灭北宋。

1129 年：赵明诚只身赴任，染病过世，终年 49 岁。李清照行无定所，身心交瘁，带着沉重的书籍文物开始逃难。南侵的金兵将其两万卷书籍、两千卷金石拓片焚毁抢掠，后贼人又盗走她随身带着的五大箱文物。(同时期作品《添字丑奴儿》："伤心枕上三更雨，点滴霖霪。点滴霖霪，愁损北人，不惯起来听。")

1132 年：遇人不淑，与张汝舟对簿公堂，再婚再离。她在给友人的信中说："猥以桑榆之晚景，配兹驵侩之下材。"这场官司的结果是张汝舟被发配到柳州，李清照也随之入狱。

1134 年：金人再度南侵，赵构又弃都再逃。李清照颠沛流亡至金华。(同时期作品《武陵春》："只恐双溪舴艋舟，载不动许多愁。")

约 1155 年：没有子嗣，孑然一身离开人世。

[明确]

"感人心者,莫先乎情"。李清照后期词作中的"愁"更浓,更深,更重,难以消解,难以平息,原因在于"愁"的成分更为复杂,此时的"愁"已不再是单纯的思念夫君、闲来无事之愁,已不是家愁、情愁,而是"黍离之愁",生逢国变之愁、家破人亡之愁、被迫南渡之愁、颠沛流离之愁,是辛弃疾"而今识尽愁滋味"的愁,是关乎国家民族命运前途的深愁。这次第,怎一个"愁"字了得啊!

"她以平民之身,思公卿之责,念国家大事;以女人之身,求人格平等,爱情之尊。无论对待政事、学业还是爱情、婚姻,她决不随波,决不凑合。"梁衡之评价,可谓一语中的。作为一个女人,李清照何其不幸;作为一个词人,她又何其伟大!

让我们再次朗读《声声慢》,再次体味一代词宗李清照"以心抗世,以笔唤天"的"愁词"。

七、作业设计

李煜现存的三十多首词作中,有三分之二的作品都在倾诉"恨"与"愁"。请你选择其中一首,以文学四要素予以观照,说说他是如何写"恨"与"愁"的?

八、板书设计

声声慢

淡酒、过雁、黄花、梧桐、雨…… —— 意象之象

生逢国变、家破人亡、被迫南渡、颠沛流离之愁…… —— 意象之意

入声韵:戚、息、急、识、摘、黑、滴…… —— 韵律之韵

寻寻觅觅,冷冷清清,凄凄惨惨戚戚。 —— 韵律之律

27. 置身自然之景，细品心灵之秋

——《故都的秋》教学课例

【前置任务设计】

1. 三毛曾说："岁月极美，在于它必然的流逝，春花、秋月、夏日、冬雪。"如今，秋日已至。在诸生眼中，秋天或是收获满满的季节，又或是万物凋零的季节。用心迎接每一个季节，是对岁月最深情的款待，请大家利用课余时间，用图片或者文字采撷自己眼中秋天最美的景色，在课上与大家分享。

2. 阅读老舍《济南的冬天》和郁达夫《江南的冬景》。

【教学过程】

一、情境导入

大家展示的秋景各有特点，各有韵味。有的同学关注到了秋果秋实，着眼的是秋日带来的丰收；有的同学则对秋日特有的萧瑟之感感触颇深。中国著名文人郁达夫亦在《故都的秋》这篇散文中谈及了自己念念不忘的、独特的"故都之秋"。

何为散文？散文是自叙性文体，最大的特点即散文是对自我的叙述，以独抒性灵为要。在散文里，"作者"这一要素凸显在其他文学要素之前，所以，散文阅读，便是直接聆听作者的心声，就是与作者的直接对话。郁达夫认为"文学作品，都是作家的自叙传"，在他的40余部小说作品中，大多数作品都是根据自身的身世和人生经历来创作的。今天，我们就一同走进《故都的秋》，与郁达夫来一场跨越时空的对话，聆听他的心声。

二、学习活动一：造景写心，以情驭景

钱锺书先生说："风景即心境。每一片风景都有作者浓厚的感情色彩，而每一片风景背后的每一个'我'都是独特的生命和审美存在。"故都的秋，是极具郁达夫个人审美趣味的独特的秋。请大家讨论，郁达夫笔下之秋有何独特之处，体现在哪里。

生：故都的秋的独特之处是"清、静、悲凉"，与江南之秋截然不同。

师：要写故都的秋，为什么不写陶然亭、钓鱼台、西山、玉泉、潭柘寺等著名景点，反而写极其日常，甚至不起眼的生活场景？

生：这些地方过于"出名"，过于"热闹"，不适合体现"清、静、悲凉"，实在不适合品故都秋味，赏故都秋色，领略故都秋意。

师：故而选择一处寻常人家，自己设置场地，造景写心。那么写了哪些景？这些景又有什么特点？有没有反常、奇怪的地方？例如，"租一椽破屋"，为何特别强调是"租"？为何一定是"破屋"，不是"新屋"？为何用数量词"一椽"，而不是"一间"？

生：或许自己只是这座城市的过客，不会久留，只是暂居，故而"租"。"破屋"更有"悲凉"之意，在"破屋"中感受秋味更适宜。且1934年军阀割据，北平沦陷，"破屋"也更契合当时的心境，有一种苍凉、破败之感。至于为什么用数量词"一椽"不是很理解。

师："椽"的本义是一条椽子，亦可借指一间小屋。说明屋不大，是只有方寸大小的"斗室败屋"，逼仄、拥挤、狭小，更有沧桑感。"在北平即使不出门去吧，就是在皇城人海之中，租人家一椽破屋来住着"，此处"即使""就是"，大家怎么理解？

生：意思应是随意在北平一处租一椽小破屋，也已经能够感受到十分

27. 置身自然之景，细品心灵之秋
——《故都的秋》教学课例

的故都秋意了，在北平，不必特意去寻这种秋意，处处都有浓郁的秋意。后文"自然而然地也能够感觉到十分的秋意"一句亦能相互印证。

[点拨启悟] 高度的个人化是散文教学要点和难点。散文阅读，重在体味精准的独具个人特色的语言表达，体认作者的独特的情感认知、人生感悟。所以我们在阅读过程中，要多问自己这样几个问题：为什么这样写？一定要这样写吗？非这样写的理由是什么？背后是否有什么特殊的情感考量？现在轮到大家发问了。

生：为何天色是碧绿的？这是有悖常理的，天色应是淡蓝色的。

[明确] 为了更极致地饱尝悲凉之味，郁达夫刻意营造孤寂、清冷的氛围，若非如此，难以入境、入情、入心。"碧绿"天色更像是一种个人感觉的"变形"，以迎合奇异、苍凉的审美趣味。

生：为何郁达夫认为牵牛花"以蓝色或白色者为佳，紫黑色次之，淡红色最下"，只是单纯的个人喜好吗？

[点拨启悟] 蓝白与紫黑、淡红相比，色调更清冷，由此可看出郁达夫不喜鲜艳，彰显了文人偏爱"淡雅"的审美品位。但仅仅是如此吗？

生：应该与郁达夫当时的心境也有关，情绪不佳，故而不喜亮色。

生：为何"最好，还要在牵牛花底，叫长着几根疏疏落落的尖细且长的秋草，使作陪衬"？"叫长着"是什么意思？原本没有吗？为什么不写郁郁葱葱、生机盎然的秋草，而要写"疏疏落落"的秋草？且牵牛花已淡雅至极了，一定还得配上疏疏落落的秋草吗？

[点拨启悟] "最好""叫长着"这两个词很有灵魂，彰显了作者的主观态度——"悲凉"也是一种美！牵牛花的色彩虽已淡雅至极，但仍只是表面，而疏疏落落、尖细且长则是暗示内部生命的衰败，更为彻底。能够欣赏、赞美衰败之物，实是审美取向的进步，更是对世俗价值的超越和颠覆。

三、学习活动二：以我观物，缘景探情

台湾作家洛夫在《一朵午荷》中写道："兴衰无非都是生命过程中的

一部分。"请你阅读郁达夫《故都的秋》和老舍《济南的冬天》，观察他们的描写，完成下列表格。

	郁达夫《故都的秋》	老舍《济南的冬天》
景物兴衰	一椽破屋、一丝丝漏下来的日光、破壁腰中蓝白色牵牛花、疏疏落落的尖细且长的秋草、秋槐落蕊、秋蝉秋声、秋果……	青黑矮松、绿萍上冒着点热气的河水、绿藻、蓝水晶似的天、红屋顶、黄草山……
色彩明暗	逃避鲜艳，几乎都是冷色调。	色彩明亮鲜艳，活泼，清新，明静，开朗。
审美趣味	对破败、苦涩、衰落、冷色调之景情有独钟，向往和追求苍凉感、颓败感。"淡而雅"，超越世俗趣味。	多用温情的意象来描绘济南冬天温晴之景。

按理说，冬天会比秋天更有肃杀之气、萧条之感，可老舍笔下的冬天却还比郁达夫笔下的秋天来得色彩浓烈，生机盎然！这是为何？

生：在不同文人笔下，自然景色会呈现出不同的特点。比如秋天，在郁达夫笔下就是"清、静、悲凉"，可在毛主席的诗中却是"万类霜天竞自由"那样的积极昂扬，在诗豪刘禹锡笔下亦是"我言秋日胜春朝"般的豪迈不羁。

师：是什么造就了这种不同？

生：主观感情、审美取向、文学气质、人生态度等，都有可能。

[探究] 那我们就从这几个角度再进行深度解读。

	郁达夫《故都的秋》	老舍《济南的冬天》
主观感情	郁达夫是一个"零余者"，是一个他乡住久也如家的人。祖国意识强烈，是烈士，故都的感怀相对强烈。	单纯体现了作者对济南的冬天的喜爱之情，对济南这座城市的热爱之情。
审美取向	郁达夫"以悲为美"的审美趣味主要受本国传统士大夫悲秋情结、西方唯美主义、日本的物哀文学三者的影响。（日本留学经历，使郁达夫接触了日本物哀美学）	平民意识强烈，作品中有大量的风俗描写。

27. 置身自然之景，细品心灵之秋
——《故都的秋》教学课例

续表

	郁达夫《故都的秋》	老舍《济南的冬天》
文学气质	悲秋情结，忧郁感伤的情调，倾向文人的淡雅。（《北国的微音》："'凄切的孤单'，倒是我们人类从生到死味觉到的唯一的一道实味。"）	色彩浓烈，幽默风趣，俗白精致，雅俗共赏，本土本色，有"京味"是老舍作品语言的风格特色。
人生态度	个人与国家命运相联系。	表达自由和形式美好是老舍最基本的追求，被称为"人民艺术家"。
创作背景	1934年，北京被称为"北平"。晚清腐败，军阀割据，民国黑暗，日军侵犯。	本文是老舍1931年春天在济南齐鲁大学任教时写成的。
身世性格	三岁丧父，家道衰落，两度离婚，两次丧子。性格内向忧郁。	平易近人，幽默风趣，待人热情。

[明确] 通过上述对比，我们更清晰地看到，故都的"秋"，其实是郁达夫的人生之"秋"、心灵之"秋"、文学之"秋"，是表现了他主观感情、审美取向、文学气质和人生态度的"秋"。梁实秋曾说过："一个人的人格思想，在散文里绝无掩饰的可能，提起笔便把作者的整个性格纤毫毕现地表现出来。"是的，郁达夫的散文，是"自叙传"式的最坦诚、直白的"书写自我"。

四、学习活动三：以文吐情，窥见"真我"

[质疑思考] 课前，我们提供了郁达夫在1935年写作的《江南的冬景》一文，诸生阅毕，有何困惑？

生：我们认为郁达夫"前后不一"。理由如下：1934年他甘愿用"三分之二的寿命"去换故都之秋，一年之后的他却又将江南冬景描绘得如此楚楚动人、明朗可爱。相隔一年，他的心境竟发生了如此之大的转变吗？

[点拨启悟] 这个问题提得太棒了。到底哪一个才是真正的郁达夫？

[PPT投影展示] 两篇文章的创作背景

1919年，归国的郁达夫参加外交官与高等文官考试，名落孙山。

1923年，迫于生计，钟情文学的郁达夫出任北大统计学的讲师。

1926年，儿子患脑膜炎夭折。

1933年，郁达夫为躲避国民党的恐怖威胁，迁居杭州。

1934年，受时任《当代文学》主编约稿，写下《故都的秋》。

1935年，郁达夫于杭州创作《江南的冬景》。

[点拨启悟]结合当时的时代背景，我们会发现，这十多年，日本侵略者并没有停下他们的侵略，反而愈演愈烈，不断侵占中国领土，国民政府由北平迁至南京。我们再细读《江南的冬景》的末尾段落，"空言不如实践，这一种无聊的杂文，我也不再想写下去了"，前文两千余字，穷其文采描绘明朗可爱的江南冬景，此处竟以"无聊""我也不再想写下去了"草草结尾。该如何理解？

[明确]散文重在表现"我之心"，文中倾泻的隐秘情感是作者心力聚焦之处。江南冬景固然明朗可爱，可在1935年国家沦陷大背景之下，也仅仅是奢望罢了，可望不可即。郁达夫还是那个郁达夫，郁郁寡欢、悲伤低沉仍是他的底色，这两篇文章，看似相悖，实则相通。郁达夫将故都视为自己的失意之地、伤心之地、自省之地、精神故乡，他在特殊的时代，特殊的地点，找特殊的记忆，用特殊的话语体系，与花草对话，与自然共情，这又何尝不是在特殊时代背景下消弭孤独不安、压抑痛苦的一个最佳宣泄方式呢？

五、学习活动四："颓废"是另一种积极入世

[探究]郁达夫曾在《〈鸡肋集〉题辞》中说："一般人对我的态度改变了……就说我是一个颓废者，一个专唱靡靡之音的秋虫。"在座的各位定然不是一般人，应有更为深邃的洞见，你认为郁达夫是一个怎么样的人？

27. 置身自然之景，细品心灵之秋
——《故都的秋》教学课例

生₁：我认为郁达夫并非是一般意义上的"潦倒颓废"之人，他的"颓废"或许是一种无声反抗，或许是一种变相的入世……

生₂：我认为他表现出来的颓废可能是他的保护色，在这风雨飘摇的社会求得心灵自由和一夕安寝！

[点拨启悟]大家说的都有道理！我们来听听郁达夫自己怎么说。

> 在万籁俱寂的瞬间，在天水相映的地方，他看看草木虫鱼，看看白云碧落，便觉得自家是一个孤高傲世的贤人，一个超然独立的隐者。
>
> ——郁达夫《沉沦》

显然，他并不认可"颓废"的评价，他更认为自己是孤高傲世的贤人，一个超然独立的隐者。此处的孤高傲世颇有李白之风，而超然独立颇有陶潜之风。

> 不但"兼济天下"与"独善其身"经常是后世士大夫的互补人生路途，而且悲歌慷慨与愤世嫉俗，"身在江湖"而"心存魏阙"，也成为中国历代知识分子的常规心理以及其艺术信念。
>
> ——李泽厚《美的历程》

郁达夫或许就属于后一类人，看起来玩世不羁、消极颓废，宁可孤芳自赏也不愿虚与委蛇。与他相似的，有"放诞"的嵇康，有"猖狂"的阮籍，有"颓唐"的王维……他并不孤单。

生：郁达夫在《故都的秋》一文中自命"颓废"，看似颓废、守残，实则沉郁、愤懑，意有所指，他承受了那么多美丽的"误会"，我们应该替他"澄清"！

师：说得好！若说他颓废，为何在面对民族危亡之际英勇就义、殉身不恤？"颓废的审美趣味"为表，"不屈的民族气节"为里。审美趣味尽可

249

不同，可深爱祖国的赤子之心却是天地日月可证的！

[**结语**] 朱良志说："中国美学强调返归内心，融自我和万物为一体，从而让人获得灵魂的适意，这是一种生命安顿之学。"郁达夫在故都的秋意中安放了一生的颠沛流离、失意困顿，希望在座诸位都能找到那片独属于你的，能够安放身心、滋养心灵的美丽风景。

六、作业设计

"闲话风"为何会成为 20 世纪二三十年代文人创作散文的主导话语方式？请你以使用"闲话风"的一篇散文为例展开分析。

七、板书设计

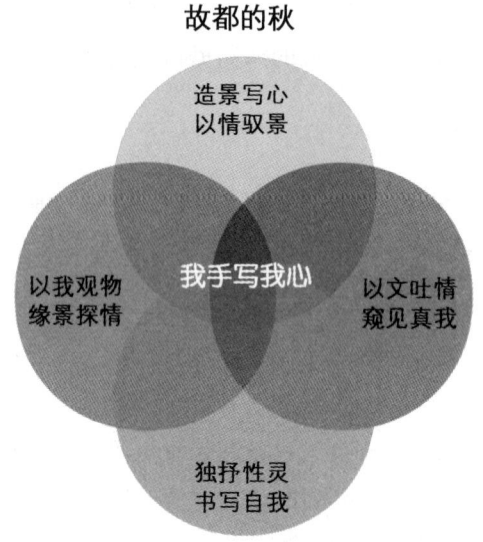

28. 泰山顶峰的精神突围

——《登泰山记》教学课例

【前置任务设计】

1. 制作文言重要词汇积累的知识小卡片。
2. 请根据文本内容，绘制寒假登泰山的路线图并写好解说词。

【教学过程】

一、情境导入

美国作家海明威曾在其作品《午后之死》中说："冰山运动之雄伟壮观，是因为它只有八分之一露出水面。"一部作品便是一座冰山，作品中的文字和形象是露出水面的八分之一，而作品中的情感和思想则是隐藏在冰山之下的八分之七。

《登泰山记》是清代桐城派姚鼐的一篇山水游记，登山之旅是"露出水面的八分之一"，隐藏在登山之旅背后的情志思想才是我们这节课要探寻的"隐藏于冰山之下的八分之七"的部分。

二、学习活动一：言说泰山激趣佳，品中国文化重要符号

郭沫若说："泰山应该说是中国文化史的一个局部缩影。"泰山为五岳

之尊，是中国古代重要的文化符号，登临赋诗者众多。

清乾隆四十年正月，姚鼐撰写了一篇经典之作——《登泰山记》，带我们进入了另一种人生境界，一种在地志知识与自然美景中流连、徜徉的人生境界。

三、学习活动二：比较观照细参悟，析姚鼐的辞官之由

从姚鼐做客泰安期间他的好友泰安知府朱孝纯所作诗文可探察姚鼐当时的微妙心思。二人登山游览，于临别之际，朱孝纯作《甲午残腊姚姬传乞假归过泰安即送其旋里三首》，其一曰："忽忽辞轩冕，而来数别离。孤怀成独往，老泪洒临岐。我有追随想，斯人未许知。寸心如不隔，明月以为期。"（《海愚诗钞》卷五）"辞轩冕"说明姚鼐登泰山之时已然辞官。

[探究] 姚鼐为何辞官？

我们现在见到的说法多是：乾隆三十九年秋《四库全书》初稿完成，姚鼐以自己病羸、双亲高龄需奉养为由致仕。

这个说法是否成立呢？请认真阅读材料，并作分析。

乾隆三十八年，清廷开四库全书馆，姚鼐被荐入馆充纂修官。总纂官为政坛文坛双宿将纪晓岚。

乾隆三十九年，《四库全书》完成，姚鼐"以病羸""养双亲"为由上书致仕，大学士于敏中、梁国治先后动之以高官厚禄，均被坚辞。后姚鼐补述辞官原因："被疾还江南""余病归""鼐以疾归""鼐以疾还""鼐以病归"（《惜抱轩诗文集》）。

乾隆三十九年十二月除夕，登上泰山。随后游灵岩，盘桓数日，作《游灵岩记》。

乾隆四十年元月，游完灵岩，返回京师，处理完公私事务，数月后南归故里。

乾隆四十一年，离开故乡安徽桐城，前往江苏扬州主持梅花书院。

28. 泰山顶峰的精神突围
——《登泰山记》教学课例

[点拨启悟] 种种表现说明他不是因病辞职，也不是为奉养双亲而辞职。那么他辞职的原因是什么呢？

1. 纂修（《四库全书》）者竞尚新奇，厌薄宋元以来儒者，以为空疏，掊击讪笑之，不遗余力。先生（姚鼐）往复辩论，诸公虽无以难，而莫能助也。将归，大兴翁覃溪（翁方纲）学士为叙送之，亦知先生不再出矣，临行乞言，先生曰：诸君皆欲读人未见之书，某则愿读人所常见书耳。（姚莹《惜抱先生行状》）

2. 《岁除日与子颖登日观观日出作歌》："孤臣羁迹自叹息，中原有路归无时。"《赠钱鲁思》一诗中写道："门户难留百年盛，文章要使千秋垂。"

[明确] 遭遇学术打击与官场坎坷之后的姚鼐对现实不满，加之对桐城派文学旗帜的担当勇气，促使他下决心辞去官职，专心学术。

四、学习活动三：聚焦"反常"方知志，探姚鼐的登山之志

登临山水的性情中人，往往喜将个人情志外露，而姚鼐的文章似乎更愿意隐藏自己，只是兴致勃勃地写景，没有涉及多少人事。姚鼐隐去了怎样的自己？

[探究] 说文解字：何为"志"？心之所向，即为"志"。这个"志"，必然是隐秘的、不对外宣告的。仔细阅读课文，我们可以从哪些蛛丝马迹中看到姚鼐的情感？姚鼐此番登泰山的目的何在？感悟又是什么？

反常合道，无理而妙——关注文本反常处

[反常处一] 关注姚鼐登山的特殊时间节点

[明确] 关注姚鼐登顶看日出的时间，"戊申晦，五鼓"待日出，"晦"是文言文中一个辨识度较高的词，即农历每月的最后一天。"五鼓"一词也是属于文化常识的范畴，即从黄昏到拂晓五更中的第五更，相当于凌晨四点四十八分。根据上文中的干支纪日，我们可以进一步清晰地知道，姚

鼐是在乾隆三十九年大年三十的前一天登顶泰山，年三十晚上是阖家团聚、和乐守岁之时，姚鼐却偏偏在这寒冬腊月、辞旧迎新之时登顶泰山看日出。

[反常处二] 关注姚鼐登山的特殊路线

[明确]"自京师乘风雪，历齐河、长清，穿泰山西北谷，越长城之限，至于泰安"，他不畏路途艰辛；"古时登山，循东谷入"，但他"道少半，越中岭，复循西谷，遂至其巅"，他不怕走"异路"，不取"古人登山"常走的路线。

[探究] 未曾言说，心迹已明：以上两处反常，皆与其内心情志相关。本文非普通游记，而是言志之作。姚鼐借登泰山，为言何志？

[点拨启悟] 姚鼐和老师刘大櫆师生情谊极为深厚，刘大櫆在《朱子颖诗集序》中提及姚鼐的《登泰山记》：乙未之春，姬传以壮年自刑部告归田里，道过泰安，与子颖同上泰山，登日观，慨然想见隐君子之高风，其幽怀远韵与子颖略相近云。

[明确]

这是一次心灵之旅，告别之旅，迎新之旅。

姚鼐的泰山之游，与其辞官归乡，同样具有卓然独立、不同流俗的意味，暗示着他身负乔岳，心怀光明，立身正直，超越世人与万物。登泰山的历程其实就是姚鼐面对不公正人生的选择历程的写照，他不走常人之路，不怕从头再来，不怕另起炉灶，敢于舍弃已有的"坛坛罐罐"，正因如此，他看到了"苍山负雪，明烛天南"的夕阳壮丽，看到了"正赤如丹，下有红光，动摇承之"的朝日磅礴。经历了泰安之行的精神涤荡和心志磨砺，第二年春天返京之后，姚鼐就与四库馆同僚道别，举家南归。此后，他以"隐君子之高风"，开启了持续后半生整整四十年的著书、授徒、讲学的生涯。据说姚鼐辞官回家时，一路春风，犹如得道神仙一样悠然自在。

毫无疑问，这一崭新的年华和崭新的人生，必将充满着艰难险阻，坎坷不平。但这是姚鼐自觉自愿选择的人生，也是他自娱自乐享受的人生，这位"不甘流俗"的高官弃官不做,从而成就了伟大的"文学人格",创造了"桐城派"长久的"文学精神"。纵有坎坷,也甘之如饴。

[补充拓展] 引用名家评价揭示《登泰山记》的内蕴。周中明先生在《姚鼐研究》中写道:"最耐人寻味的是他的《登泰山记》。人们往往只把它看作优美的山水游记……此文不只是'写出泰山的雄伟壮丽',更重要的是写出作《登泰山记》的主人姚鼐摆脱官场羁绊、回归大自然、获得个性自由的欢悦性情。""其在对景物绘声绘色的描写之中,实寄寓着作者辞官之后的万千感慨。其中既有摆脱官场羁绊,回归大自然之后的愉悦之情;又有以对大自然如诗如画般美景的热烈歌颂,来反衬其对官场丑恶的愤绝和鄙弃……可见寓有'隐君子之高风'和'幽怀远韵',才是《登泰山记》的真正内涵和底蕴。"

五、学习活动四:涵泳工夫兴味长,丰赡雅洁,极简近诗

探胸中波澜,品笔下平淡。做出辞官此等重大决定,再加上岁末辞旧迎新之际,且大雪封山,路途艰险,历尽千辛万苦终于登上千古名山,以常理度之,姚鼐定不是心如止水,然而,《登泰山记》却无一语直接表达内心惊诧或震撼,异常淡定洒脱,为什么呢?

[路径一] 观照同期作品,推测其人心境。我们可结合姚鼐泰安之行同时期创作的其他作品,来推测姚鼐当时的心绪。

[路径二] 对读同题作品,凸显语言风格之异。阅读明清时期篇幅适中的描写泰山的作品,王世贞《游泰山记》、王世懋《东游记》、吕坤《日观解》、姚奎《游石屋记》、冯时可《泰山记》等,体会《登泰山记》独特风格。

[明确]

1. 桐城派美学风格的追求——与"雅洁"有关。

"雅洁"就是内容上的纯正与表达上的简洁。《登泰山记》文字简练干净、结构清晰通畅,内容上除了客观描写泰山风景之外,不做情绪上的渲染,端正、纯净,完美地表现了姚鼐散文创作的美学追求。

《登泰山记》用笔极简，寡淡惊人，凝练峭劲，真可谓"字不得减，乃知其密"。（《文心雕龙·熔裁》）

2. 游记文体探析——"据景写实"的学人游记。

游记包括游踪、景观、情感三大要素。根据三要素划分，历代游记分为诗人游记、哲人游记、才人游记、学人游记四种形态。诗人游记（如柳宗元的《永州八记》）和才人游记（如袁宏道《满井游记》）偏于景观的描写和情怀的抒发，而后者更加注重文采，有浓郁的个人色彩。哲人游记（如苏轼的《赤壁赋》）抒发情怀时，偏重倾吐主体在面对宇宙自然时所产生的哲理性的思索和感悟。学人游记与前三类游记的显著区别是它注重游踪的记述，在记述的过程中结合山脉水文等地理和历史因素的探寻、古迹文献的考证，对水光山色不太在意，游感大多一笔带过。姚鼐的《登泰山记》是"据景写实"的学人游记。

3. "浮览山川景物，以消其沉忧"——于山水抚慰中消解痛苦。

刻意冷峻地展示泰山之雄伟壮观，是借山水自然之美以消解心头之深沉隐痛。做出辞官的重大决定，源于他对个体身心自由的坚守。此外，姚鼐作为宋明理学的信徒和倡导者，自觉继承与弘扬理学家于天地自然中感悟理趣、实现道德自我完善的传统，刻意回避在文中表达激烈的感情，表现了淡定从容、圆融自足的心态，这正是他追求身心自由的含蓄表达。

4. 桐城派文学主张的——重"义理""考据""文章"的统一。

"义理"要求言之有物，有思想性；"考据"要求立论扎实，有说服力；"辞章"要求字通句顺，有艺术性。《登泰山记》所表达的"义理"，是一种理学家身心修养之感：从壮丽泰山中参悟自足感，从超越现实困境中获得淡定感，从寄情山水中收获自得其乐感，这也就是王达敏先生所云"清朗、空灵之境和浩然、超然襟怀"，正是这种内在的淡定感造就了此文冷峻、含蓄的外在表达方式。

六、妙笔生花写山水：美不自美，因人而彰

《永州八记》的作者柳宗元曾经在《邕州柳中丞作马退山茅亭记》中

指出:"夫美不自美,因人而彰。兰亭也,不遭右军,则清湍修竹,芜没于空山矣。是亭也,僻介闽岭,佳境罕到,不书所作,使盛迹郁湮,是贻林涧之愧。"山水之美,需要审美化的眼光才能彰显。你是仁者,你是智者,你也游山,你也玩水,在你行走四方之时,请试着发现你周边的山水之美,并用文字记录下来,要求:融入自己的情感、趣味、追求、思考。

七、板书设计

登泰山记

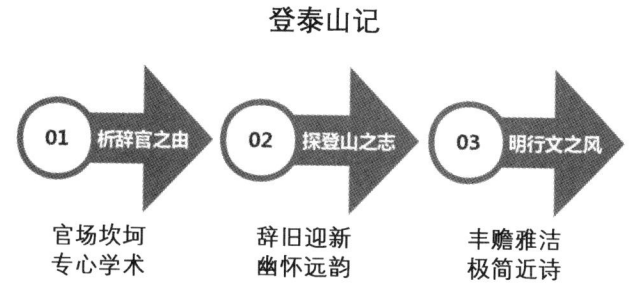

官场坎坷　　辞旧迎新　　丰赡雅洁
专心学术　　幽怀远韵　　极简近诗

29. 置身外交情境，领略游说艺术

——《烛之武退秦师》教学课例

【前置任务设计】

认真预习《烛之武退秦师》，完成下列学习活动。

1. 在"单元学习活动"中，提供了用文言知识卡片积累一词多义的学习方法，请同学们运用该方法积累课文里出现的重要文言字词。

一词多义		
文言虚词卡片		之
^	义项1：	(1) 公从之。(2) 阙秦以利晋，唯君图之。
^	义项2：	(1) 臣之壮也，犹不如人。(2) 行李之往来，共其乏困，君亦无所害。
^	义项3：	(1) 夫晋，何厌之有？(2) 孔子云：何陋之有？
^	义项4：	(1) 微夫人之力不及此。(2) 是寡人之过也。
^	义项5：	(1) 项伯乃夜驰之沛公军。(2) 吾欲之南海，何如？
^		……

2. 烛之武作为郑国派出的"外交官"，是如何"劝退"秦师的？请你认真品读《烛之武退秦师》第3段，循其"事"而究其"理"，一探究竟。（查找"春秋列国"形势图，分析烛之武"退"秦师时的局势，完成以下

表格）

课文片段（事）	说理策略（理）	小组评价	教师评价	综合总评

注：评价等级分五级：一级 A$^+$，为优异；二级 A，为优良；三级 B，为中等；四级 C，为合格；五级 D，为不合格。

【教学过程】

一、情境创设构想：溯历史真相，养理性精神

英国哲学家奥斯汀将言语行为分为以言指事、以言行事、以言成事，传意的最高境界即一席话既指事，又行事，还成事。烛之武退秦师，以一夫退一师，这是一场实力悬殊的博弈，也是一次看似不可能却最终实现的获胜，烛之武作为郑国"外交官"，是如何"以言成事"的？

"左氏之传，史之极也。文采若云月，高深若山海。"今日，我们就一同腾云驾雾，穿过历史云月，山川湖海，回到春秋时期秦晋围郑、烛之武夜缒而出的历史现场，寻得答案。

课前，我们布置了一项任务，即"依循其事，深究其理"。这节课，基于前置阅读经验和探究结果，一同深耕文本，揭开烛之武退秦师背后的奥秘。

二、学习活动一：穿过云月，回到历史现场

师：烛之武乃一介垂老之臣，作为郑国"外交官"前往游说秦穆公，竟凭一己之力、寥寥数语退敌军，究竟是怎么"退"的？若要将标题"烛之武退秦师"修改得更具体，你认为要加上哪一个字？请说明理由。

生：我认为可在"退"字之前加上"利"字。烛之武退秦师，关键在

"利"字。烛之武与秦穆公的对话共120余字,进行了三层分析:首先,作基于现实的审视性分析。亡郑于秦之未来大无益,既是无益,大费周章去做一件"无益""无利"之事,便是对国力的消损,且邻厚君薄,于己无利而有害。若"舍郑",反而有利,且此利不费吹灰之力便可得,何乐而不为?其次,作基于过去的反思性分析。晋君曾言而无信,出尔反尔,伤及秦利。虽秦晋向来交好,但这段历史确实是秦穆公心中永远的"痛",不得不引起秦穆公的警惕。最后,作基于未来的前瞻性分析。晋之贪得无厌,世皆有目共睹,"东封""西封"只是早晚的事,危及秦国领土亦是意料之中的事。最后以一句"若不阙秦,将焉取之",一语惊醒梦中人,彻底瓦解了秦晋之好。

[明确] 通过给标题"烛之武退秦师"增添一字,体察和把握烛之武退秦师的语言策略和言说智慧。这三层分析分别击中了秦穆公的"趣点""痛点""盲点",而触发这三点的便是"利"。从国家角度,对己"无利",便是"害",须再三斟酌。烛之武审时度势,先言"利"后陈"害",由"小害"扩至"大害",使得秦师速退,且心甘情愿派遣将士戍守郑国。这揭示了春秋战国时期诸国以利相合,因利而分的交往底层逻辑,加之烛之武将心比心,换位思考,自始至终站在秦穆公的视角筹谋全局,步步为营,其站位之准确,策略之得当,无不彰显其过人的言说智慧和高超的言说策略。

三、学习活动二:敢于质疑,剑指"礼仪为宗"

师:《左传》常用"礼也""非礼也"评价历史事件,体现了"礼义为宗""唯礼是从"的特点。晋文公认为攻打秦国"不知""不仁""不武",遂退兵,被古人赞为"有礼",且在《左传》中,人们常探讨"知礼""有礼""礼也""非礼"的界限,其论"礼"之处多达462处。于是有人认为烛之武退秦师成功的关键策略是以"礼"退,你将如何予以反驳?结合下列材料简要分析。

29. 置身外交情境，领略游说艺术
——《烛之武退秦师》教学课例

> 春秋社会是大致守礼、试图说理的社会，许多事情基本上还是由传统礼仪，而非由武力决定。
>
> ——何怀宏

> 晋文公谲而不正。
>
> ——孔子

> 天下之事以利而合者，亦必以利而离。……烛之武一言使秦穆背晋亲郑，弃强援、附弱国；弃旧恩、召新怨；弃成功、犯危难。非利害深中秦穆之心，讵能若是乎？
>
> ——吕祖谦《东莱左传博议》

生：我认为晋国以"不知""不仁""不武"为由黯然退兵，是基于"利害分析"、综合考量当下局势后的理性选择。"礼义"只是一块遮羞布，只是一个幌子，是晋国侵略、吞并他国的一个"伪正当理由"，怪不得孔子评价他"谲而不正"。反驳的理由如下：首先，"春秋无义战"，战争皆由"利害"起，在"利""害"面前，"礼义"具有虚伪性、欺骗性；其次，若"礼义"价值体系确有不可撼动性、绝对权威性，那么孔孟游说诸侯，竭力推行主张，为何屡屡受挫，未得采用？可见"礼义"在春秋战国时期只是一个被束之高阁的美好幻想。

[**明确**] 本文中"无礼于晋""贰于楚""尝为晋君赐矣""不仁"等均与"礼"有关，透过历史叙事，我们便可挖掘《左传》隐藏的价值观："礼"是礼崩乐坏的春秋战国时期，儒家所推崇的社会交往、国家外交的行动纲领。然而，理想很丰满，现实很骨感，这种主张并不被当时的统治者所采用。在"春秋无义战"的背景之下，"国家利益"依然是各国行事的出发点、兴趣点、落脚点，"礼义为宗"不过是理由正当的"遮羞布"。

四、学习活动三：改造文本，揭开说理面纱

[**点拨启悟**] 朱光潜先生告诉我们："在文学，无论阅读或写作，我们必须有一字不肯放松的谨严。"咬文嚼字，表面上像是在斟酌文字的分量，

实际上却是在调整思想和情感。烛之武以利弊言说，令秦穆公退兵，但虽有小弊，何足撼动秦晋之好？虽有微利，何足以让秦师退兵？老师将烛之武的说辞进行了部分改造，请同学们"咬文嚼字"，比较两种表达的言说效果差异。

改前版	改后版	效果差异
郑既知亡矣。	秦晋围郑，郑危矣。若郑亡，郑必将哀鸿遍野，生灵涂炭。	"既知亡"夸张变形，率先示弱，语气谦卑，避其锋芒，隐藏此番劝说目的。
若亡郑而有益于君，敢以烦执事。	若亡郑有益于君，亦已焉哉。	"敢以烦执事"诚惶诚恐，卑微诚恳，极大满足了强秦恃强凌弱、目空一切的心理；改后版连用三个语气词，过于强烈，易暴露真实目的。
焉用亡郑以陪邻？邻之厚，君之薄也。	焉用亡郑以陪晋？晋之厚，秦之薄也。	将"邻"换成"晋"，挑拨之意过于明显。这个"邻"，不是郑之邻，而是秦之邻，郑国灭亡事小，而灭郑之后"邻"国强大，对于试图问鼎中原的秦国来说，是不喜看到的。
若舍郑以为东道主，行李之往来，共其乏困，君亦无所害。	若舍郑以为盟国，两国从此交好，共谋发展，共襄盛世，君亦无所害。	"东道主"一词有为秦的出行服务之意，表态愿意臣服。
且君尝为晋君赐矣，许君焦、瑕，朝济而夕设版焉，君之所知也。	且秦三立晋君，且以爱女妻之，晋君未尝思君恩，是何等忘恩负义？	历史上，秦穆公三救晋难，烛之武只提及一次，他敏锐地抓住了秦国对晋国的"隐忧"，看清了大国本质并加以利用。

续表

改前版	改后版	效果差异
既东封郑，又欲肆其西封。	将东封郑，又欲肆其西封。	"既"字表过去式，可"东封郑"并未成为现实，充其量只是一种预测。但此处如此用词加深了秦穆公对晋国野心的担忧。

[明确]

通过改造文本，比较前后差异，深入理解与品鉴烛之武的巧妙措辞和话语艺术，进而领略游说艺术与外交智慧。烛之武抓住了言说对象的特点——骄横、自视甚高、试图问鼎中原、野心勃勃，他先是极力示弱，抬高对方，站在对方立场为其筹划考虑，遮掩此行目的，获得对话机会，此为"话语策略"。再是以利相诱，以害相劝，赢取对方信任，瓦解秦晋结盟，逆转国家危局，此为"言说策略"。能有"退师"的完美结局，其巧妙的措辞和高超的话语艺术功不可没。

如何说，才得体？如何说，才有效？皆是我们在交际语境之下进行说理需要考虑的关键问题。烛之武这番说辞言必有人，言必有据，言必有法，言必有寸，值得我们反复咀嚼。

五、学习活动四：数字互训，感受文化自觉

《春秋》对此事的记载仅有6字，《史记》对此事的记载，也仅有48字，而且烛之武的名字也用"人"替代了，《左传》却将故事推演至300余字，如此叙事详细，用意何在？假如你是文化经典书籍领读人，要在班上推荐《左传》，结合对上述问题的思考，撰写推荐语。

[拓展资料]

晋人、秦人围郑。

——《春秋》

三十年，穆公助晋文公围郑。郑使人言穆公曰："亡郑厚晋，于

晋而得矣，而秦未有利。晋之强，秦之忧也。"穆公乃罢兵归。晋亦罢。

——《史记》

推荐理由一：《左传》堪称"叙事之最"，实属叙事文学的典范。《春秋》微言大义，言简意赅，据实书写，不着褒贬；而《左传》在其基础之上，以"传"解"经"，发微探幽，叙事详细，据区区6字便能推演成300余字妙文，可见其文学造诣深厚，且烛之武的辞令，亦充分体现了"博而奥"的特征。

推荐理由二：《左传》传承着中华优秀传统文化，可谓"中华文明之光"。全文以"礼也""非礼也"作为衡量人物行事的标准，蕴含了为国以礼、忠诚不贰、仁义明智、信守道义等先秦重要精神品质和价值观念，这些精神品质、价值观念对于中华民族传统美德的形成皆有积极的影响。

[明确] 通过数字互训，把握作者的所言志，所载道，感受《左传》推崇"礼"，盛赞"礼"的文化自觉和终极意义，它设置惊心动魄、波澜壮阔的故事来对《春秋》的微言大义进行具体而微的诠释，令后之览者亦有感于斯文，体会蕴含其中的文化浸染与道德教化。6字、48字与300余字，表面看是字数、篇幅的差异，实则是史家观照、评价历史立场和方式上的差异。

六、作业设计

学习完这节课，想必你更明白如何才能"以言成事"。假如你是郑国外交部新闻发言人，眼下秦晋结盟、交好，但晋国仍虎视眈眈，随时可能挑起战事，针对晋国围郑的两点原因，你将如何一一击破，从而化解危机？请查阅相关资料，撰写一篇文章。

撰写该说辞，必须考量劝说策略、得体措辞、时代背景、国家情况、言说对象特点、政治风险等多元因素。

七、板书设计

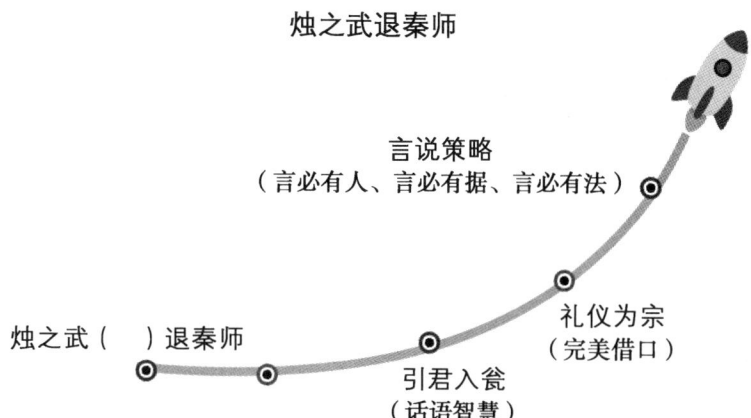

30. 审视"文本罅隙处",巧解"匠心密码锁"
——《鸿门宴》教学课例

【前置任务设计】

古人有"评史""论史""疑史"的传统,今人也应有敢于质疑,小心求证的精神。请你"放开眼光",找一找《鸿门宴》有没有"不合常理"的地方。

不合常理处	举例
人物之间的称呼反常	刘邦称张良为"君",称己为"吾";刘邦并非项羽之"臣",却极力自称"臣"。
事理逻辑难以自洽	"本纪"只记录帝王事迹,司马迁却将并非帝王的项羽选入"本纪"。
	刘邦步行二十里至营中,必定耗费不少时间,可范增和项羽却丝毫未曾察觉。
	范增是鸿门宴上最想杀刘邦的人,可为何最终又让他逃脱了?
	项羽费心设下"鸿门宴",为何又轻易放刘邦离开?张良、刘邦之语,又如何能让他忤逆亚父范增的建议?
故事结局反常	实力强大的项羽最终败给了一度弱小的刘邦,落得乌江自刎的结局。

30. 审视"文本罅隙处",巧解"匠心密码锁"
——《鸿门宴》教学课例

【教学过程】

一、情境导入

同学们,朱熹曾说读书要留意那"缝罅处",从"缝罅处"去体悟。所谓"缝罅",就是不合常情、有悖常理的地方,是文章里的差异点,矛盾处。反常之处必有"妖",必可大做文章,若我们聚焦矛盾,聚焦反常之处,往往就会走到文本深处去。

二、学习活动一:聚焦"称谓",于反常处见精神

[质疑思考]课前我们布置了"大胆质疑,小心求证"的前置任务,大家有什么发现?

[明确]发现人物之间的称呼有反常之处。

生$_1$:刘邦与张良是君尊臣卑的君臣关系,张良亦自称"臣",这符合常理。但不合常理的是,刘邦在与张良的对话中,反常地称张良为"君",称己为"吾",且打破了君臣关系,竟说"君为我呼入,吾得兄事之",间接宣告了自己与张良非同一般的兄弟关系。

生$_2$:我也发现了,后来刘邦不辞而别,留下张良辞谢,对他称"公",如"公为我献之""公乃入","君"和"公"都是敬辞,都表达了恭敬之情。

[点拨启悟]刘邦素日是这样一个礼貌文明、注重礼仪、能屈能伸之人吗?

[资料拓展]《史记》中刘邦有三种身份:沛公、汉王、高祖,《史记》写刘邦说话,多是"刘邦骂曰""沛公骂曰""高祖骂曰""汉王骂曰""乃翁"等等。

[点拨启悟]从这里可看出刘邦本是一介出身草野,言语粗鄙之人。可此处对张良的称呼却如此反常,用意何在?

[明确]表示对张良的器重和信任,借势拉拢他。可见刘邦是一个能屈能伸、随机应变、善于笼络人心之人。据老师不完全统计,在《史记》

中记载的不到200句话中，刘邦共26次以"我"自称，共56次以"吾"自称，他很少自称"朕"和"寡人"，这或许与他出身于平民、性格潇洒有关。当然，这与我们得出的"刘邦能屈能伸、善于机变"这一结论并不矛盾。

生：我发现在刘邦与项伯的对话中，称呼也有反常的地方。这应是刘邦与项伯第一次见面，且是通过张良引见，他们之前并不认识，更谈不上深交。但刘邦却"自来熟"，请求项伯替自己（一个敌方势力的首领）说情——"愿伯具言臣之不敢倍德也"，前文他表态"吾得兄事之"，而刘邦小项伯六岁，所以此处完全可以说"愿兄具言吾之不敢倍德也"。为什么没有这样表述呢？我不太理解。

[点拨启悟] 这个问题很有价值！我们先看看项伯的资料——项伯，名缠，字伯。可见，"伯"是项伯的字，古人称"字"，一般是平辈相称。若是用"兄"，目的性就太强了，可能会起到反效果。而在不经意间换成"伯"，既消解了与项伯的距离感，也释放出了自己的善意和尊敬，可谓一举两得。

师：那么，刘邦自称"吾"和自称"臣"又有何不同呢？

生：刘邦出身市井，项羽身为贵族，但二人并无君臣之分，刘邦不必向项羽称"臣"。从樊哙对项羽和刘邦的称呼都是"大王"便可窥见一二。

[点拨启悟] 既然不是君臣关系，刘邦完全可以用别的谦称来代替"臣"字，比如"愚"、比如"鄙"，为什么一定要用"臣"呢？

[明确] 此处称"臣"无非是权宜之计，不仅能够满足项羽的权力欲望，还间接抬高了项伯的地位，一举两得。可见刘邦之能屈能伸，哪怕内心不服，人前仍能逢场作戏，暂时委曲求全。鸿门宴上，刘邦反复以"臣"自称，放低姿态，并且直呼项羽为"将军"，对其大表忠心，无比尊崇。

[资料拓展] "臣"始见于商代甲骨文，字形像一只竖立的眼睛。"臣"的本义指奴仆，俯首帖耳，不敢正视。《史记》中，刘邦以"臣"自称的，共出现3次：一次是鸿门宴前，项伯来访；

一次是鸿门宴开始时，刘邦向项羽表忠心；一次是刘邦在宫中摆酒，和太上皇对话。仅此3次的以"臣"自称，皆为逢场作戏，虚情假意。前后称谓的变化充分展现了刘邦能屈能伸、狡诈多变的性格特点。

[文本互涉] 立足称呼反常处，变化处，将咬文嚼字与文本情脉的揭示结合，既不露痕迹地在整体上把握了全文的内容，又能直逼文本的篇性特征。这种独特的形式秘妙与其他文本亦能打通。在《陈情表》中，李密尚未成为晋朝之"臣"，却自称"臣"多达27次。为何？以臣自称，主动站队，俯首称臣，大表忠心，方能令晋武帝放下警惕和怀疑。归有光对项脊轩的称呼多有变化，时而为"轩"，时而为"室"，作者称"室"时，着眼的更多是建筑的外在，仅以此为居所，而称"轩"时，却是满怀别样爱意的，是注入情感的。《氓》中的女子对男子称呼的变化——氓、子、尔、士，与女主人公的心情起伏紧密关联。

[小结] 从反常之称呼入手，可洞悉人物内心活动，更深刻地把握人物性格特点。

三、学习活动二：关注"事理"，于难自洽处见真章

[反常处一] "本纪"只记录帝王事迹，司马迁将并非帝王的项羽选入"本纪"，为何？

生$_1$：从太史公的自序可知，司马迁通过记载王者成败，以总结经验教训和见盛观衰，而"本纪"的选择标准是"宰执天下者"，我认为该标准并不限于帝王。

生$_2$：司马迁对项羽"青眼有加"，认可有加，敬佩有加，认为以其才品和道义，堪称"无冕之王"。

生$_3$：也有可能是司马迁对汉武帝心存怨念，于是尊项贬刘。

[点拨启悟] 这便要提到中国的史官文化了。中国史传文学中的历史很多时候并非正史，往往受史官本人强烈的情感色彩、主观意志影响，成为"想象史"。为了达到某种现实目的，或基于某种价值观念，为实现劝善惩恶的功能，史官往往会做合理想象，对历史进行适当"装饰"。

[反常处二]刘邦借口"如厕",不辞而别,步行二十里至营中,必定耗费不少时间。而这么长的时间里,宴会现场没有客人,范增和项羽竟然丝毫未曾察觉(项羽也只是让陈平召刘邦,并未采取进一步行动,也没有大发雷霆),这不符合常理。且范增是鸿门宴上最想杀刘邦的人,可为何最终又让他逃脱了?

生$_1$:可能项羽已改变主意,放弃在鸿门宴上杀刘邦的计划了。所以刘邦逃席,便不必追。如范增的评价,项羽"为人不忍",他难以预见放虎归山的后果,缺乏政治头脑。

生$_2$:范增可能察觉了,也预见了刘邦逃席的后果,但是他无法阻止。因为他无法指挥项羽,只能将杀人的事情交给项庄,借舞剑"意在沛公",制造擦枪走火的局面,而不敢直奔主题,更没有权力调动军队去追杀围剿刘邦。

[反常处三]项羽攻打刘邦的心情是相当迫切的——"旦日"就要完成,后又费心设下"鸿门宴",张良、刘邦之语,又如何能让他忤逆亚父范增的建议,轻易放刘邦离开?

生$_1$:张良与刘邦事先准备好了一番说辞,"秋毫不敢有所进"何其谦卑,"而待将军"何其虔诚,"日夜望将军至"何其迫切,"岂敢反乎"何其恳切!这些话都迎合了项羽团队自信自负的心理,项羽因"其志不在小"而损伤刺痛的自负自尊,都得到了抚慰和"治愈",于是,杀不杀刘邦,也就成了"没那么必要"的事情。

生$_2$:项伯的劝说动摇了项羽的决定。"沛公不先破关中,公岂敢入乎?"一句可知项伯在项羽面前还是较有地位、有话语权的(从座次安排也可得出本结论)。"今人有大功而击之,不义也。不如因善遇之。"这句话指出若项羽杀刘邦,实属不"义"之举,而"义"恰恰又是项羽最为看重的,这是他精神领域中的最高追求。

生$_3$:不杀刘邦也有基于对当时形势的考量。六国诸侯的人心向背关乎大业,若杀刘邦,于大业无益。

生$_4$:也有大意轻敌,过于自负的原因,从座次安排便知道项羽目中无人、自高自大的性格，他定是认为这回鸿门宴不杀刘邦，以后还有机会。

[小结] 所以项羽绝非单纯地"不忍杀"，而是"不能杀""不愿杀""不必杀"。可见项羽并非心怀妇人之仁，而是襟怀磊落，直来直往，重义气，富感情。这种个性，对于争天下，或许是缺点；但对于为人，却是最高贵的品质。

四、总结

苏东坡有言："反常合道为趣。"为师亦要告诉大家，"尽信书不如无书"。大仲马曾说："历史是什么，不过是我用来挂小说的钉子。"胡适也说："历史是任人打扮的小姑娘。"阅读史传作品，我们应"放出眼光"，独具慧眼，独立思考，开掘文本"罅隙处"，方能巧解作者"匠心锁"。

五、作业设计

立足变化处，将咬文嚼字与文本情脉的揭示结合，既不露痕迹地在整体上把握全文的内容，又能直逼文本的篇性特征。我们惊喜地发现，这种独特的形式秘妙与其他文本亦能打通。如《诗经·氓》中女子对男子称呼的变化，如《项脊轩志》中归有光对项脊轩称呼的变化……请你找出变化处，并找到作者的匠心所在。

六、板书设计

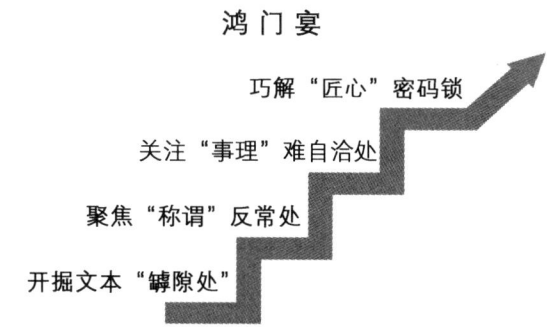

31. 一书何令天堑化坦途

——《谏逐客书》教学课例

【前置任务设计】

1. 阅读司马光《资治通鉴·秦纪（卷一）》、司马迁《史记·李斯列传》相关资料记载，了解谏书成因。

2.《容斋随笔》有言："韩非作《说难》，而死于说难，盖谏说之难，自古以然。"请阅读课文，了解李斯彼时上书的"谏说困境"。

【教学过程】

一、情境导入

《谏逐客书》被选入语文教材必修下册第五单元，该单元人文主题是"抱负与使命"，属于"实用性阅读与交流"学习活动群。《谏逐客书》是一篇文脉贯通、文采斐然、笔曲义直的具有典型战国纵横家风格的谏议奏书。秦王下令逐客，李斯亦在被驱逐之列，他受限于"客卿"的尴尬身份，面对的又是亲自下令逐客的雄猜之主秦王嬴政以及一众主张逐客的秦国贵族强大势力，劝谏之难，难于上青天！然，秦王批阅此书后立除逐客令，复召李斯还，且委以重任，何也？立论精准，措辞婉讽，利害透辟，譬喻生动，皆是成功秘诀。学习本文，要关注实用性文本的体式特征，把握其切于实用、关注特定对象、富有针对性的功能特点，感受作品针对言说对象所运用的言语策略、表达方式及语言风格，体悟古代仁人志士心怀抱负，勇担使命的可贵精神。在此基础上，增强自我表达、适应社会、服务社会的能力。

二、学习活动一：明晰谏说困境，方知逆鳞有术

师：洪迈《容斋随笔》有言："韩非作《说难》，而死于说难，盖谏说之难，自古以然。"请同学们阅读课文，了解李斯上书时的处境，说一说李斯可能存在哪些谏说困境。

生：据《史记》记载，韩国派水利专家郑国来秦国，建议秦国在关中修渠灌溉，欲疲秦人，消耗秦国力。事发后，秦宗室大臣皆言秦王曰："诸侯人来事秦者，大抵为其主游间于秦耳，请一切逐客。"外有贵族的攻讦敌视，内有秦王逐客铁令，李斯于此时上书实属"在刀尖上舞蹈"，风险极大。但若不上书，便意味着政治生涯的终结，多年苦心经营片刻化为乌有。

[**明确**] 故"谏说之难"至少有三：一是李斯身份尴尬，亦在被驱逐之列，若强行劝谏，必定令秦王及宗室贵族疑心其公私不分，保己守位，目的性过强，说服力不足；二是李斯的劝谏对象很特殊，此时李斯不过是小小郎官，与秦王地位、身份悬殊，秦王如何能听得进并采纳他的劝谏？三是逐客已成事实，难以逆转，如何能让秦王冒着损伤君威的风险收回成命，放弃逐客？

通过了解李斯上书处境，明晰其谏说困境，我们方能深刻理解此番上书"峰回路转"的几率何其小，"触犯圣颜"的风险何其大，"逆鳞有术"的难度何其高！单凭李斯"三寸不烂之舌"如何胜过"百万雄师"？他又是如何避开上述"雷区"，顺利"通关升级"的？

师：《谏逐客书》一文堪称实用性交际语境写作之典范。西南大学荣维东教授认为："交际语境包括角色、读者、目的、体式、语言五个要素。"请你以本文为例，进行要素分析。

生：

角色	读者	目的	体式	语言
李斯 客卿之一 小小郎官 有政治追求	秦王嬴政 君王身份 多疑残暴 极爱纷奢 有政治野心 （秦已是第一强国，国家战略目标已调整为吞灭六国，完成统一天下大业）	劝说秦王 放弃逐客 收回成命 保住政治生涯	"书" 实用性 针对性 论断性	情理兼备 文辞华美 文气贯通 铺张扬厉

[明确]《谏逐客书》堪称交际语境写作之典范，李斯是非常优秀的交际语境写作者。我们通过置身于实用性交际语境来充分理解《谏逐客书》，把握其实用性的体式特征，从角色、读者、目的、体式、语言五个维度去深度理解李斯劝谏的精妙之处：角色特殊，故劝谏时"理直辞曲"，婉而多讽；读者特殊，故劝谏时注意措辞，动言中务；目的明确，故劝谏时揭用客任贤之大利，明逐客资敌之大害，以强调大国之道在于用众作结，劝说秦王放弃逐客；体式为"书"，故而应切于实用、有的放矢；语言应力求文辞并茂，文采斐然，铺张扬厉，气势雄浑。

三、学习活动二：品《新谏逐客书》，于对比中见真章

师：阅毕《谏逐客书》，秦王即刻收回成命，"复李斯官，卒用其计谋"，由逐客变为留客、用客、重客，就连《古文观止》《文心雕龙》都评价其"善说"。李斯竟有如何神力？他到底说了什么，又是如何"善说"的？为师技痒，潜心撰写《新谏逐客书》，与《谏逐客书》相比，如何？请诸君一评。

《新谏逐客书》第1段：

吾闻王下令逐客，固以为过矣！昔日秦乃边陲小国，国力衰微，

31. 一书何令天堑化坦途
——《谏逐客书》教学课例

蹶乎大国之间，何德何能称霸西戎，举地千里，后又统一六国，使之四面事秦，蚕食诸侯，成帝业，皆以客之功也！向使秦君逐客不内，疏士不用，何以至今日？民何以殷富？国何以富强？今王逐客之举，实乃忘恩负义之举，吾不敢苟同也！

生：《新谏逐客书》没有关注劝谏对象的身份、地位，锋芒太过，直接指责，语气太冲，不够得体。秦王乃一国君王，李斯只一介郎官，且从嬴政囊扑二弟、囚禁母后等事件便可见其强悍自负、好大喜功、残忍多疑的性格，面对这样的言说对象，态度要谦卑，语言要得体，语气要温和。再者，若自称"吾"而不称"臣"，可能会拉开与秦王的距离，给人一种"李斯已默认被驱逐，不再是秦之臣"的疏远感。没有考量劝谏对象的需求，不可能得到想要的效果，甚至会起反效果，事倍功半。

《新谏逐客书》第2段：

因韩人郑国间秦之事而一切逐客，实在谬矣！且毋论郑国修渠确于秦有利，王于秦王政三年便已觉郑国间秦，于秦王政十年才下令逐客，何也？过实不在郑国间秦，而在嫪毐叛乱也。且吾并非郑国之流，吾之忠心，皇天后土，实所共鉴。望王毋一切逐客，唯君图之！

生：此书看似大表忠心，表明立场，可李斯乃区区郎官，怎可妄议政事？恐会招来杀身之祸；再者，"哪壶不开提哪壶"，着急与郑国之流撇清关系，可偏偏越描越黑，且李斯如何自证自己非郑国之流呢？总之，说服力不强，难以使秦王冒着朝令夕改、伤害君威之风险收回成命。此书无视交际语境，是杜牧所言"怒谏而激乱生祸"之劝谏反例。

[明确] 通过评析《新谏逐客书》这一劝谏反例，我们认识到《谏逐客书》中蕴含的政治智慧和劝谏艺术，关注李斯"善说之道"。正如刘勰所说："李斯之止逐客，并顺情入机，动言中务，虽批逆鳞，而功成计合，此上书之善说也。"在此基础上，把握实用性交际语境的写作技巧——要

关注劝谏对象的身份特点，并据此选择恰切的劝谏方式和策略。

四、学习活动三：复盘劝谏经验，总结"善说之道"

古人将向帝王提出规谏比之为"批逆鳞"，臣子上奏时莫不谨慎小心，更何况是在被驱逐之列的李斯呢？偏偏这一封"毕其功于一役""沉舟破釜式"的具有明确交际目的的谏书，压其愤慨，利害并举，言诚意温，事理昭然，终力挽狂澜，化险为夷，竟令秦王欣然收回成命，且对其加以重用，何也？此刻，你是李斯的"同谋者"，请你"复盘"此次劝谏成功的经验。

（一）交际意识，语最委婉，顺情入机

李斯从头至尾都十分清楚自己的身份——客卿，亦在被驱逐之列，草率为客卿求情会招致秦王疑心和恼怒，因而一言一行务必谨慎。他也了解秦王的身份——君王，最是挂心国家利害，做任何决策皆从国家利益出发。

比如，"臣闻吏议逐客，窃以为过矣！"一句为何不能是"臣闻王下令逐客"？是秦王本人下令逐客，且逐客已成不争事实（李斯作此文时已被驱逐至骊邑）。"吏议逐客"似有谬误，实则巧妙。李斯身为客卿，私人立场本就极为敏感，可"吏议"一出，批评的矛头转向了"吏"（虚拟论敌），是"吏之过"而非"王之过"，避实就虚，瞬间完成了立场的转换。此刻，李斯已然不是与秦王对立的客卿，而是摇身变为一个"客观中立者"，一个逐客事件的"局外人"，避免了与秦王的直接对立。"窃以为"一句可想见其谦卑姿态，为这场对话提供了舒缓的氛围；且按李斯的表述，"逐客"一事尚在"议"的阶段，他便可就此事发表个人看法，避开了抗旨不遵的雷区，亦为秦王收回成命找到了台阶。

（二）攻心为上，迎合心理，言明利害

我们查阅了资料，秦王下"逐客令"时约23岁，正是壮志满怀、跃跃欲试的年纪，且秦彼时已是第一强国，国家战略目标已调整为吞灭六国，完成统一天下大业。李斯是秦王的"知心人"，他洞悉了秦王的政治欲望，

故而"投其所好",迎合其"跨海内、制诸侯"的政治野心,全程站在秦国的立场理性"输出",不言己之利害,但言秦之利害,为帝业,为秦,不为客卿,不为己,所言不及个人利益,都是国之大义,故能令秦王收回成命,放弃逐客。清人余诚盛赞此文:"妙在绝不为客谋,而通体专为秦谋。"此言得之。

(三)高屋建瓴,引史为据,曲情达意

李斯从秦国历史出发,回顾"帝业成"与客卿的密切关系,理据充足。缪公广招贤才,不问出处;孝公用商鞅之法,移风易俗,国家由此强盛;惠王用张仪之计,富国强兵,遂散六国之从,使之西面事秦;昭王得范雎,蚕食诸侯,使秦成帝业。李斯顺势得出结论——"客何负于秦哉!"不仅客卿于秦无害,还有大功!"向使四君却客而不内,疏士而不用,是使国无富利之实,而秦无强大之名也。"一句基于历史的假设分析令秦王幡然醒悟——秦若无客卿相助,未必能够强大。重用客卿,是秦国强大之始;驱逐客卿,恐是秦国衰微之始,更遑论统一六国,称帝而治了。

(四)以美为刺,婉而多讽,情理兼用

首先,李斯极力铺陈了众多华美之物,极写色、乐、珠玉之美,有意迎合秦王"性好侈大"的心理,引起他的阅读欲望。紧接着指出若"必秦国之所生然后可",那么"夜光之璧""犀象之器"等宝物终将"不饰""不为""不充""不实""不为用""不为采""不进于前""不立于侧",此处假设篇幅较长,能带给秦王一定的心理冲击。最后,揭示出逐客本质——"所重者在乎色、乐、珠玉,所轻者在乎人民也"即"重物轻人"。刘向有言:"国之重器,在于贤臣。"欲成帝业,必借客卿之力,而秦王却舍本逐末,重物轻人,重宝逐客,其荒谬至极,自不待言。

李斯不仅强加了逻辑,还偷换了概念。首先,物与人的类比本就不妥,李斯话里话外无不强调"逐客就得逐物,不逐物便也不能逐客"的逻辑,深究便知这一逻辑极难成立,存在漏洞,但这样的逻辑给了秦王无形的压力。其次,李斯将逐"客"和"轻人民"二者画了等号,如此观之,似乎"逐客"便是站在了人民的反面,对于一个想统一六国,称霸帝业的

君主来说，确会三思后行。

"逐客"危局，已非单纯示弱即可化解，于是李斯选择剖白心迹，表态自己就是那个"愿忠秦者"，这体现了"布衣驰骛之时"的春秋战国时期"士"的价值选择。

[明确] 说服一个政治家改变观点，比说服一个不爱自己的人爱上自己还要难上十倍。我们在这个学习活动中尝试成为李斯的"同谋者"，换位思考，多方斟酌，考量时机，拿捏情绪，选择策略，总结归纳李斯"自救"成功的"善说之道"，继而从"这一篇"到"这一类"，充分认识到谏书作为实用文，兼具实用性、针对性、艺术性，因而劝谏效果是评价其劝谏成功与否的重要标准。而劝谏效果的好坏，与撰写谏书者是否运用恰切的劝谏策略，是否把握适当的劝谏时机，是否善于揣度圣意，是否具有言语智慧、进谏勇气、臣子个性情怀等因素密切相关。《谏逐客书》是逻辑清晰、表达灵动的经典之作，我们在细读品味的过程中，能够汲取其中强大的逻辑力量。

五、作业设计

2023年，学校图书馆将精心打造"中国古代文化长廊"，每月轮换主题。我们班选定了"劝谏文化"作为展示主题。在中国，"劝谏"不仅是一种行为，更是一种文化。"劝谏文化"兴起于先秦，宋代更有"文死谏、武死战"的文化氛围，众多仁人志士将抱负的实现与国家的兴盛相结合，或直言敢谏，或委婉讽谏，皆写下了不朽的劝谏范本。请你阅读以下文章，并选择其中较为感兴趣的一篇进行深度分析，制作"劝谏文化面面观"知识卡片。

篇目	劝谏背景	劝谏主体	劝谏对象	劝谏目的	劝谏策略
《谏太宗十思疏》					
《烛之武退秦师》					
《阿房宫赋》					

续表

篇目	劝谏背景	劝谏主体	劝谏对象	劝谏目的	劝谏策略
《过秦论》					
《六国论》					

六、板书设计

谏逐客书

01 明析谏说困境

一是李斯身份尴尬，亦在被驱逐之列
二是劝谏对象特殊
三是"逐客"已成事实，难以逆转

总结"善说之道" 02

1. 交际意识，语最委婉，顺情入机
2. 攻心为上，迎合心理，言明利害
3. 高屋建瓴，引史为据，曲情达意
4. 以美为刺，婉而多讽，情理兼用

32. 缱绻儿女情，纵横英雄气

——《与妻书》教学课例

【前置任务设计】

1. 观看纪录片《国家荣光·碧血黄花林觉民》。
2. 制作林觉民资料卡片。

林觉民资料卡片	
	林觉民（1887—1911），字意洞，号抖飞，又号天外生，福建闽县人。民主革命者，黄花岗七十二烈士之一。13岁时，他受父命参加科举童子试，竟在试卷上写下"少年不望万户侯"后掷笔离去。15岁考入全闽大学堂，后来入读福州高等师范学堂，接受了资产阶级民主思想，毕业后到日本留学。1911年春天，农历三月二十九日早晨，他和方声洞等率领全体福建同志入广州，下午五点多钟，一同攻击轰炸督署，不幸中弹，受伤被捕。在审讯中，他从容不迫，纵论世界大势，宣扬革除暴政，建立共和的革命主张，临刑谈笑自若，慷慨就义，年仅24岁。

32. 缱绻儿女情，纵横英雄气
——《与妻书》教学课例

【教学过程】

一、情境导入

刘勰《文心雕龙·书记》中说："三代政暇，文翰颇疏。春秋聘繁，书介弥盛。"可见，书信在中国已有悠久历史，亲情、友情、爱情正是通过"书"得以传递和维系。嵇康的《与山巨源绝交书》、曾国藩的《曾国藩家书》、司马迁的《报任安书》、诸葛亮的《诫子书》、鲁迅的《两地书》、沈从文的《从文家书》、傅雷的《傅雷家书》……书信早已成为一种文化，植入到国人的情感记忆之中。

何为"书"？刘勰有言，书信乃"心声之献酬"。而家书，则是家人之间传递情感、沟通交流的重要载体，是中华传统文化的重要组成部分。本学期，年级将开展"最动人的革命家书"读书会，我们班选择了《与妻书》作为分享篇目。《与妻书》是林觉民在广州起义前夕给妻子留下的最后一封信。这封信将情、理、事熔于一炉，"文如黄钟大吕，情如杜鹃啼血"。夫妻相爱至深，却终将阴阳两隔，读来令人悲从中来，泪下沾襟。

今日，就让我们一同深入历史幽微，感受《与妻书》之缱绻儿女情与纵横英雄气。

二、学习活动一：明晰文本特质，把握"三位一体"结构

[因声求气] 自由朗诵《与妻书》，读出感情。尝试揣摩林觉民彼时心境。

师：朗诵之后，想必对此文感触更深。庄子说："真者，精诚之至也。不精不诚，不能动人。"试问，被誉为"20世纪最伟大的情书"的《与妻书》何以具备穿越时空的魅力，打动一代代的读者，并且收入海峡两岸中学语文课本？

生：我认为《与妻书》中对妻子的款款深情、满满不舍着实令人动容，这应是它魅力恒久的原因。

[质疑探究] 仅是如此吗？若只有儿女情长，不免单薄，怕也很难有

如此恒久的魅力。

[点拨启悟]我们还要关注本文的文本特质。本单元属于"实用性阅读与交流"学习活动群,《与妻书》属于"书信"文体,是"实用类文本"。既提及书信,必要考虑读者。"隐含读者"是"作者心目中的理想读者,或者说是文本预设的读者"。"真实读者"是无法把控的,只要愿意,任何人都可以成为"真实读者"。《与妻书》的"隐含读者"很明确,是林觉民之妻陈意映。那"真实读者"呢?会是哪些人?

生₁:"真实读者"可能是林觉民自己,从某种程度来说,《与妻书》也是"与己书",是林觉民自以为命将绝矣时的自诉之语。

生₂:"真实读者"也可以是当时的有志之士,也可以是蝇营狗苟之人,还可以是后世的我们。从某种程度来说,《与妻书》也是"与世书",在不同的时代,对不同的人群,自有不同意义。

[明确]综上,《与妻书》的恒久魅力,来源于它"三位一体"的特质,集"情、义、理"于一体。既有对妻的恋恋不舍与百般宽慰,亦有对己的反复说服与自证,还有对世人的率先垂范与激励。

三、学习活动二:不事营构,以情动人

师:《与妻书》首先是一封"情书",它与普通情书有什么不同之处?

生:我发现了许多矛盾处。若我是陈意映,初读时可能会有些许不解。

师:你为我们提供了极妙的思路。请大家根据文章内容,模拟林觉民与陈意映的对话。

生₁(扮演陈意映):觉民,天将暮,汝仍未归,儿依新已眠,梦中呓语轻声唤父。觉民,汝既反复述说"吾至爱汝",又为何"舍吾而死"?"汝至爱吾",如何能"使汝勇于就死"?

生₂(扮演林觉民):意映卿卿,吾至爱汝,故吾充吾爱汝之心,推己及人,助天下人爱其所爱,故敢先汝而死。

生₁(扮演陈意映):吾甚是不解。汝年方二十四,风华正茂,前途光

32. 缱绻儿女情，纵横英雄气
——《与妻书》教学课例

明，且吾二人情投意合，相爱甚笃，父亲对汝亦满怀冀望，何不弃起义大业？吾虽知国家大义于你千钧重，却也不舍、不忍、不愿汝就此捐躯赴国难。君可知，于国，汝仅是一人，于吾，汝是全世界。

生₂（扮演林觉民）：意映卿卿，吾知汝难察吾衷，不欲吾死。爱与离别之矛盾，世所共知，可吾辈处今日之中国，国中无地无时不可以死，吾只愿死得其所，不愿苟且偷生！若能以吾之死，为天下人谋永福，换取一丝光明，换汝一生平安，吾九死其犹未悔，汝其勿悲！

生₁（扮演陈意映）：觉民，吾知"吾至爱汝"之深情与"即此爱汝一念，使吾勇于就死"之勇决在汝心中交错冲撞，吾体汝此心，却又痛彻心扉！

师：太动人了！你们通过模拟觉民意映二人对话，将意映的不解、不舍、痛苦和觉民的痛苦、矛盾、大义展现得淋漓尽致。

我们发现，《与妻书》的矛盾之处、情感错误处，恰恰是其最为动人之处。以常理推之，相爱之人自然希望长相厮守、白头偕老。可林觉民却向爱妻交代了一个复杂的逻辑链：我至爱你，所以我将此爱推及天下众人，坚定为人民、为国家"勇于赴死"的革命信念与决心；牺牲你我福利，暂且阴阳相隔，"为天下人谋永福"，帮助天下之人能够爱其所爱。此为劝慰，更是告白。若非深爱，绝不至此！

师：还有何处表达"吾至爱汝"之意？

生₁："吾真真不能忘汝也！回忆后街之屋……更恐不胜悲，故惟日日呼酒买醉。"觉民将二人相处的细枝末节都铭记于心，可见用情之深。我猜想，觉民在写此信时，定在脑海中反复回忆着他与意映的过往，回想一遍，心痛一遍。

生₂："吾居九泉之下遥闻汝哭声，当哭相和也。吾平日不信有鬼，今则又望其真有……汝不必以无侣悲。"林觉民想象自己离开人世后，若世间真有鬼，便能以魂灵的形式与妻子相依相伴。林觉民是何其坚定的唯物主义者，为了安抚妻子的哀痛，他甘愿做一回唯心主义者！初读觉得浪漫，再读觉得悲从中来，若不是现实中无路可走，又何至于此？若不是深爱意映卿卿，又何至于此？未知苦处，不信神佛啊！

生₃："故惟日日呼酒买醉。嗟夫！当时余心之悲，盖不能以寸管形容之。""日日买醉"，只为试图减轻压抑心底的难言之苦，永诀之痛，此处表达了他无法履行与意映相伴一生的承诺的痛苦遗憾。

[质疑探究]"家中诸母皆通文，有不解处，望请其指教，当尽吾意为幸。"此句甚是反常，陈意映并非大字不识之庸常女子，她饱读诗书，才华横溢，不太可能还需要家中诸母指教才能看懂此文，为何林觉民此处要作这样反常的交代？

生：意映曾说："望今后有远行，必以告妾，妾愿随君行。"表达出明确、强烈的想要追随林觉民的决心。林觉民担心陈意映接受不了他的死讯，随他而去，故特地作此交代。处处可见觉民对意映牵挂之深、不舍之深、爱护之深。此处亦是动人之处。

[小结]《与妻书》作为一封情书，情意绵长，笔随情至，不加藻饰，不事营构，倾吐了林觉民对陈意映缠绵悱恻的真爱和明明相爱却要分离的矛盾痛苦。

四、学习活动三：自成高格，以志动人

《与妻书》一文，以情动人，觉民夫妇二人之鹣鲽情深，见者无不动容。但若局限于儿女情长，未免过于单薄。王国维曾说："有境界则自成高格。"有人说，此文"境界奇高"，不仅是"与妻书"，还是"与己书""与世书"，大义凛然，以志动人。

师：为何认为这是一封"与己书"？

生₁：在当时的社会背景下，牺牲小爱，成就大爱，或许是革命志士的心之所向。可让妻子、父亲承受生离死别的巨大痛苦，却是觉民心中所犹豫的。我认为觉民写作此书，既是劝慰妻子，也是在自证自己的选择。

生₂：林觉民在第5段清晰指出当时中国的局势——"国中无地无时不可以死"，是宽慰、劝服妻子，晓之以民族大义；虽然痛苦、矛盾、纠结，但最终儿女私情必须服从革命事业。表达了牺牲个人幸福，为天下人谋永

32. 缱绻儿女情，纵横英雄气
——《与妻书》教学课例

福的崇高情怀。所以说，既是"与妻书"，又是"与己书"。

[**明确**]傅元峰教授曾说："人们常常以为，革命者的襟怀是舍小家顾大家，舍儿女情顾天下，舍生取义；却很难理解，对一个女子的深爱，对生的渴望，对居室之内祥和的追求，并不是革命理想的细枝末节和琐屑之处，不是卑微的可以被忽略的东西。它们与革命理想等位，足以成为赤子献祭的理由。"《与妻书》一文，儿女情与英雄气交织，既有对妻子百般劝慰的深情，亦有自身矛盾交织的心情，既柔软，又坚定。

师：为何认为这是一封"与世书"？

[**点拨启悟**]由于筹划失当、军械不足、风声走漏，满腔热血的起义军没能抵抗住清廷的镇压，黄花岗起义宣告失败。在起义之前，林觉民自己认为此行胜算如何？

生：起义之前，林觉民早有心理准备，他说："吾辈此举，事必败，身必死。"还说："吾作此书时，尚是世中一人；汝看此书时，吾已成为阴间一鬼。"可见他对此行并未抱有乐观态度，而是深知此行凶多吉少，是主动涉险，为国赴死。

师：林觉民除了舍生就死、舍情就义、舍家为国，没有其他选择了吗？

生：林觉民写此信时，24岁，恰是风华正茂之时，且他家境殷实，与陈意映情投意合，相爱甚笃，完全可以放弃起义，独善其身。

师：这位出生在福州三坊七巷、家境优渥的翩翩公子，这位13岁就写下"少年不望万户侯"的有志青年，15岁考入全闽大学堂，接受新思想；20岁，东渡日本留学，参加孙中山领导的同盟会，等待他的将是大好的人生。本可以选择"生"，却毅然决然选择了"死"；本可以选择"情"，深思熟虑后忍痛选择了"义"；本可以选择"家"，却又冲破儿女情长选择了"国"。舍生就死、舍情就义、舍家为国，皆非被迫选择，而是主动承担，觉民之可贵可敬，由此可知矣！

[**点拨启悟**]1959年，林觉民之子林仲新将《与妻书》真迹捐献给了国家，交由福建博物院收藏。从此，《与妻书》的读者便不再只有陈意映，

后继者皆可观之。

生₁：从第 5 段"吾今死无余憾，国事成不成自有同志者在"一句可知，"同志者"不在少数。我想，"同志者"也会看到这一封信，从中汲取革命勇气与力量，得到极大的鼓舞，前仆后继，死而后已。

生₂：我们也是读者。读其书信，想见其人，亦会接受其人格力量的积极影响。"一代人有一代人的长征，一代人有一代人的担当"，我们也有我们要承担的历史使命与社会责任！所以说这也是"与世书"，与世推移，常读常新。

[明确]

解读到位！中国历来都有"家国一体"的传统。《说文解字》中，"家"为"居"也，"国"为"邦"；卞之琳于《石门阵》中有一语，"守住了大门，不用关二门"；艾青说，"个人的痛苦与欢乐，必须融合在时代的痛苦与欢乐里"，这些都充分地说明了"有国，才有家"。

像林觉民这样的志士还有很多，如同时牺牲的林尹民，他说："大丈夫生此世，当以铁骑五千，横行天下，驱逐胡虏，收复河山耳。"如起义中勇掷炸弹的喻培伦，与弟弟喻培武同为革命党人，两人争着去广州参加起义，最后他对弟弟说："我去，汝必留，俱死无为，徒绝老亲欢。"另一位烈士方声洞也留下了绝笔书《禀父书》。又如谭嗣同，他说："各国变法无不从流血而成，今中国未闻有因变法而流血者，此国之所以不昌，有之请自嗣同始。"

同学们，读《与妻书》，我们不仅读到了缱绻儿女情，还感受到了纵横英雄气。英雄并非不食人间烟火，并非没有七情六欲、儿女情长，只是身处国家危难、民族不幸时，他们毅然选择了国家大爱和民族大义。周国平在《直面苦难》中写了这样一段话："面对社会悲剧，理想、信念、正义感、崇高感支撑着我们，我们相信自己在精神上无比地优越于那迫害乃至毁灭我们的恶势力，因此我们可以含笑受难，慷慨赴死。"

五、作业设计

"谁给你选择的权利,让你就这样的离去,谁把我无止境的付出都化成纸上的一个名字。"这是歌手齐豫以陈意映的口吻创作的歌曲。若你是陈意映,会在午夜梦回痛彻心扉之际,给丈夫林觉民写下什么言语?请你尝试创作《与君书》。

六、板书设计

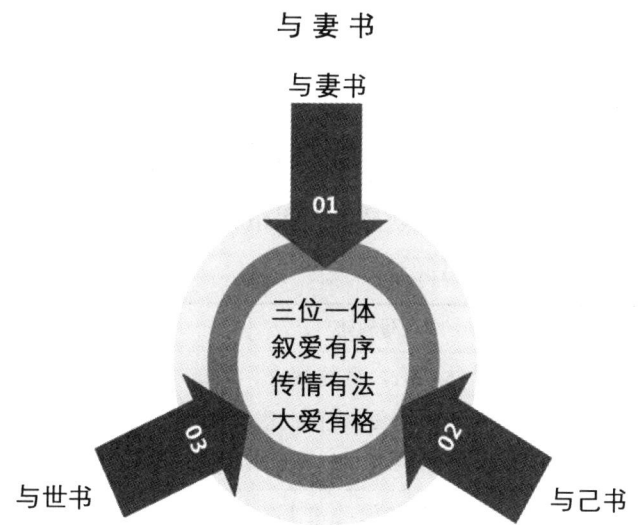

33. 是谁打开了地狱之门？
——《祝福》教学课例

【前置任务设计】

祥林嫂的悲剧令人痛心，这不禁让我们产生这样的思考：祥林嫂必死无疑么？若改写祥林嫂的人生轨迹，能否扭转结局，祥林嫂是否能有一线生机？请你尝试，并验证可能性。

原文轨迹	改写轨迹	可能性验证
祥林死后，祥林嫂初到鲁镇。	祥林死后，祥林嫂在家侍奉婆婆，过完这一生。	不成立。祥林嫂是待价而沽的"商品"，而婆婆精明能干，打算卖掉祥林嫂，为小儿子娶媳妇。
贺老六和阿毛死后，祥林嫂再到鲁镇。	贺老六和阿毛死后，祥林嫂独守在贺家墺，过完后半生。	不成立。贺家大伯收屋，祥林嫂没有财产权，为生计只能再回鲁镇。
祥林嫂死在鲁镇。	祥林嫂来鲁镇打工，她可以勤勤恳恳，过完余生。	不成立。鲁四老爷，鲁镇"闲人们"，善女人柳妈，犹豫、无能的"我"都成了压死祥林嫂的最后一根稻草。

基于此，我们可以得出这样的结论——祥林嫂的人生轨迹不可能改变，她必死无疑。

33. 是谁打开了地狱之门？
——《祝福》教学课例

【教学过程】

一、情境导入

法国存在主义文学家萨特在其作品《禁闭》中提出了一个观点："他人即地狱"，即个体在过度依赖他人且认知不足的情况下遭遇他人的"进攻"而导致不良结果。为师认为，"自我"也有可能成为"地狱"，即个人心甘情愿接受束缚、接受管教、接受审视甚至是审判，进入到一个看似安全的"套子"里，但这"套子"有令人窒息的风险。《祝福》一文，不吝笔墨、多次刻画了祥林嫂的外貌，一个满满生气的祥林嫂，最终在"祝福"的氛围中被拖入人间地狱……而这地狱，竟是旁人救无可救，祥林嫂逃无可逃的吗？又是谁打开了这地狱之门？

二、学习活动一：他人即地狱，故求救无门

[点拨启悟] 祥林嫂发出了多次的"求救信号"，希冀有人能够真正同情她，再度接纳她，希冀偌大的鲁镇有人能够给予她一丝温情。然而这种"求救"不仅无效，还像一滴鲜血滴入了满是鲨鱼的大海中，激起了更恐怖的反噬。这是为什么呢？

生：因为祥林嫂的求助对象，正是对她施加精神暴力的人。越求助，越无助，越挣扎，越深陷。如此求助，无异于将"审判""赏鉴""凝视"的全部权利皆授他人，悬在头颈之上的达摩克利斯之剑随时会落下。向一群"看客"求助，又怎么会有好的结果呢？

[探究] 萨特认为，每个人都会为了自我的主体性与他人展开斗争，每个人在和他人相处的时候，都想把他人变成客体。如何把他人变成客体呢？就是通过对他人的"凝视"。祥林嫂无时无刻不处在"他人的凝视""他人的眼光""他人的审判""他人的介入"之下。请你找出这些"凝视者"，并分析他们的言行对祥林嫂造成的影响。

"凝视者"	代表阶层	言行	祥林嫂状态
鲁四老爷	封建地主阶级	皱眉；"伤风败俗""谬种"	缩手失神、脸色灰黑、眼睛窈陷、精神不济、胆怯、头发花白、记性极坏
四婶		禁触祭具："你放着罢，祥林嫂！"	
鲁镇闲人	社会底层庸众	特意寻；陪眼泪；冷冷的；满足；咀嚼赏鉴	瞪着眼睛、紧闭嘴巴、默默做事
柳妈		讥讽伤疤；提议捐门槛	显出恐怖神色，非常苦闷
短工		淡然；语气舒缓，情绪漠然	死亡
"我"	小资产阶级	踌躇、吞吞吐吐、支梧、"说不清"	失去了最后的一丝希望

如同丁玲所说："祥林嫂是非死不行的，同情她的人和冷酷的人，自私的人，是一样把她往死里赶，是一样使她精神上增加痛苦。"

[点拨启悟]

暴君的臣民，只愿暴政暴在他人的头上，他却看着高兴，拿"残酷"做娱乐，拿"他人的苦"做赏玩，做慰安。

自己的本领只是"幸免"。

从"幸免"里又选出牺牲，供给暴君治下的臣民的渴血的欲望，但谁也不明白。死的说"阿呀"，活的高兴着。

——鲁迅《暴君的臣民》

在我自己，总仿佛觉得我们人人之间各有一道高墙，将各个分离，使大家的心无从相印。……造化生人，已经非常巧妙，使一个人不会感到别人的肉体上的痛苦了，我们的圣人和圣人之徒却又补了造化之缺，并且使人们不再会感到别人的精神上的痛苦。

——鲁迅《俄文译本〈阿Q正传〉序》

[明确] 看客自以为高人一等，以居高临下之姿态审视他人，殊不知他们亦是"被审视者"，亦在他人的"凝视"之下，这大概就是尼采所说

的"当你在凝视深渊的时候,深渊也正在凝视着你"吧。在这样的封建社会中,人人皆是"被审视者"。皆在"凝视"之下,祥林嫂不过是聚光灯下的一个,聚光灯之外,还有无数人。

三、学习活动二:自我即地狱,故自救无路

卡夫卡曾说:"人们互相间都有绳索连接着,如果哪个人身上绳子松了,他就会悬吊在空中,比别人低一段,那就够糟糕了;如果哪个人身上的绳索全断了,跌落下去,那就可怕极了。所以必须和其他人捆在一起。"祥林嫂的自救行为,无非是想通过紧抓、修复这条随时都可能断裂的"绳索",与大家"捆"在一起,得以重新被封建礼教接纳。那么,她做了哪些"自救动作"呢?

祥林嫂之自救,无非四字——"逃""撞""说""捐"。

(一)"逃""撞"

[点拨启悟]一个二十六七岁的女子丧夫,为什么不能有第二次婚姻?祥林嫂为什么比其他改嫁的女子做得更"出格",更"异乎寻常"?

生:因为祥林嫂比其他改嫁的女子更信仰礼教思想,所以她更"出格",更"异乎寻常"。她对女子事二夫是不干净、败坏风俗的这件事深信不疑。在她心里,"贞洁"比性命更重要,"干净"比幸福更重要。她渴望遵循礼教,有着对礼教思想近乎真诚的信仰。

自救动作	自救结果
被逼再婚,她强烈反抗,一路嚎、骂,逃,一头撞在香案角上	妥协再嫁;自救行为沦为谈资

(二)"说"

[点拨启悟]阿毛被狼吃了这一惨痛事件,本属极隐晦、极悲痛之事,祥林嫂为何反复自揭伤疤?

生:或者是一种情感宣泄;又或者是一种博取他人同情、求得接纳,进而换取自己在鲁镇的生存空间的方式。

自救动作	自救结果
反复"说"起阿毛被狼吃的故事	不但没有收获同情，反而还被庸众消费、咀嚼赏鉴

（三）"捐"

[点拨启悟] 柳妈随口提议捐门槛，祥林嫂便将其视为头等大事。为捐门槛，她卖力干活攒钱；前往捐门槛的路途遥远，可她却是脚步极快，心急如焚；捐完门槛之后，她神气舒畅，心情轻松……捐门槛为什么对祥林嫂那么重要？不捐可以吗？捐了之后大家就重新接纳她了吗？

生：祥林嫂认为捐了门槛便能赎罪。在她的潜意识中，她"罪孽"深重，故而想通过捐门槛洗清"罪孽"，她迫切想回到封建礼教的接纳范畴之内，坐稳"奴隶"的位置，所以她不可能不捐。但捐了之后情况并没有更好，她发现大家还是不接纳她。

[明确] 受害者以信仰的力量企图自救，却成了自己悲剧的有力制造者，她以为的"自救"，实际上是更深的"陷落"，真可谓"越信仰，越抗争，越悲剧"啊！

自救动作	自救结果
"捐"门槛	捐了门槛，却没有得到接纳，依旧被排斥、被驱逐，如四婶依旧不让她触碰祭具，故而心生绝望

[质疑探究] 祥林嫂"逃""撞""说""捐"一系列的举动，都显示了她对于脱离困境的努力和渴望，至少她对于自己的人生并非毫无作为，毫无反抗，所以，我认为祥林嫂是具有反抗精神的，大家认为呢？

[明确] 祥林嫂具有一定反抗精神，但这种反抗不彻底，且永远不可能大获全胜。祥林嫂的自救，并非是想为自己争取精神自由、肉体自由、权利自由，而是将全部的希望寄托在神灵和迷信思想上，迫切地想回到封建礼教规定的"套子"中，想紧抓、修复这条随时都可能断裂的"绳索"，与大家牢牢"捆"在一起，所以这自救必然失败。可怜之人必有可恨之处，祥林嫂若不对封建礼教极尽真诚地信仰，自然也不会受其戕害如此

深，以至于逃无可逃，落入地狱。当然更可恨的是当时的社会环境，封建社会、封建思想、封建礼教对人性的戕害、对人性的扭曲、对人性的践踏，已经到了无以复加的地步，毕竟以一人微薄之力，实在难以抗衡整个世界。

四、学习活动三：揭出病苦，引起疗救

孙绍振先生认为，鲁迅先生写得最成功的一种死亡，是祥林嫂的死亡。此话怎解？是的，从祥林嫂的死亡，我们洞见了封建社会的恐怖，目睹了封建礼教的"吃人"，见识了封建"卫道士"们的满手鲜血，哀叹着社会底层人物的任人宰割……

柴静说：真相常常流失在涕泪交加中。但我们要记住：小说是"为人生"的，要"揭出病苦，引起疗救的注意"。鲁迅先生这篇小说，意在揭出怎样的病苦，引起怎样的疗救注意？

（一）病苦之一：冷漠的"看客"

鲁迅先生曾将中国封建社会概括为两个时代："想做奴隶而不得的时代"和"暂时做稳了奴隶的时代"。鲁镇人无非是"暂时坐稳了奴隶"，祥林嫂则是"想做奴隶而不得"，本质都是奴隶，并无区别。

《祝福》一文向我们展示了鲁镇人对祥林嫂的态度，进而揭开当时国民奴性的一面——趋利、媚强、凌弱。与祥林嫂一样是底层劳动人民的柳妈，不仅没有帮助祥林嫂，反而使祥林嫂陷入了无尽的精神折磨；短工谈起祥林嫂的死时语气淡漠，可见其麻木；鲁镇上的众多看客和祥林嫂一样过着悲苦的生活，却对祥林嫂没有丝毫悲悯之心，反而将祥林嫂的不幸视为可供咀嚼取乐的谈资，广为传播，用他们的猎奇、麻木、愚昧、冷漠"审判"着这个"不祥"的女人，还心照不宣地竖起一堵密不透风的精神围墙，将其拒之门外，这不仅恶化了祥林嫂的生存环境，还加速了祥林嫂的死亡。

（二）病苦之二：愚昧的"自我"

祥林嫂在经历丧夫、被迫改嫁、丧子、被驱逐等一系列人生重大苦厄

时，是任人宰割的，是消极反抗的，是被动屈服的。正如前文所说，祥林嫂将"审判""赏鉴""凝视"的全部权利皆授他人，甘愿做"套中人"，以至于最终走入了命运的深渊，鲁迅先生对其可谓是"哀其不幸，怒其不争"。祥林嫂是旧中国社会底层千千万万个劳动妇女的缩影，她的悲剧不是个人的悲剧，而是群体的悲剧。

（三）病苦之三：启蒙的"新人"

"我"是《祝福》一文中唯一一个对祥林嫂抱有同情、怜悯之心的人，是一抹亮色，亦是一缕晨曦，但也仅是"一缕晨曦"，因为这微光照不亮祥林嫂黑暗的未来。"我"是既旧又新、不新不旧的伪"启蒙主义者"，有一定的进步性、解放性，但同时又有妥协、懦弱、彷徨、软弱无力的一面。根据文章记载，关于祥林嫂这些"所见所闻的她的半生事迹的断片"，都发生在五年以前，说明祥林嫂苟延残喘了五年之久，就是等着将心头的种种疑问投诸于"我"，在没有得到清晰明确的答案之前，绝不赴死。可当祥林嫂向"我"反复发出直击灵魂的提问时，"我"明知这答案对她而言十分重要，但"我"沉默，"我"敷衍，"我"逃跑，这不正是新知识分子的悲哀与堕落吗？马丁·路德·金曾有言曰："最大的悲哀不是坏人的嚣张，而是好人的过度沉默。"此言得之。

（四）病苦之四：吃人的"土壤"

别里科夫之死，揭露出了沙皇统治时期社会的黑暗反动；而祥林嫂之死，则揭露出了旧中国黑暗落后的一面——人人皆受封建思想和封建礼教的束缚。《祝福》写作于1924年，正值新文化运动之后，封建帝制已被推翻，但封建思想和封建礼教仍有残余，未被摧毁，中国社会仍在"套"中，动弹不得，自由不得！祥林嫂的悲剧是人性的悲剧，是性格的悲剧，更是社会的悲剧，若不从根本上铲除土壤，摧毁封建思想和礼教，还会有千千万万个祥林嫂走向死亡。

（五）引起疗救：批判，启蒙，唤醒，自省

"悲剧是将人生有价值的东西毁灭给人看"。鲁迅先生怀揣着对国家和民族的一片赤诚，洞若观火，振臂呼唤，摇旗呐喊，批判社会，唤醒庸

众，启蒙新人，可谓是用心良苦。愿庸众觉醒，愿勇士奋起，愿你我铭记："扫荡这些食人者，掀掉这宴席，毁坏这厨房！"如此，方能彻彻底底关上这地狱之门！

五、作业设计

当代作家殷谦《棒喝时代》写道："现在的很多人，就是被上述的外在的异化力量主宰着，我们无奈地顺从它的摆布，因为我们没有能力，或者说我们没有自由拒绝它的奴役。这种力量如此任性，如此强大，它几乎是毫不费力地就将强人变成弱人，好人变成坏人，把英雄变成小人。"是啊，祥林嫂、别里科夫、成名一家、林教头、格里高尔，何人战胜过异化的力量？你在现代社会中见过"异化现象"吗？该怎么面对这种现象？请你结合本课所学，简要谈谈如何有效预防或者对抗异化。

六、板书设计

34. 破套而出，何以可能？

——《装在套子里的人》教学课例

【前置任务设计】

1. 请你对《装在套子里的人》中的人物进行分类，谁是"套中人"？谁是"套外人"？并说明理由。

分类	人物	理由
套中人/制套人	别里科夫	
	"我们"	
套外人/解套人	华连卡、科瓦连科	

2. 阅读童道明的《契诃夫：如此的光明，如此的柔情》。

【教学过程】

一、情境导入

前几节课，我们在《祝福》中，看到了鲁迅对专制社会的控诉，这里的专制不是用刀子杀人，而是用礼教杀人，甚至让自己人杀自己人。令人触目惊心的是，专制统治者不是明目张胆地抓人、杀人，而是麻醉你的灵魂，让你发自内心地认为自己有罪，从而作茧自缚，窒息而亡。像这样的"装在套子里的人"，古今中外，不在少数。今天，我们要尝试为《装在套

34. 破套而出，何以可能？
——《装在套子里的人》教学课例

子里的人》的别里科夫寻求"破套而出"的可能性。

法国小说家萨克雷说过："生活是一面镜子，你对它笑，它就对你笑；你对他哭，它也对你哭。"我们可以将小说理解为生活的一面镜子，它可以帮助我们体悟人生百味，感受世事沧桑。俄国戏剧家斯坦尼斯拉夫斯基曾说："契诃夫的这一章还没有结束，人们还没有以应有的投入读完它，还没有深刻领会它的底蕴，而过早地把书合上了。"今天，我们站在《装在套子里的人》这面镜子前，以文为镜，期待能读出深意，读出新意，读懂人性。

二、学习活动一：因题启思，一字激趣

师：课前，同学们对小说中的人物进行了"套中人""套外人"的分类，从分类结果上看，大家对"套中人"是别里科夫，也是这座城镇的居民这个结论不存在异议。那么，现在我们将注意力放到"装"这个字上。"装"是何意？谁在做"装"这个动作？

生："装"意为"把东西放进器物内"。应该是以别里科夫为首的"套中人"自觉、主动地将自己"装"入套中。证据如下：

其一，有形的套子。

在晴天穿雨鞋，带雨伞，穿暖和的棉大衣，总是把雨伞装在套子里，把表放在灰色的鹿皮套子里；削铅笔的小刀也装在套子里；把脸藏在竖起衣领里；戴黑眼镜，穿羊毛衫，用棉花堵住耳朵眼，坐上马车便支起车篷……

其二，无形的套子。

老是歌颂过去，歌颂那些从没存在的东西；只有政府的告示和报纸上的文章，其中规定着禁止什么，他才觉得一清二楚；凡是违背法令、脱离常规、不合规矩的事，都能令他心慌意乱；口头禅是"千万别闹出什么乱子"，在文中出现多次。

[**点拨启悟**] 器物之用尚且如此，更何谈器物之上的人的生活呢？别里科夫是一个封闭至极、保守至极、迂腐至极、胆小至极的人，显然他不

297

具备自救成功的能力。

三、学习活动二:"套外人"是否能实现救赎?

别里科夫过于胆怯,憎恶现实,于是渴望与世隔绝,免受外界影响,故而主动"入套"。既是他主动"入套",甘愿作茧自缚,那么鼓励其"自救"这一条路便行不通,我们只能从外部寻求"破套"的可能。

师:别里科夫是一名希腊文教师,他身边不乏有学问、有思想、很正派、受过屠格涅夫和谢德林的陶冶的同事,其中包括小说的讲述者布尔金,还有城镇上的居民们,他们可以帮助别里科夫"破套而出"吗?

生:不行。他们很"怕"别里科夫,第4段一共连用了4个"怕"和8个"不敢",说明大家都受着别里科夫的辖制,无力助其"破套"。

师:别里科夫靠什么辖制了他们?一个平平无奇、胆小孤僻的教师竟有如此威力?

生:别里科夫用他的慎重、多疑、纯粹套子式的论调,压得人们透不过气;他凭唉声叹气、垂头丧气、苍白小脸上的眼镜,降伏了人们。

师:这便是小说的反常处了——我们注意到,在处理学生事件中,布尔金的叙述是"我们只好让步","只好"一词,只用于无计可施、无可奈何、逼不得已的情况,可别里科夫明明并没有做出什么实质性的具有震慑力的举动,为何整个中学乃至整个城镇都受其辖制?都怕他?

生:或许大家不是单纯怕这个人,是怕他背后的"当局"?

[**点拨启悟**] 一语中的! 19世纪的俄国,被列宁称为处于"牢狱时代"。是时,俄国已然进入资本主义社会,而资本主义经济与封建专制的政治制度形成了激烈的矛盾冲突,亚历山大三世为了维护自己的统治,不惜动用所有专制手段:密探盛行,告密诬陷屡见不鲜,精神控制和言论管控不断加强。在高压恐怖政策下,言行稍有不慎,便会被捕入狱,遭受严刑拷打,甚至流放、处死。人们无不战战兢兢,如履薄冰,一部分人甘愿为奴,充当沙皇统治的卫道者和走狗,一部分人无力反抗,便选择浑噩度日。

生：看来，别里科夫并没有那么大的威力足以震慑整个城镇，他是沙皇统治的卫道者和走狗，所以大家不是怕他，而是怕他背后的沙皇专制统治。大家对别里科夫的"怕"和别里科夫对现实生活的"怕"本质上是一样的，所以他们同属"套中人"，同在一个"套子"里，谁也无法为谁"破套"。

[质疑探究] 大家认为他们同属"套中人"，可从布尔金的叙述中，我们似乎可以读出这样一种意味——布尔金们并不认为自己"身在套中"。从"他也真怪""我们这些教师都是有思想的、很正派的人，受过屠格涅夫和谢德林的陶冶""我甚至可怜他"这些句子可以看出，布尔金们将自己视为区别于别里科夫的"套外人""局外人"。大家怎么看？

生：布尔金等人的"让步"是因为"怕"，而"怕"是因为"他们这些教师有思想、很正派"，既然"有思想""很正派"，又为什么会怕一个虚弱无比、平平无奇的别里科夫呢？后文提到众人去给别里科夫送葬时，谁都不肯露出快活的感情，这种虚伪胆怯，不正是另一种别里科夫吗？由此观之，布尔金们其实早已"身陷套中"，只是自欺欺人，自我麻醉，不愿承认自己也是"套中人"，不敢直面自己的精神残缺，才会"身在套中而不自知"，甚至试图通过树立"套中人"典型（别里科夫），借由对其的批判排斥来洗白自身，逃脱审判。

[明确] 别里科夫之所以能够辖制人们，并非他自身力量过于强大，而是布尔金们自身力量太过弱小，太过妥协。他们同属"套中人"，"入套"的深度不同罢了。

四、学习活动三：解套还须制套人：自由是无法由他人带来的

《尚书·周书·泰誓上》中说："惟人万物之灵。"《孝经》引孔子的话说："天地之性，人为贵。"人之灵、人之贵，在其天性的自由舒展，在其精神的野蛮生长，在其清醒的独立意志。而"套中人"，已然走向了人的"异化"，摒弃自由，放弃天性，甘愿为奴。"人"装入了"套"中，便成"囚"，万劫不复。奴性越重，人性越轻，异化越深。

师：别里科夫和一众同事、城镇居民们同属"套中人"，谁也无力为谁"破套"。所以，我们只能将"破套"的希望寄托于"套外人"。华连卡的出现，打破了死气沉沉的生活，让别里科夫有了想结婚的念头，似乎"破套在望"，然而最终解套失败，原因何在？

生：别里科夫虽有了结婚的念头，但这念头却是起自众人的怂恿游说，是"他应当结婚"，而非"他想要跟这名女子结婚"。言外之意即别里科夫与谁结婚都不打紧，关键是要完成"结婚"这个既定程序。这种为结婚而结婚，为迎合世俗观念和周围舆论而无视自身的自由意志和实际情感需求，不还是"套中人"的行径吗？他决定结婚，还有三个原因：一是华连卡长得不坏；二是华连卡是五等文官的女儿，田产丰厚；三是华连卡是第一个待他诚恳而亲热的女人。所有想结婚的原因，竟都与爱情毫无关系，何其荒谬！

[明确]爱情应是发自内心的，婚姻应该是忠于内心的选择，而此刻却沦为"套中人"强行合群的途径，荒谬之下，更多凄凉。就连华连卡这样一个生气勃勃、自由爽朗、无拘无束的"套外人"都无法拯救无能被动、胆怯委琐的别里科夫，可见其"入套已深"，难以自拔。社会环境的压抑、他人目光的审视和内心的自我捆绑，这三者的共同作用让他最终走向了死亡。

[质疑探究]大家课前阅读时，认为华连卡姐弟属于"套外人"，因为他们有着与城镇居民们截然不同的性格，坚守自由生长的本性。现在呢？这个想法是否改变了？

生：我认为华连卡姐弟"暂时"属于"套外人"。因为他们是"新来的"，倘若长期浸染于这样封闭保守、窒息奴性的环境，他们的异质还能保留几分呢？生活在这片土地上的人，要么已在"套"中，要么正在入"套"，最终都难逃此劫。

[明确]在第一个学习活动中，同学们一致认为"套中人"是主动将自己"装"入"套"中的。可结婚事件显示，"装在套子里的人"不仅是"主动入套"，亦是"被动入套"。社会环境如此，个人的力量实在微薄，

难以抵御洪流。一旦"入套",再想"出套",谈何容易?

师:别里科夫的死因是什么?是否有反常之处?

生:别里科夫上门规劝柯瓦连科,反被推下楼。反常的是,别里科夫滚下楼却安然无恙,而华连卡响亮清脆的笑却让别里科夫送了命。"套中人"以一人之力辖制全城十五年之久,竟是这般虚弱不堪、外强中干!"套子"既无法从内部解开,亦无法从外部攻破,自救无能,他救无路,逃无可逃,只能以死谢幕。

师:辖制全城的"套中人"别里科夫竟是这样弱小?契诃夫的用意是什么?

生:契诃夫提取"套子"这一概念,为的是批判专制政治制度下固步自封、迂腐保守的陈旧观念和社会状态,还借此劝解那些顺从者、观望者勇敢发声反抗——也许不是敌人力量过于强大,而是人们过于妥协屈服。沙皇专制制度终将走向穷途末路,"套中人们"缺乏的不是"破套"的能力,而是"破套"的勇气。除此之外,他还极力赞颂如柯瓦连科、伊凡尼奇这样的充满斗争精神的清醒者、抗争者,希望他们奋勇抵抗,斗争到底。

师:别里科夫死了,辖制全城的人没了,境况是否好转?

生:一个礼拜还未过完,生活又跟先前一样郁闷、无聊、乱糟糟,因为埋葬了一个别里科夫,还有好多个。只要沙皇专制制度仍然存在,衍生罪恶、滋长套中人的土壤仍未铲除,境况永远不可能好转。

[明确]契诃夫晚年在日记中这样写道:"世界上没有一个地方像我们俄罗斯这样,人们受到权威的如此压制,俄罗斯人受到世世代代奴性的贬损,害怕自由……我们被奴颜婢膝和虚伪折磨得太惨了。""套中人"既是维护现行制度的施暴者,也是深受奴性思想桎梏的可怜人。至此,我们也理解了别里科夫复杂形象背后蕴含的社会性与深刻性,体悟了这一形象的社会批判意义。只要沙皇专制制度不推翻,人人都是深受其害而不自知的"套中人"。本节课,我们以《装在套子里的人》为镜,折射出当时俄国整个民族、国家制度和文化的问题根源,明白了契诃夫塑造"套子"形象的

艺术性及其背后的强烈诉求和底层逻辑，即进行深刻批判和反省。小说原文结尾是："不成，不能再照这样生活下去了！"这是一种觉醒，一种期望。它使人们时刻铭记：人应该时刻警惕陷入"套子"中，切忌自我蒙蔽，自我禁锢，自我封闭；人，是万物之灵！应拥有自由意志、自由意识，能够独立思考、独立选择。米兰·昆德拉曾说："小说的存在理由是要永恒地照亮'生活世界'，保护我们不至于坠入'对存在的遗忘'。"这篇小说便是最生动的注脚。

五、作业设计

本单元属于"文学阅读与写作"学习活动群，人文主题为"观察与批判"。本课上承《祝福》和《林教头风雪山神庙》，后接《促织》和《变形记》。本单元五篇小说虽题材不一，主题不同，风格独具，或夸张，或写实，或喜剧，或悲剧，但都无一例外地塑造了"套中人"形象。请你选择其中一位"套中人"，为他（她）寻求"破套"的可能。

六、板书设计

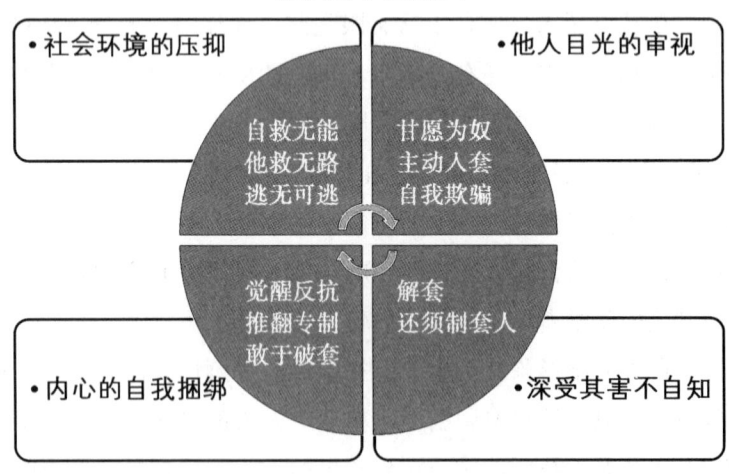

35. 满纸荒唐语，一掬辛酸泪

——《促织》教学课例

【前置任务设计】

1. 假如你是明朝宣德时期坊间的记者，请依据《促织》原文，写一篇新闻报道这桩奇事。

2. 鲁迅曾如此评价《聊斋志异》："用传奇之法，而以志怪，变幻之状，如在目前。"请阅读课文，绘制"情节走势图"，感受《促织》一文的内在张力。

【教学过程】

一、情境导入

近日，学校组织读书节活动，我们负责向高一新生推荐《聊斋志异》这部书，要求拟写150字左右的作品推荐词。很多同学犯了难，说对《聊斋志异》不甚了解，无从下笔。当代作家毕飞宇曾评价：《促织》是《聊斋志异》中的一篇"被耽误的'史诗'级的巨著"。或许我们可以从《促织》一文中获得启发，今日，我们就一同走进《促织》这篇课文，一窥究竟。

师：在正式上课前，老师想问问大家，读完《促织》的第一感受是什么？

生₁："荒唐"。现实生活中不可能有"人化成虫"这样的事，而且人之否泰皆系于一小虫上，实在荒谬。

生₂：初阅读感受确是"荒唐"，再读又觉得"真实"。何也？西周时，三个奴隶等于一匹马加一束丝；古巴比伦汉谟拉比法典规定，杀死一个奴隶只需要赔偿一头牛。"牛马不如的生活"确实是真实存在的。荒唐又真实，有点矛盾啊！

师：矛盾吗？为师读罢《促织》，深感此文"荒唐离奇"其表，"真实辛酸"其里，虚幻之下，剑指现实。真可谓"满纸荒唐语，一掬辛酸泪"。

二、学习活动一：摄取"心理关键词"，初闻"荒唐事"

请大家细读课文第6段，从文中找出能体现成名心理变化的词，依次填入横线上，并画出情感变化图，体会心理描写的作用。（每条横线只填一个字）

成名听闻儿子误毙促织则_____，得子尸于井则转而为_____，见子气息惙然则转而为_____，但顾蟋蟀笼虚则又转而为_____。忽闻门外虫鸣则既_____且_____，然见促织短小则认为它_____；视之，意似良，又转而为_____。将献公堂，不知能否合官老爷意，心中又_____。

[明确] 怒 悲 喜 愁 惊 喜 劣 喜 恐

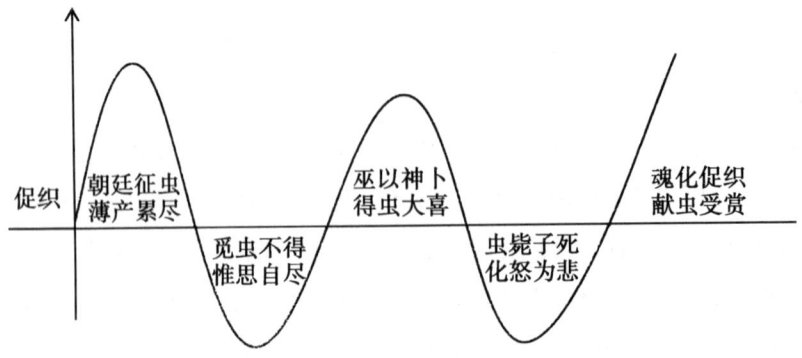

[**点拨启悟**]统观所填之词和情感变化图，我们惊讶地发现，一只小小蟋蟀（物）竟主宰着主人公（人）的情绪、命运，令其忽而怒，继而悲，初欣喜，突转愁，惊吓连连，跌宕起伏，一波三折，实属"荒唐"。何处"荒唐"？人本是万物灵长，蟋蟀本是万物，此刻竟颠倒过来，人成了走投无路的可怜虫。

[**明确**]区区小虫，能令众人为之悲，为之喜，为之生，为之死，为之贱，为之贵，既能将人置于死地，亦能令人得道升天。何也？只因其偶然附着了统治者的个人喜好，便摇身一变，成了异化人性、压榨民众、助纣为虐的"帮凶"。

三、学习活动二：立足"虚构反常处"，读懂"荒唐语"

师：《促织》之"荒唐"，体现在"虚构"上，即安排一些现实中不可能出现的、超现实的情节。为何要虚构？不虚构的话，结局会有什么不同？请大家找出一两处进行分析。

生$_1$：驼背巫并不能"以神卜"，所以依靠占卜而捕获第一头蟋蟀纯属虚构。若不虚构此情节，成名会被官府杖责至死，故事也就无从展开。

生$_2$：成名被官府"杖至百，两股间脓血流离"，几乎不能行走，但竟能于绝境中"遽扑之"，此亦为虚构。若不虚构此情节，成名大概率会绝望自尽。

生$_3$：从唯物主义的角度看，人死不能复生，成名之子既死，绝不可能复生为一善斗促织，便也无从开解成名困局。若不虚构此情节，成名只有一死。

[**小结**]所以，抛开一切浪漫的虚构，成名现实中的结局只有一个：在"宰严限追比"、里胥"科敛丁口"的压迫之下，遭遇更大的不幸，轻则倾家荡产，饱受精神肉体双重摧残，重则忧闷至极，惟思自尽。原文中，成名因一头蟋蟀而得到各级赏赐，苦尽甘来，"不数年"便"田百顷，楼阁万椽，牛羊蹄躈各千计，出门便裘马过世家"，只能存在于虚构的情节中，绝不会出现在现实世界里，如此读来，悲剧性极强。

[点拨启悟]窦娥三桩誓愿的兑现证实了她的似海冤屈；梁祝化蝶，有情人方成眷属，厮守一生；牛郎织女两相遥望，唯有七夕佳节能于天河相会……以上美好结局，皆是通过浪漫的想象虚构来实现的。倘若回到现实呢？怕只剩繁华落尽之后的无尽虚空。

师：歌德说："内容人人可见，意蕴须经一番努力才能找到，形式对大多数人却是一个秘密。"朱熹也说读书要留意那"缝罅处"，从"缝罅处"去体悟。所谓"缝罅"，就是不合常情、有悖常理的地方，是文章里的反常处、矛盾处。《促织》之"荒唐"，还体现在多处的"反常"，即悖乎常理、打出常规之处。请大家找出并分析，这些"反常处"蕴含着作者怎样的匠心。

生₁：我关注到了第6段对成名儿子化虫之后的描写。成名夫妻因儿子误毙促织，"怒"索儿，可以想见若寻到了不免又是一顿苛责毒打。"得其尸于井中"，才"化怒为悲，抢呼欲绝"；儿子死而复生，遂心稍慰，可一句"但蟋蟀笼虚"，在一定程度上反映了成名夫妻对促织的重视程度并不亚于对儿子生命安危的关怀。这是有悖人伦常情的，既凸显了个体的自我"异化"，亦曲折地展现了"人不如虫"的残酷社会现实。

生₂：我关注到了第6段成名之子化虫这部分的描写。起初，成名对此小虫并不以为意，"以其小，劣之"，不打算将其收入囊中，而是"彷徨瞻顾，寻所逐者"；按照常理，虫会畏惧人、逃避人，可此小虫见成名对它不感兴趣，反倒急了，"壁上小虫忽跃落衿袖间"，自投罗网，主动跳到成名的衣袖上，希望能将自己"喜而收之"。读至此，方恍然大悟，成名之子主动变形、灵肉分离，甘心化虫，只为替父亲分忧解难，数年之后才敢精神复旧，凸显了人物命运随着小小促织而摇摆起伏的悲惨社会现状。

生₃：我关注到的是第8段，县宰将促织进献给抚军之后，抚军大悦，"细疏其能"。据我所知，"疏"是臣子向皇帝陈述政事的奏章，上疏内容应严谨庄重，如唐代魏征的《谏太宗十思疏》。而文中却用它来陈述一只小小促织的才能，并且还用一"细"字，更显其慎重，何其荒唐！而皇上大为嘉悦，因抚军进献如此优良的促织而大行诏赐，抚军亦"不忘所自"，

35. 满纸荒唐语，一掬辛酸泪
——《促织》教学课例

真是"离谱至极"！后文还提到县宰因进献优良促织而"以卓异闻"，也十分荒唐。依照明清制度，吏部每三年进行一次官员考核，才能优异者，方可称得上"卓异"。此部分的描写，处处暗含讽刺，指出当时荒谬的官吏考核制度漏洞。究根结底，还是剑指封建统治者因个人喜好祸及天下，各级官吏"欲媚上官"四处搜刮财物给百姓带来的深重灾难。

生$_4$：我关注到的是成名的名字和他的命运。他本是一介迂讷书生，"操童子业而久不售"，苦读诗书，期望有朝一日能够金榜题名，一举"成名"，"一朝成名天下知"，却苦于"读书久不效"。不承想"时来运转"，竟因进献了一只促织而声名远扬，平步青云。这既是反常之处，亦是荒谬离奇处，寒窗苦读竟远远不如进献促织，这充分说明了当时的社会畸形扭曲程度之深。

四、学习活动三：立足"异化主题"，深味"辛酸泪"

故事讲完了，成名从此平步青云，拥有"田百顷，楼阁万椽，牛羊蹄躈各千计"的丰厚家产和出门"裘马过世家"的气派风光，皆大欢喜的结局，几乎快让我们忘记故事开篇成名被催征的官吏打至"两股脓血流离"的惨状了，那么，这种矛盾消失了吗？成名安全了吗？

[**质疑探究**] 如果安全了，成名儿子的魂魄为何"后岁余"才"精神复旧"？为何不是"马上复旧"？究其原因，还是担心统治者和官府追责；就算躲过了这一阵，之后就能确保高枕无忧了么？不一定，统治者喜好的变更，随时可能会带来新的灾难，这一次是"尚促织之戏"，下一次又会是什么？就算成名是个彻头彻尾的幸运儿，一辈子能够尽情享用促织带来的荣华富贵，那么其他没那么幸运的百姓呢？能否在这场灾难中得以幸免？

[**明确**] 在连续发出质疑后，同学们都陷入了沉思。因为我们发现：这种激烈的矛盾并没有因为成名一家的发迹变泰而消解，它只是暂时隐藏了起来，就如同《装在套子里的人》的结尾，别里科夫虽然死了，但是还有千千万万这样的人在社会上大行其道，隐忧仍在。

307

一位父亲享用着儿子灵肉分离之后的成果，没有痛心、没有反抗、没有不平、没有彻悟，甘愿被折辱，被异化。这已经不只是单纯的个体的自我"异化"，而是人与人之间关系的"异化"，是整个社会大面积、深层次的"异化"，是没有人能够独善其身的"异化"。这种"异化"，使得本就无社会地位、丰厚资产的普通百姓逃无可逃，死路一条。而这个美好的大团圆结局，是蒲松龄"赏赐"给读者的一个"善意谎言"，或是心灵慰藉，或是美好期许，或是自欺欺人，但这终究不是我们所触及的真相，真相远比这个结局残酷得多。大团圆伴随着一个人灵魂的失落，一切欢喜皆是空，只有悲苦是真相。

[点拨启悟]请大家细细揣摩作者心理，还原文中"未尽之语"，品味"言尽意未尽处"。宣德年间是"治世"，宣宗乃"明君"，康熙年间是"盛世"，康熙本人为"英主"，可就算是如此英明之主，同样在"斗鸡戏虫"等无聊把戏上过分沉溺。

[资料助读]斗蟋蟀盆，以康乾年间制作最精，扬名于世。

生₁："治世""盛世"尚且如此，"明君""英主"尚且如此，那"庸主"当政的"衰世"，又会是何种光景？

生₂："天子偶用一物"尚且如此，若是"喜用""常用""好用"，又会如何？

[点拨启悟]大家都找到了文本的"空白处"，并进行了深度思辨。任何一种文学都有与之相配的文化背景，也有它与之相对的文化诉求。《促织》的文化背景是什么？发生在明朝的事情，为什么拿到清朝来说？其文化诉求是什么？作者蒲松龄想要达到怎样的目的？

生：《促织》的文化背景是"宣德年间，宫中尚促织之戏"，各级官员媚上，强征于民间，"每责一头，辄倾数家之产"，民不聊生，哀鸿遍野，给百姓带来了深重灾难，揭露出"人不如虫""人贱虫贵"的社会现状。

[明确]《促织》是借"前朝"的事来讽谏"本朝"的事，其文化诉求在于揭露各级官吏为讨好君王、四处压榨百姓、征讨贡物，批判"官贪吏腐"的黑暗社会现实，对深受其害、逃无可逃的底层百姓给予深切同情，

35. 满纸荒唐语，一掬辛酸泪
——《促织》教学课例

顺势劝谏统治者：你的一动一用，一喜一怒，都会波及天下，所以务必慎之再慎，以民为重。"天子一跬步，皆关民命，不可忽也！"一言以蔽之。

五、总结

师：故事主人公往往是作者的映射。成名与蒲松龄有何关系？

[资料助读]

蒲松龄19岁"初应童子试，即以县、府、道三第一补博士弟子员，文名籍籍诸生间"。此后却屡试不第，直至71岁，才援例出贡，四年后去世。一直过着"数卷残书，半窗寒烛，冷落荒斋"的穷苦生活。

天孙老矣，颠倒了、天下几多杰士。蕊宫榜放，直教那、抱玉卞和哭死……每每顾影自悲，可怜骯脏骨，消磨如此……数卷残书，半窗寒烛，冷落荒斋里。

——蒲松龄《大江东去·寄王如水》

仕途黑暗，公道不彰，非袖金输璧，不能自达于圣明。

——蒲松龄《与韩刺史樾依书》

嗟乎！惊霜寒雀，抱树无温，吊月秋虫，偎阑自热，知我者，其在青林黑塞间乎！

——蒲松龄《聊斋志异》

生：蒲松龄穷其一生渴望考取功名，无奈科场蹭蹬，故而满腔孤愤。由此可见，成名就是蒲松龄，蒲松龄就是成名。两者人生经历相似，遭际相似，孤愤之感相似。若无切身体会，实难写出如此真实的底层百姓苦难全景。

[展示作品推荐词]

《聊斋志异》是中国清朝小说家蒲松龄创作的文言短篇小说集，擅用"用传奇法，而以志怪"的艺术手法。蒲松龄耕耘四十载，集腋

309

成衷，浮白载笔，几经增删，苦心孤诣，方成大作。《聊斋志异》的创作是他借助鬼神去抗衡现实中的黑暗，实现自我价值的唯一途径，是异化世界中的个体困境突围的有力尝试。

六、作业设计

一个东方的三口之家，因为人变成虫而获得富贵；一个西方的四口之家，因为人变成虫而陷入困顿。荒诞的人变虫的背后，往往隐含着悲凉的现实。

17 世纪的蒲松龄通过"人变蟋蟀"，反映了世间的种种荒唐与黑暗，发人深省；20 世纪的卡夫卡通过"人变甲虫"，揭示了现代人普遍的生存困境，发蒙振聩。相隔万里，间隔数百年，中西文化对"异化"（异化，指的是主体在某一时刻会出现与其本身不同的力量与它相对存在，人不能控制自己的命运并受控于物）这一母题的诠释从未休止，如《犀牛》《疯狂的君子兰》《金驴记》《小镇畸人》等作品。请你试着以"生活中的变形"为题，聚焦当下人类的生存困境，写一篇文章。

七、板书设计

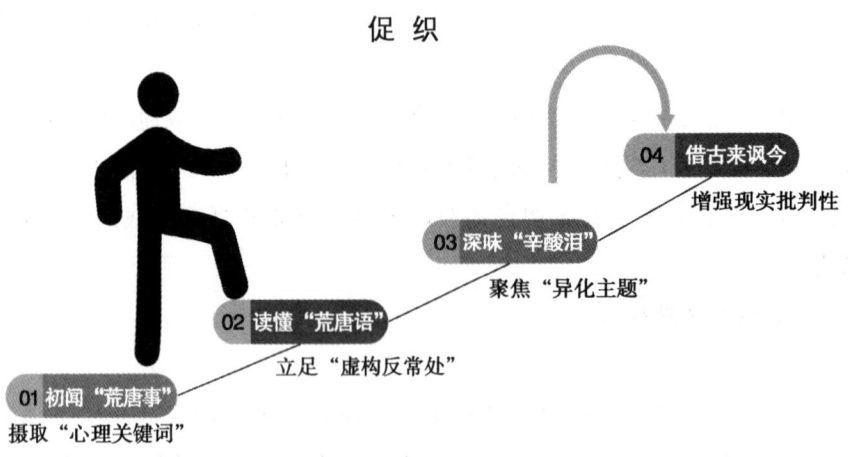

36. 故作惊人之语，积忧成愤作谏书

——《阿房宫赋》教学课例

【前置任务设计】

陕西省西安市拟组织一次题为"以史为鉴，讲好阿房故事"的导游讲解大赛。班级拟组织参加此次活动，并将在同学们中选拔优秀讲解员，作为参赛选手参与大赛的角逐。请各位同学参照下图的《小导游选拔标准》，并依据《阿房宫赋》，做好准备。

"以史为鉴，讲好阿房故事"讲解员选拔标准：

项目	要求细则	满分	得分
仪容仪表	着装得体，精神饱满，表情大方，微笑自然，站姿挺拔。	10	
文学素养	撰写介绍阿房宫的讲解词，突出特点，内容准确，语言简练生动，有画面感。	20	
历史素养	观照多则史料，把握阿房宫的历史变迁、修建目的等，回应游客随机的发问。	20	
人文素养	讲解具备较高的人文内涵，能够讲出阿房宫背后的历史故事。	20	
语音语调	普通话标准、语调自然、音量语速适中、节奏合理。	15	
讲解技巧	角度新颖、生动幽默、通俗易懂，富有感染力、亲和力。	15	

【教学过程】

一、学习活动一：身临其境，走进历史现场

作为一支优秀的导游团队，我们准备参加陕西省西安市组织的"以史为鉴，讲好阿房故事"的讲解大赛，大赛组委会提供了几篇描写阿房宫的文章，其中就有《阿房宫赋》。

[点拨启悟] 今天，我们学习《阿房宫赋》的第二课时，这节课是我们成为更专业导游的绝佳契机。讲解阿房宫，先要抓住它的特点，我们先朗读一遍课文。（自由朗读）大家对阿房宫有怎样的印象呢？请一位"讲解员代表"来说说。

生：纵目远望，只见阿房宫占地极广，凌云蔽日，从"覆压""隔离"便可见出其规模宏大，气势非凡，"五步一楼，十步一阁""囷不知其几千万落"可看出宫殿楼台众多，恢宏华美。

师：看来各位已经进入状态了，讲解的语言生动准确、优美得体。是的，杜牧用繁丽的文字呈现出了一座恢宏壮观的阿房宫。现在，我们来看一段视频，更加深入地感受阿房宫的气势磅礴。（播放视频）视频中的阿房宫也是壮观宏伟的。然而，真实的阿房宫是这样的吗？

生：我查阅过资料，据多方考证，阿房宫是一座尚未建成的宫殿，并没有课文上描述的那么华美。（展示阿房宫图片）

师：准备工作做得十分到位。没错，现实的阿房宫，竟是一座未成而亡的宫殿！我看到有些同学的脸上露出了疑惑的神情。谁试着说说自己的疑惑？

生：既然阿房宫根本没有建成，为什么杜牧还要极尽铺陈之能事，把它写得如此华丽、壮观呢？

[点拨启悟] 这个问题问出了所有同学的心声。在此，老师要提醒大家：文学作品与史实常有出入，它常带有较强的现实针对性和作者个人浓厚的主观色彩。

二、学习活动二：史料对比，还原文化语境

师：古人说，"牧之赋与秦事抵牾者极多"。作为专业的讲解员，要能够观照多则史料，不拘泥于一家之言，把握阿房宫的历史变迁、修建目的等知识，回应游客的随机发问。现在，老师提供两则史料，各位讲解员，请用你的慧眼，找出以下史料与《阿房宫赋》的相悖之处。

[PPT 投影展示]

材料一：

于是始皇以为咸阳人多，先王之宫廷小，吾闻周文王都丰，武王都镐，丰、镐之间，帝王之都也。乃营作朝宫渭南上林苑中。先作前殿阿房，东西五百步，南北五十丈，上可以坐万人，下可以建五丈旗……阿房宫未成……

——司马迁《史记》

材料二：

牧之赋与秦事抵牾者极多。如阿房广袤仅百里，牧谓"覆压三百余里"。始皇立十七年，始灭韩，至二十六年，尽并六国，则是十六年之前，未能致侯国子女也……阿房终始皇之世，未尝讫役……歌台舞榭，元未落成，宫人未尝得居。

——赵与时《宾退录》

师：经过深思熟虑，各位得出答案了吗？

生：相悖之处在阿房宫的修建目的。《阿房宫赋》认为秦始皇建阿房宫的原因是"秦爱纷奢"。而《史记》认为秦始皇建阿房宫的原因是咸阳人多，先王之宫廷小。

师：那大家认为修建目的是什么？

生：《汉书》对此也有记载，修建阿房宫实际上是为了壮大秦帝国的声威，并非"秦爱纷奢"。

师：很好，旁征博引。秦修阿房宫系有现实需要，原有的宫殿与都城规模太小，难以满足秦一统天下后的现实需要。当然，也有政治考量，咸阳作为政治、经济、文化中心，若气魄不够，如何震慑诸侯，展示国威？

生：相悖之处在宫殿规模。《阿房宫赋》记载的占地面积是"覆压三百余里，隔离天日"，《史记》记载的占地面积则是"东西五百步，南北五十丈"，《宾退录》中记载"阿房广袤仅百里"。真实的阿房宫并不像《阿房宫赋》中描述的那样占地极广、恢宏壮观。

师：阿房宫的实际规模与史料记载相去甚远，可见杜牧夸大了阿房宫的规模。除此之外，还有吗？

生$_1$：阿房宫建成与否也存在争议。《阿房宫赋》的种种描写都显示阿房已建成。《宾退录》中说"阿房终始皇之世，未尝讫役"，工程未完成，秦始皇已去世。我查阅过资料，直到秦始皇去世，阿房宫也只建成了前殿的地基。

生$_2$：《阿房宫赋》中提及侯国子女皆来阿房宫生活，"王子皇孙，辞楼下殿，辇来于秦"，可《宾退录》记载："未能致侯国子女也"，这也是相悖之处。

生$_3$：我要补充，《宾退录》说"歌台舞榭，元未落成，宫人未尝得居"，实际上他们不曾居住在阿房宫内，所以他们奢靡无度的生活只能是杜牧的想象。

师：大家真是心细如发，能够找到这么多相悖之处！通过对比史料，大家发现了什么？

生：杜牧用想象、夸张，刻意强化了阿房宫的宏伟华美，秦统治者的奢靡无度。

师：如此刻意，意欲何为？

[点拨启悟]游客在参观阿房宫遗址时，发出了这样的疑问：杜牧的写作与历史不甚相符，为什么要把"未亡而成"的阿房宫描绘得如此奢华

气派,把阿房宫的生活描述得如此奢靡无度?你该怎么解答游客的疑问?

给大家一点小提示,英国学者韩礼德认为,语境有两种表现形式:情景语境和文化语境。其中,文化语境是创作作品时的社会历史背景。若要深刻、准确把握文本,就必须借助文本产生的语境。所以,了解《阿房宫赋》的创作背景,还原历史文化语境,是探析写作目的的第一步。为了帮助大家把讲解工作做得更加细致深入,我再为大家提供三则资料。

[PPT 投影展示]

材料一:

晚唐时期,阶级矛盾异常尖锐,政治十分腐败,而藩镇跋扈,吐蕃、回鹘等的肆意入侵,更加重了人民的痛苦,大唐帝国,已岌岌可危,而唐敬宗李湛依旧"游戏无度,狎昵群小",又喜大兴土木,劳民伤财。

材料二:

前幅极写阿房之瑰丽,不是羡慕其奢华,正以见骄横敛怨之至,而民不堪命也,便伏有不爱六国之人意在。

——吴楚材、吴调侯《古文观止》

材料三:

宝历大起宫室,广声色,故作《阿房宫赋》。

——杜牧《上知己文章启》

师:看完资料,各位讲解员有什么启发?该怎么回答游客的疑问?

生:之所以用夸张、想象来写阿房之瑰丽,秦之奢靡,是为了凸显秦的骄横敛怨已到达顶峰,民不堪命,才致国家颠覆。

师：很好，我们接近《阿房宫赋》的内核了。写作的最终目的是什么呢？能不能贴紧文章，抓住关键词说说？

生：我抓住了"秦人不暇自哀……亦使后人而复哀后人也"中的关键词——"哀"，此应为写作目的。

师："哀"是目的，还是态度？

生："哀"是态度，"鉴"才是目的，以史为鉴，借古讽今。

师：很好，一点就通。文章的脉络很清晰，即"奢—亡—鉴"，杜牧想以秦的穷奢极欲、奢淫亡国来劝诫统治者接受秦的亡国教训，切勿大兴土木、重蹈覆辙，这才是最终的写作目的。

三、学习活动三：开掘文体，想见其人促思辨

韩非作《说难》，而死于说难，盖谏说之难，自古以然。

——洪迈《容斋随笔》

众所周知，要使君主从谏如流实非易事。在"以史为鉴，讲好阿房故事"的讲解现场，悬挂着不少向君王进行劝讽的文章，除《阿房宫赋》外，还有《谏太宗十思疏》《谏逐客书》《邹忌讽齐王纳谏》等文章，游客发出疑问：既然讲解员介绍杜牧写作此文的目的是向君王进行"劝讽"，为何不用"疏""谏"这种文体？杜牧是一位长于"讽谏"的现实主义作家，也曾写过一系列讽谏、批判的作品，有这么多文体可选择，为什么他偏偏选择了"赋"？

[点拨启悟] 要回答这个问题，我们就要先知道"赋"是一种什么文体。请各位阅读关于"赋"体的资料，并再次朗读课文，感受"赋"体特点。

[PPT 投影展示]

材料一：

36. 故作惊人之语，积忧成愤作谏书

——《阿房宫赋》教学课例

赋者，铺也；铺采摛文，体物写志也。

——刘勰《文心雕龙·诠赋》

材料二：

谏杀人者，杀人愈多；谏畋猎者，畋猎愈甚；谏治宫室者，宫室愈崇；谏任小人者，小人愈宠。

——杜牧《与人论谏书》

材料三：

"赋"的特点是"铺采摛文，体物写志"。"体物写志"意为通过描写事物表达情志，"铺采摛文"指向手法，赋体常用铺陈夸饰，用以增加文采。

师：杜牧为何以"赋体"来写此文？

生₁：因为赋的传统写法本就是写景状物的，比如"廊腰缦回，檐牙高啄……蠹不知其几千万落"寥寥数语就把阿房宫的建筑之多、宫殿之密、走势之曲表现出来了，用"赋"体便于对阿房宫进行精细入微的描绘。

生₂：我认为是因为"赋"能够"体物写志"，婉而多讽。作者连续使用了"明星荧荧，开妆镜也"等六组排比，通过这些描写，揭示了秦统治者生活的骄奢淫逸，表达了不满。我们之前学的《赤壁赋》，东坡不能像《离骚》那样直白地埋怨君主，他尚有因文获罪的担忧，但又想痛快表达自己的心声，还要阐明人生态度，含蓄表达情感，所以只能选择赋这种文体。我猜杜牧也是如此吧？

师：举一反三！思维发散开了！再想想，还可能有什么原因？

生：我认为这与杜牧的劝谏主张也有关系。结合资料来看，他认为向君王劝谏，不能直谏，而要用委婉曲折的讽谏。

师：有理有据。赋体"铺采摛文"的特点会不会也是一个原因呢？

生：我反复朗读课文，越读越能感受到"赋"的文体特点，尤其是开篇十二字，音节紧凑，先声夺人，既写出了秦始皇统一天下的霸气，也写出了阿房宫营建修造的气势不凡。赋体能增加状物说理的气势，可以更好地起到进谏的效果。

师：嗯，学以致用！既然大家提到了赋体的传统写法，那么老师就介绍一下赋的文体流变。西汉扬雄在《法言·吾子》中提出了"诗人之赋丽以则"的著名论断，意思是诗人创作的辞赋辞藻富丽，但符合儒家的标准。那些关注现实、对社会有讽谏意义的赋被称为"诗人之赋"，《阿房宫赋》就是典型的"诗人之赋"。老师认为，以"赋"讽谏，较为严肃，较显庄重，凸显了一个封建时代的正直文人的修齐治平、匡世济俗的家国情怀，亦符合杜牧"意为主，气为辅，以辞彩章句为之兵卫"的写作原则。

生：秦始皇奢靡的生活不正是唐敬宗日常生活的影射吗？阿房宫耗费了巨大的财力、物力、民力，才导致亡国。所以，唐敬宗看到此赋，也会有所警醒。

师：教学相长，老师也收获了不少。杜牧想要让君王察纳雅言，就把君王现在的生活还原到了过去的历史情境之中。《阿房宫赋》，写古是外壳，讽今是内核。

[PPT投影展示]

太学博士吴武陵评价说："进士杜牧《阿房宫赋》，若其人，真王佐才也！"

师：杜牧为此文，可想见其人。请从"文如其人"的角度，谈谈对这句话的理解。谁来试试？

生1：从"秦爱纷奢，人亦念其家""后人哀之而不鉴之，亦使后人而复哀后人也"几句可知，杜牧的文和人一样，都有着为国为民的责任担当，在他身上我看到了古代文人匡时济俗、以天下为己任的情怀。

36. 故作惊人之语，积忧成愤作谏书
——《阿房宫赋》教学课例

生₂：这篇课文表面上看似在呼吁要吸取秦亡的历史教训，实际上是以杜牧为代表的晚唐文人们对"大厦将倾"的警示和忧愤。

师：各位讲解员分析得鞭辟入里！同学们，歌德曾说："经验丰富的人读书用两只眼睛，一只眼睛看到纸面上的话，另一只眼睛看到纸的背后。"今天这节课，我们通过透视文本，分析写作意图，揭开了阿房宫神秘的面纱，看到了《阿房宫赋》的内核。相信大家会成为更专业、更具视野、更有深度的讲解员！

四、学习活动四：读写结合，寻脉"阿房"说感悟

下周，我们要在班级范围举行讲解员选拔大赛，组成最强战队前往陕西省西安市参加现场大赛，请各位同学从两项作业中选择自己感兴趣的一项完成。

作业一：1945 年，时年 67 岁的民盟创始人黄炎培到延安考察，谈到中国历史时感叹"其兴也勃焉，其亡也忽焉"，称历朝历代都没能跳出兴亡的周期率。民盟因此召开了一次专题研讨会，会上，有学者引用了《过秦论》与《五代史伶官传序》中的观点，提出跳不出历史周期率的原因是国家仁义不施、人事多谬……你认为呢？请以《阿房宫赋》的学习为基础，融入对"历史周期率"的领悟，写一篇阿房宫的游览推介稿，字数约为 800 字。

作业二：历朝历代都有古代士人为封建王朝逃离"历史周期率"做出自己的努力：魏徵有感于守成之难，敢于犯颜直谏；王安石不避众意汹汹，坚持变法除弊；杜牧总结秦朝覆亡教训，意在针砭时弊；苏洵探究六国破灭缘由，旨在警示当朝。他们无一不胸怀天下，勇于担当。这些例子，都可在游客参观阿房宫的时候进行介绍。请你认真阅读本单元课文，围绕"责任与担当"的话题，准备一篇讲解稿，时间约为 10 分钟。

五、板书设计

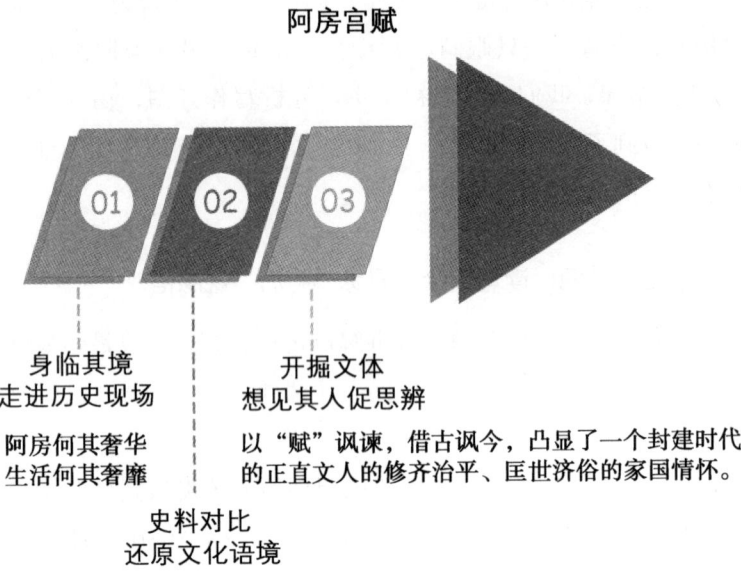

身临其境
走进历史现场

阿房何其奢华
生活何其奢靡

史料对比
还原文化语境

阿房不奢且未建成
杜牧用想象、夸张，刻意强化了阿房宫的
宏伟华美，秦统治者的奢靡无度。

开掘文体
想见其人促思辨

以"赋"讽谏，借古讽今，凸显了一个封建时代
的正直文人的修齐治平、匡世济俗的家国情怀。

37. 灰烬深处仍有余温

——《六国论》教学课例

【前置任务设计】

百家争鸣，评说历史。

六国为何灭亡？自古以来众说纷纭，莫衷一是。请你阅读以下几篇关于谈论六国破灭原因的文章，找出作者观点，进行比较。

学习成果：

篇目	作者观点
贾谊《过秦论》	商君佐之，内立法度，务耕织，修守战之具，外连衡而斗诸侯。
杜牧《阿房宫赋》	使六国各爱其人，则足以拒秦。
苏洵《六国论》	弊在赂秦。
苏轼《六国论》	政治保守，因循守旧，被秦国远交近攻的政策各个击破。
苏辙《六国论》	不知天下之势，不用韩魏之利。
李桢《六国论》	六国皆欲为秦所为而不施仁义。

【教学过程】

一、情境导入

黑格尔曾说："历史是一堆灰烬，但灰烬深处仍有余温。"六国盛极一时，随即为秦所灭，令人唏嘘不已。古人云：以史为镜，可以知兴替。今天，我们便拨开历史迷雾，以六国历史为镜，在灰烬深处寻得余温，于老泉笔下悟透文人情怀。

二、学习活动一：抽丝剥茧，理老泉文章脉络之清

《六国论》是何文体？观其字形，"论"的小篆从言，从仑（表条理），有条理地分析事理之意。

《六国论》，即"论六国之过"。那么苏洵认为，六国灭亡，其过何在？他又是如何进行论证的？请你用思维导图的方式梳理本文文章结构。

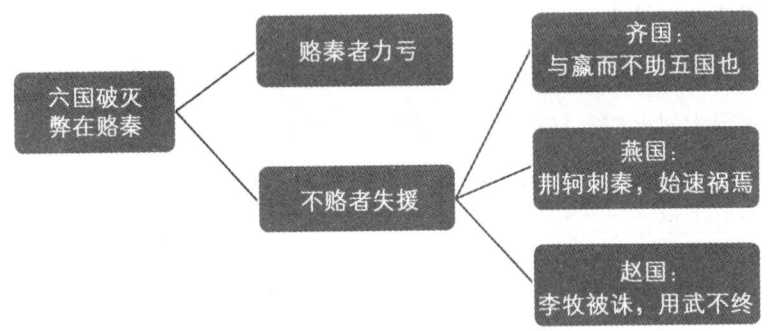

三、学习活动二：洞若观火，审老泉论证逻辑之疏

本单元的核心任务是"倾听理性的声音"，且本课的"学习提示"评价《六国论》是一篇"逻辑严密"的文章，且作者苏洵是"唐宋八大家"之一，贯通古今。于是，大家对《六国论》这一饱受赞颂的经典课文，自是持有天然敬意，对其"六国破灭，弊在赂秦"这一结论深信不疑，可能主动或被动地忽视了很多逻辑漏洞，从而导致了阅读的片面化、思维的浅表化。

同学们，前人是用来挑战的，结论是用来打破的。面对文本，我们绝不能被动接受别人灌输的观点，必须有自己的思考。请大家认真思考以下几个问题：

37. 灰烬深处仍有余温
——《六国论》教学课例

[质疑思考]

1. 割地赂秦是事实吗？

2. 割地赂秦是六国灭亡的唯一（根本）原因吗？若不是，请列举其他原因。

生：

1. 割地赂秦是事实。《过秦论》可印证："秦无亡矢遗镞之费，而天下诸侯已困矣。于是从散约败，争割地而赂秦。"

2. 前置学习成果显示，割地赂秦并不是六国灭亡的唯一原因。综合多方资料，六国灭亡的自身原因如下：不施仁义、不爱人民、兵不利、战不善、不团结、合纵被分化瓦解、因循守旧、不重视改革、内部斗争严重、信念不坚定等。六国灭亡的外部原因如下：秦国采用"连横"政策，远交近攻，各个击破，除此之外，秦国重视变革，国力由此大增。

[点拨启悟] 六国破灭，原因诸多。苏洵将"六国之过"归咎于"弊在赂秦"，太过绝对，实属偏颇，有失客观。我们再深入思考一下，《六国论》一文真的"逻辑严密"吗？是否存在哪些逻辑漏洞（逻辑不能自洽的地方）？

[明确]

1. 观点先行，失之偏颇。

苏洵一开篇便已亮出观点："六国破灭，非兵不利，战不善，弊在赂秦"。然，这个观点立得住脚吗？兵利，战善，六国何至于以地赂秦？以地赂秦显然是在连连战败的不利形势下做出的无奈选择。这不是因果倒置吗？"赵尝五战于秦，二败而三胜。后秦击赵者再，李牧连却之"便是反证，赵与秦的战争，节节胜利，优势明显，在此情况下，根本没有以地赂秦的必要，最终李牧因谗言被诛杀，赵国被灭，还不是"兵不利，战不善"的结果吗？

[点拨启悟] 科学严谨的史论应从历史事实出发，经缜密深入的论证，发现历史发展的某种规律。《六国论》是观点（结论）先行，再寻相应的历史素材佐证其观点。

［资料拓展］历史学家严耕望经考证，指出六国破灭，原因恰恰在于"兵不利，战不善"。六国讲究礼仪，民风文弱；而秦国乃西戎的边陲小国，民风强悍；富家怯弱子弟对阵贫穷勇悍的士卒，自然拜了下风；况秦拥有中国最好的战马产区，以骑兵对阵步兵，优势极大。

2. 论证不充分，欠严谨，论据支撑不足。

［点拨启悟］在论述文中，论据的首要特点就是真实，只有真实才能有效和充分，才能有力地支撑论点。然而在《六国论》中，苏洵所选取的论据却有失历史之真，饱受争议。

（1）苏洵几乎没有论证六国如何"兵不利"，如何"战不善"，而是把矛头对准了"弊在赂秦"。

（2）苏洵对齐、燕、赵灭亡原因的分析都游离于"盖失强援，不能独完"这个理由之外。如认为齐国灭亡是因其"与嬴而不助五国"；燕国灭亡是因其遣荆轲刺秦王，才招致速亡；赵国则因李牧被诛，用武不终而灭亡。

3. 部分论证与史实不符。

（1）"诸侯之所亡，与战败而亡者，其实亦百倍。"苏轼认为六国割让的土地是与秦打仗被兼并的土地的"百倍"，以此来论证"六国破灭，弊在赂秦"。可依据史实，会发现此处应是苏洵故作惊人之语，秦国靠战争兼并的土地远远比六国主动割让的土地要多得多！

［资料拓展］

六国割地而亡：前290年韩割武，前280年楚割汉北及上庸，前275年魏割温，前273年魏割南阳。

六国战败而亡：前293年白起将兵，拔五城。前289年伐魏，取城大小六十一。前285年秦蒙武击齐，拔九城。前278年秦拔郢，烧夷陵。前276年秦武安君伐魏，拔两城。前248年蒙骜伐赵，次年取榆次、狼孟等三十七城。前247年秦将王齕攻上党诸城，悉拔之。前244年蒙骜伐韩，取十二城。

(2) 据《战国策·燕策三》所述，荆轲冒险行刺，是在秦军旦暮渡易水的紧急形势下逼不得已的铤而走险之举，是兵不利、战不善情况下的无奈之举。且《过秦论》中，秦早有包举宇内、并吞八荒、囊括四海之意，"荆轲刺秦王"只是导火线罢了。

(3) "不赂者以赂者丧，盖失强援，不能独完"一句有违史实。从地图上来看，韩、魏、楚三国，与秦接壤，赵稍远，而燕、齐尤远。从战术上来看，秦采用"远交近攻"策略，进行针对六国合纵的分化瓦解。韩、魏、楚割地求和，以求罢兵，并非因为他们愚昧无知，而是秦已兵临城下，白刃在前，只能先以地事秦，稍解燃眉之急；而燕、赵、齐不以地事秦，也并不是因为他们格外明智、义不赂秦，而是秦之侵略尚远，割地求和实非必要。综上，不能以是否"以地事秦"来区分六国灭亡的先后，六国灭亡，秦一统天下，乃自然之势也。

(4) "思厥先祖父，暴霜露，斩荆棘，以有尺寸之地。"众所周知，西周时期是分封制。所以先祖父的土地系分封而来的，并非"暴霜露，斩荆棘"得来的。

4. 论证出格。

以理服人，客观冷静是一般论述类文本进行论证的基本原则。而《六国论》却多有"出格之举"，何以见得？在论证中不加节制、过度投放个人情感。

如文中第 2 段，在论证"赂秦而力亏，破灭之道也"这一分论点时，苏洵不仅运用了"以地事秦，犹抱薪救火，薪不尽，火不灭"的比喻论证，而且还有"思厥先祖父……如弃草芥"这样较无效的论证。比喻论证本身没有问题，但单独使用比喻论证，论证力度是不够的，很难做到以理服人，且深情回顾先祖父创业的艰辛，对于论证"赂秦而力亏，破灭之道也"这一分论点，又有何实用价值呢？

四、学习活动三：思辨阅读，悟老泉深谋先见之智

[质疑思考] 苏洵考究古今治乱得失，颇有建树，为何会出现这样的

逻辑漏洞？是苏洵有意为之，还是对历史事实的误会？

[链接评价] 欧阳修在《荐布衣苏洵状》中这样评价苏洵："文章不为空言而期于有用""博于古而宜于今，实有用之言，非能文之士也"。

[点拨启悟] 苏洵主张文章应"有为而作"，"言必中当世之过"，强调文章要"得乎吾心"，写"胸中之言"，要"施之于今"，要"经世致用"，能够切合当时之重大紧要事件，并对当下有借鉴意义。

生："为什么写"决定"怎样写"，应先明晰苏洵写作此文的现实目的。

[资料拓展] 北宋虽无割地求和，但也屡屡签订城下之盟，每年都要向契丹和西夏上贡大量银两以及商品，加之国内积贫积弱，境况不佳。长此以往，助长了契丹、西夏嚣张气焰，加重了人民负担，损伤了国力，内忧外患，岌岌可危。

[明确] 明代何仲默说："老泉论六国赂秦，其实借论宋赂契丹之事，而卒以此亡，可谓深谋先见之识矣。"可见，苏洵作此文，并不打算"就事论事"，讨论六国为何破灭，而是"借题发挥"，借古讽今，告诫北宋统治者要以史为鉴，切勿重蹈六国覆辙，不要用财物和土地去贿赂契丹和西夏，一味求和，要拿起武器，抗争到底。"苟以天下之大，下而从六国破亡之故事，是又在六国下矣。"作者托古讽今之深意在文章结尾和盘端出。

[PPT 投影展示]

尽管历史事件是固定的、唯一的、不可逆的，但对历史的解读却千差万别，这正是历史无穷魅力之所在。历史一旦被书写下来，"书写的历史"就已经固定下来了，"解读的历史"却在不断地变化，这种变化是一个逐渐累积的过程。后人不断依照自己对人、人性、社会的认识，赋予历史以新的见解，"解读的历史"在这种连绵不断的过程中一点点积累着、丰富着。

——王立群《历史从未走远》

37. 灰烬深处仍有余温
——《六国论》教学课例

[**明确**] 大仲马说："历史是什么，不过是我用来挂小说的钉子。"胡适说："历史是任人打扮的小姑娘。"作家马未都说："历史没有真相，只残存一个道理。"的确，史论讲究的是文学真实而非历史真实，它并不等同于史实，历史在文学家眼中就是一部想象史。对于文学家来说，历史是"召唤结构"，文学家可以根据主观意图对历史事件进行新的"意义建构"，使之服从于写作目的。就像王基伦所说的，史论作者具有双重身份，他是阅读古籍文献的"读者"，同时他又是书写阅读经验的史论"作者"。苏洵正是在"双重身份"下，写就了《六国论》，所谓的"逻辑漏洞"也并非是老泉学养不精，而是他基于现实目的，刻意为之。为了强化"弊在赂秦"的主旨，作者在历史长河中片面选择能支持的资料，对不能支持的资料采取"选择性失明"的态度。我们从唯物史观来看，六国覆灭与秦的统一是历史趋势，六国覆灭并不能全然归因为"弊在赂秦"。

[**点拨启悟**]

读书须"通权达变"，切勿"拘守篇章"。我们实在无须深究《六国论》如何有违史实，存在多少逻辑漏洞，这些与苏洵为文过程中流露出的作为一介读书人对国家前途命运的忧虑和牵挂等真挚情感相较，实在是瑕不掩瑜。

文言已经远去，文化永远留存。我们读《六国论》，要读的不只是灵动的文，更是鲜活的人。老泉文如其人，在写作本文时，他尚未身负功名。一介布衣，却能够博辩宏伟，纵横上下，"造于深微而后止"，以笔为剑，建言献策，直指政治弊病，是何等的难能可贵！其格局之大，境界之高，爱国之深，值得我们深深景仰！

篇目	观点句	写作目的
贾谊《过秦论》	商君佐之，内立法度，务耕织，修守战之具，外连衡而斗诸侯。	总结秦兴亡的原因，为西汉君王提供劝诫。
杜牧《阿房宫赋》	使六国各爱其人，则足以拒秦。	规劝唐敬宗不要贪图享乐而劳民伤财，最终落得亡秦的下场。

续表

篇目	观点句	写作目的
苏洵《六国论》	弊在赂秦。	警告北宋统治者，必须结束对契丹和西夏纳款输银的苟全屈辱方针，用战争来保卫国家的完整、独立，以免重蹈六国败亡的覆辙。
苏轼《六国论》	政治保守，因循守旧，被秦国远交近攻的政策各个击破。	立足宋王朝的时局，借"六国破灭"讽谏"为国者"。
苏辙《六国论》	不知天下之势，不用韩魏之利。	就史论史，目的性不明显。
李桢《六国论》	六国皆欲为秦所为而不施仁义。	立足仁义儒家道统，宣扬仁道。

[明确]

史论文的特征：

1. 寓论于史，观点突出，论断斩钉截铁，聚焦一点，不及其他，常具有排他性、绝对性；往往先预设观点，再用历史去验证。

2. 论证往往基于政治正确，具有现实目的；论述纵横恣肆，语言富有气势。

3. 论证方式以列举法、比喻法居多。

4. 人格、感情、修辞也是论证的一部分。

5. "经学莫盛于汉，史学莫精于宋"，在宋代，史学和史论都十分发达。

6. 写作对象明确，往往是当朝统治者。

五、作业设计

请你阅读课内其他史论文，思考它们出现了哪些逻辑漏洞，又有何现实针对性。

篇目	观点呈现	逻辑漏洞	现实针对性
《过秦论》	仁义不施而攻守之势异也。		
《阿房宫赋》	使秦复爱六国之人，则递三世可至万世而为君，谁得而族灭也？		
……	……	……	……

六、板书设计

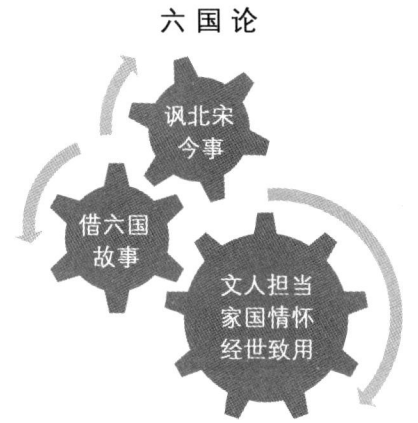

38. 再探蜀道之"难",体悟李白之"心"

——《蜀道难》教学课例

【前置任务设计】

1. 文本互涉:联读《梦游天姥吟留别》《行路难(其一)》《送友人入蜀》等诗歌。

2. 主旨探究:阅读安旗所撰《〈蜀道难〉新探》《李白两入长安始末》等相关资料,探讨关于《蜀道难》主旨的几种观点,并根据史实与时间进行审慎判断。

【教学过程】

一、情境导入

20世纪30年代,闻一多论"诗言志",他认为"诗"与"志"是一个字,并将"志"的含义解读为三层:"记忆""记录""怀抱"。今天,我们要打开李白关于"蜀道"的记忆匣子,重读李白关于"蜀道难"的记录,感受李白的真情怀抱。

《蜀道难》是李白首屈一指的代表作,关于其主旨一直众说纷纭:有人认为它是即事成篇之作;有人认为它是模山范水之作;还有人认为它是赠别友人之作。那么它究竟是一篇怎样的作品呢?今天,我们将再探蜀道之难，体悟李白之志。

二、学习任务一：从难易之辩，悟为情造文

（一）君知"蜀道难"，可知"何处难"？

全诗三度重复书写"蜀道之难，难于上青天！"可见蜀道之难确实异乎寻常。那么"蜀道之难"，难在何处？请大家和老师一起朗读《蜀道难》，并思考这个问题。

[明确]

有道之难：无道已久，开辟艰辛。

行道之难：高危至极，险峻难行。

守道之难：杀人如麻，战祸惨烈。

[小结] 如此看来，"蜀道之难"是客观之难。

（二）君知"蜀道难"，可知"蜀道易"？

蜀道难还是蜀道易？古人时有争鸣。

[资料链接]

1. 在李白之后，中唐诗人陆畅提出了截然相反、针锋相对的观点，他说："蜀道易，易于履平地。"

2. 到了杜甫眼里，蜀道又变得艰难异常。他在《送梓州李使君之任》中说："遇害陈公殒，于今蜀道怜。"

3. 再到与杜甫同时期的诗人岑参眼里，蜀道却又不难了。他在《早上五盘岭》中直言："此行为知己，不觉蜀道难。"

这可真的让我们犯了难，到底是蜀道难还是蜀道易？为什么对待同样的蜀道，古人们会有如此悬殊的感受呢？

[明确] 客观之景会受主观之情影响。蜀道这一客体，"蜀道难"这一客观实际，在不同时代、不同遭际、不同身份的诗人笔下，变得或难或易。所以，蜀道难还是蜀道易？关乎感受者自身的际遇和心境。换言之，一切称心，蜀道则易；一事无成，蜀道则难。

[小结] 如此观之，"蜀道之难"是主观之难。

三、学习任务二：观漫游之路，明李白之心

（一）跟随诗仙漫游，方知"奇"从何来

殷璠曾评价李白的《蜀道难》："奇之又奇。"李白将蜀道写得如此之"奇"，他本人真的来过蜀道吗？为此，老师查阅了很多古籍，根据李白的游踪制作了他的漫游路线。让我们跟随诗仙漫游，一探究竟。

展示李白漫游路线：

27 岁之前，畅游江淮，没有走"蜀道"。

写《蜀道难》前，跟"蜀道"没有交集。

赐金放还游天下，还是没走"蜀道"。

我们再看李白在同个时期写下的另一首诗《送友人入蜀》：

见说蚕丛路，崎岖不易行。

山从人面起，云傍马头生。

芳树笼秦栈，春流绕蜀城。

升沉应已定，不必问君平。

[点拨启悟]开头第一句李白便说："听说蜀道之上，路况崎岖，不大好走啊！"注意，他仅仅只是"听说"。基于此，我们几乎可以确定，李白并没有来过蜀道。

[明确]所以《蜀道难》只能是李白的想象、夸张之作。再者，唐代的蜀道，虽然没有现代交通方便，但也并没有李白所描述的那么难。天宝十四年，安史之乱，玄宗奔蜀，浩浩荡荡的大队人马都可以通过蜀道！李白自己也说过："谁道君王行路难！"

[质疑探究]既是如此，李白为什么要夸大其词，把蜀道写得那么难？

[点拨启悟]高一我们学过《梦游天姥吟留别》，李白也曾这般夸张，

称天姥山"势拔五岳掩赤城",但真相是天姥山的海拔只有762米,根本谈不上"势拔五岳掩赤城"。可见,夸张与想象的背后,必然蕴藏诗人的匠心。

[**明确**]李白作《蜀道难》,意不在"写实",而在于"写心"。

(二)借由知人论世,方知"心"往何处

[**问题提出**]既是写心之作,那么李白写作《蜀道难》时是怎样的心境呢?

[**资料链接**]陈沆在《诗比兴笺》指出:"此则以明七子无病之呻,臆古人失声横涕之什。"

[**明确**]李白写作《蜀道难》时境况不佳,《蜀道难》乃"失声横涕之什"。

[**问题提出**]李白为何"失声横涕"?难道是因送别友人,深感不舍而失声痛哭吗?

[**点拨启悟**]孟子有言:"颂其诗,读其书,不知其人,可乎?"请结合课前自行查找的资料,分析《蜀道难》的创作背景。

[**资料链接**]现学术界公认《蜀道难》写于开元十八年,是李白初入长安寻求机遇,却无成而归,在返乡途中所创作。

[**明确**]试想,如果李白初入长安,便受皇帝重用,还会有《蜀道难》的面世吗?诗人姚合:"李白《蜀道难》,羞为无成归。子今称意行,所历安觉危?"由此可知唐人认为李白写《蜀道难》,是寓有功业无成、蹭蹬失意之意的。

四、学习任务三:从形式秘妙,晓篇中大义

(一)挖掘《蜀道难》的"形式秘妙"

"形式层次隐藏着最深邃的艺术奥秘。"我们还需关注《蜀道难》的形式秘妙。

[**资料链接**]孟棨(一作启)《本事诗·高逸》记载:"(李)白才逸气高,与陈拾遗齐名,先后合德。其论诗云:'梁陈以来,艳薄斯极。沈休

文又尚以声律。将复古道，非我而谁与！'"

[问题提出]《蜀道难》沿用了乐府旧题，乃"复古之作"。请你结合提供的相关资料，说说李白想要复什么样的"古"。

[明确] 李白所尊崇的"古道"，是《诗经》和《楚辞》中运用"比兴"手法来"言志"，从而反映现实的优良传统。

（二）读懂《蜀道难》的"话外之音"

[问题提出] 李商隐曾说："楚雨含情皆有托。"李白作《蜀道难》亦有所托。接下来，我们来深入挖掘《蜀道难》的"意有所托"。蜀道之旅意指什么？蜀道之难意指什么？诗中旅人又是何人？

[明确] 蜀道之旅意指初入长安之旅，蜀道之难意指仕途、世途之难，诗中旅人乃是太白自拟也。

[问题提出]"问君西游何时还？""其险也如此，嗟尔远道之人胡为乎来哉！"这里的"君""远道之人"指的是友人吗？若是为友人送行，怎会尽说些倒霉泄气的话？

[明确] 李白第一次入长安，是从安陆起程至南阳，又从南阳至长安，可谓"西游"。由此可见，"问君西游何时还？畏途巉岩不可攀"乃是李白自问自答，"嗟尔远道之人胡为乎来哉！"乃是李白自嗟自叹。由是观之，跋涉在蜀道的"畏途巉岩"之间的旅人，不正是奔走于坎坷仕途中的李白本人吗？

[问题提出]"锦城虽云乐，不如早还家"中的"锦城"是实指吗？若是，李白为蜀人，何以对自己的家乡如此深恶痛绝？

[明确]"锦城"暗指长安，表示长安虽好，但徒留无益，不如归去之意。"锦城虽云乐，不如早还家"和《送友人入蜀》中的"升沉应已定，不必问君平"一样，都是借他人酒杯浇自己块垒。表面上是劝诫友人别去成都，实际上是劝告自己早离长安。

[问题提出]"侧身西望长咨嗟！"假如李白是在长安望蜀道及成都，应是"南望"而非"西望"。此处不曰"南望"而曰"西望"，为何？

[明确] 分明是他即将东游，回望长安，因此是"西望"。

38. 再探蜀道之"难"，体悟李白之"心"
——《蜀道难》教学课例

[问题提出] 在相对开明的唐朝，入仕为官的途径其实并不少，主要有门荫入仕、科举考试，干谒公卿。李白拥有这么多选择，何谈"仕途之难"？

[明确]

1. 有道之难。李白一生都没有参加过科举考试，为何？《唐六典》规定，"刑家之子，工商殊类不预"，李白的出身决定了他此生与科举无缘，更别提"门荫入仕"。

2. 行道之难。上帝还给李白留了一扇窗——干谒公卿。但"自荐"这条路李白也走得异常艰难。从李白 20 岁向当地父母官益州长史苏颋递上自己的文章《大猎赋》，直至他 59 岁流放夜郎归来，在将近 40 年的时间里，李白从来没有停止过自荐，他变着花样地向各级各类官员推荐自己。可惜，大多数的自荐都如石沉大海。或许，李白的心比天高、率性傲骨，本就不适合这圆滑世故的官场。

3. 守道之难。李白一生积极入世，随时等待入仕为官，可惜期盼了一生，也失望了一生。这何尝不是"守道之难"？

至此，大家发现我们回到了最初的起点：蜀道之难与人生之难，在此回扣呼应。长安近在眼前，理想却相距千里。在离开之际，他痛呼："大道如青天，我独不得出。"此刻的他，既是失意之人，亦是失路之人。这节课，我们由"难"见"心"，由"难"见"志"。如此看来，《蜀道难》分明是写心言志之作，失声横涕之作，字字泣血之作！

五、结语

李白研究专家安旗曾说："好诗如同大海，探龙宫者得骊珠，涉中流者获巨鱼，游汀洲者揽芳草，戏岸边者拾贝壳。各有所得，不亦可乎！"《蜀道难》就是这样一首好诗。老师想请同学畅所欲言，谈谈这一课的收获。

生₁：我们很多时候只看到了李白"仰天大笑出门去，我辈岂是蓬蒿人"的乐观与自信，却常常忽视了他也有"大道如青天，我独不得出"的落寞与失意。我第一次觉得，原来"诗仙"原来并不仙，他也是一个会失落、会失意的普通人，但他有着"永远年轻，永远热泪盈眶"的热血情怀。今天最大的收获就是重新认识了李白，重新认识了《蜀道难》。

生$_2$：诗歌的力量在于直抵人心。今天我们读李白，也是在读我们自己。未来，我们或多或少、或早或晚也会遇到生命中的"蜀道难"，但我们可以牢记李白给予我们的力量——无论遇到哪种"难"，只要心"易"，就不"难"。因为，勇敢能破"万难"。

师：同学们，今天我们并不是要寻找一个确定的结论，而是讨论一种可能。也许我们永远无法给《蜀道难》的主旨一个确切无疑的答案，那又有什么关系呢？主旨的开放带来了解读的自由，或许这就是《蜀道难》恒久魅力所在。

如果说苏东坡对生命有许多"放过"，那么，李白从不"放过"。虽然，李白最终没能实现自己"由布衣而卿相"的理想，但他已然用这份难能可贵的勇敢与纯粹，征服了他生命中的蜀道，征服了今日的我们。有些鸟儿注定是关不住的，它们的每一片羽毛都闪耀着自由的光辉！何况是李白这样一只"一日同风起，扶摇九万里"的大鹏呢？

最后，让我们一起朗诵与《蜀道难》同时期写作的《行路难（其一）》，在李白的自信乐观的精神奏唱中结束今天这堂课。

六、作业设计

请你选择感触最深的一次经历，仿照《蜀道难》，以李白的方式写一写你的"难"。

38. 再探蜀道之"难",体悟李白之"心"
——《蜀道难》教学课例

七、板书设计

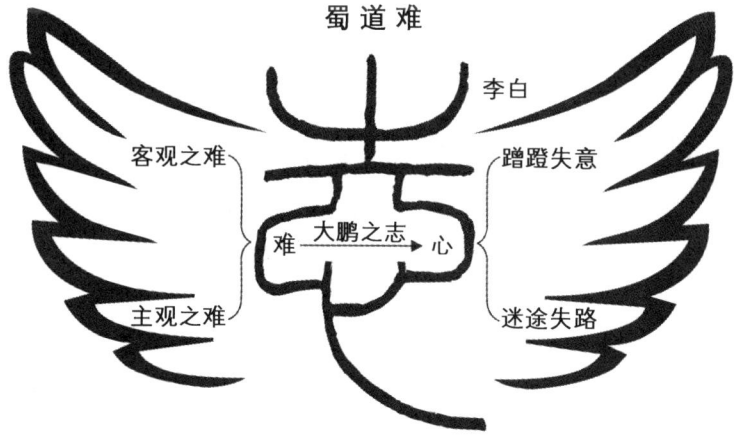

后记一

主动成为一个自觉而深刻的"内自讼者"

黄艳明

出书是一件苦役。关于这一点,倩雯以其跟随我进行六个月"炼狱"般的写书经历应有深刻的体会,而我则每因严重劳损的肩颈、腰椎的疼痛,早已将之视为畏途。每次去理疗推拿,在理疗师"铁爪钢钳"的"施虐"之下,我方明白,原来武侠小说中描摹的令多少侠士闻之悚然色变的"分筋错骨",应不是小说家的虚构。或许,任是豪杰,大概能在一时的刮骨中颜色自若、谈笑风起,却难免在老病相催的消磨中雄心不复、壮志早销。而我不过一介书生,当此情境,不免名心渐淡,几不复有踔厉竞逐之意。故在2019年年初,当我的第四部著作《上出语文味——中学语文课堂上的文学涵泳、文化熏陶》终于出版,想起理疗师"损则调,劳则休"的殷殷告诫,便有搁笔之念。于是,此后三四年,除了一亩三分地的课堂本务以及市教科院的一些杂务,竟然真的连一篇论文都不曾动笔。

师者,以课立身。我素来认为,一方课堂,三尺讲台,应是为人师者该心怀敬畏的地方。虽然这几年论文不再写,著述不愿作,但对于每一节课的精心打磨,则未曾稍懈。加之近年来,指导年轻老师开课,指导集美大学硕士生赛课,于教材文本的苦心孤诣处,多有会心处,于课堂学习活动的创设,亦不乏灵思巧构处。尤其是自新教材启用以来,如何上出基于素养本位、指向深度学习、符合新课标理念的新课型,亦如切如磋,如琢如磨，苦心以求，也有颇多自得处。如是几年，竟也累积有数十个自己较为满意的课例，虽不足为他人法，然能使人开卷有益、深思有得，此中应亦有自负处。于是，著述之心复萌，但每想到完成一部书稿，洋洋一二十万字，那隐隐作痛的肩颈、腰椎无不时时在提醒，莫要再生此念想。

去年九月底，倩雯突然说要拜我为师。我听闻后，不免惶恐。此时的倩雯，入职虽仅六年，已是厦门教师技能大赛特等奖得主，是厦门语文界一颗耀眼的新星。此时的她，和我同为厦门学科指导组成员，我们常在一起命题、磨题，一同撰写高三各轮的指导材料，她所展现出来的才华、学识，所表现出来的拼命三娘式的工作态度、严谨务实的治学精神，便已让学科组的老师们钦服不已。故当她说要拜我为师，我不禁惶然踌躇起来：若只是虚有师徒之名则非我所愿，但以倩雯的能力水平，我还能教她什么呢？然谦虚好学的倩雯，拜师之心甚坚，我虽屡辞而不获允，遂想到著书之事，就对她说："那我带你写一本书吧。"于是，我们师徒就开启了一段"不堪回首"、至今"心有余悸"的"魔鬼"式的课例写作之旅：在高三紧张忙碌的复习进程中，在市学科指导组各轮材料撰写以及历次质检命题的高压之下，我们每周整理、撰写一个课例，每周互相提供五千字以上的文稿。事非亲历不知难，高三这一年，我们师徒二人，各自提供给市教科院不下十万字的文字材料；各自撰写的书稿，其文字量亦不亚于此数。而今抚着厚厚一沓散发油墨香的书稿，不禁在想，如果不是邀请倩雯加盟，不是高三这一年来我们两人的互相鼓励与支撑，以我疏懒的个性，这本书的面世，不知又将拖到猴年马月。以往凡我出版的著作，常常迁延岁月，非历数年不能成一书；有些写作计划，亦常常写了开头甚或写了大半，竟终至搁置一旁，无疾而终，不胜浩叹。所以，关于本书的写作，与其说是我带着倩雯在写一本书，毋宁说是倩雯一路推着我，与我一同成就了这本书。

新课标、新教材背景之下的新课程设计、新课堂创设应该是什么样子呢？学界至今争议未休。专家们所要倡导的、所想建构的理想的课型，与一线教师所能做到的程度、所能达到的层级，二者之间，依然存有难以逾越的鸿沟巨壑。一线老师要将专家们"想得到的美丽",转化为师生"看得到的风景",并落地为"走得到的景点",谈何容易?但是,不因难为而不为,不因棘手而束手,应是我们该有的态度。身处多改并行、多改交融的教育大变革的时代之下,与时俱进、因机制变,是为人师者的应有之义。苔花如米小,誓学牡丹开,我和倩雯整理、撰写、出版的这38个课例,其实也是我们自己投身于改革洪流之中,用自己积极的教育实践,拿出的专属于我们自己的改革方案与成果。

　　细心的读者会发现,本书的38个课例,除了少数的组(群)文教学课例,大都是单篇教学的课例。这与当下言必称"大单元教学""学习活动群"的课改主流,似乎是相悖离的。民国教育家萧承慎有一句话说得好:"最优良之教法是教师审度自己之才识、学生之个性、教材之性质,而取其在此三方面皆能产生最大之效率者。在实施上,绝无单独存在之最优良的方法。"新课改之下,大单元教学似在突然之间就变成了唯一的"对",而讨论单篇教学、组(群)文教学,似乎开口就错,就不符合课改精神。这种狂飙突进式的非左即右的课改主张,本身就值得警惕。我们始终坚持认为,倡导"大单元教学""任务群"学习,与进行单篇、组文教学并不矛盾。新课程下的单元,是在单元主题统摄下的任务群学习。一个单元就是一个整体,就是一个完整的学习故事,就是一种自成小天地的课程。为人师者要有大单元的视野与站位,要有大单元一体化的理念。而大单元视域下的单篇或组文,是单元整体中的不可或缺的一环,是达成单元学习目标、实现单元主题的要件。以单篇或组文教学的方式依然是完成大单元学习的重要手段或途径。我们以A、B、C来标示单元的篇章,它们用以代表单篇或组文。以大单元为旨归,那么,单篇、组文的教学组合方式,可以有如下三种方式:

$$A \Rightarrow B \Rightarrow C \Rightarrow ABC \quad \begin{matrix} A \\ B \\ C \end{matrix} \Rightarrow ABC$$
$$A \Rightarrow AB \Rightarrow ABC$$

　　所以,我们设计的单篇或组(群)文课例,正是在大单元的视域下,从单元结构化的概念出发,以培养学生核心素养为目标,以前置任务为驱动，设计具有挑战性、富有语文味的情境活动，引领学生自主探究，让其切实体验文本的精妙处、苦心孤诣处。这是我们设计的每一个课例的初衷与目标，是我们在新课改实践中拿出的方案与成果。但限于作者师徒的水平有限，课例的设计或亦有与课改精神不相契合处，活动的创设或亦有与学生真实体验相疏离处，文本的解读或亦有与作者本意相悖离处，等等诸多不足，则有待于方家、读者不吝批评指正，以匡我们师徒之不逮。

孟子说过，人之患，在好为人师。我师其言久矣，故每以此自诫。我们整理、撰写自己的课例，首要目的，并不是"为人师"。于这 38 个课例的品质，我们自然有几分笃定的底气与自信，但我们亦不至于狂妄到认为，我们的课例就是标杆，就是典范，就足以为天下法，就要他人向我们学习。孔子说，吾未见能见其过而内自讼者也。内自讼，是一种深刻自省的方法。能内自讼者，孔子认为这种人是稀缺的。我们整理、撰写自己的课例，其实就是一遍又一遍地复盘并深刻省察自己的课堂，从而总结、反思自己教学上的得与失。主动成为一个自觉而深刻的"内自讼者"，才是我们的首要目的。当然，我们的课例，如果能给别人带去更多思维上的碰撞，带去更多文本解读方面、活动创设方面的启发，则亦是我们之所愿。晚清画家吴昌硕殷殷告诫诸门人曰："化我者生，破我者进，似我者死。"希望本书的读者，能在阅读之后深思有得，既能巧学妙化，融入自己的课堂；又能突破本书的苑囿，创设属于自己的精品课堂。

本书在出版过程中，得到许多师长、朋友的扶持和帮助，感激之意、感恩之情虽铭诸肺腑，然亦不可不借此机会，以拙笔一倾肺腑。

鲍道宏教授是我素来仰慕、仰止的长者。大概在十年之前，鲍老师曾莅临安溪，彼时无知无畏的我，就贸然拿着两本至今我已羞于示人的著作，去向鲍老师请益。鲍老师不以冒昧而见拒，不以浅陋而忽之，亲切指导，殷殷鼓励，至今思之，犹自感怀不已。之后，在一次江浙名校的考察之旅中，鲍老师亲自带队，我有幸成为其中一员，沿途聆听鲍老师指点江山，深为鲍教授的博学广识所折服；一路聆听鲍老师在不同情境中阐发的教学思想，亦如开蒙瞽，眼界顿阔。几年后，辗转来厦，因为调动，身心俱疲；又因两地奔波，劳顿不堪：彼时颇有内外忧煎之感。而在厦门某次学术会议上，又偶遇鲍老师，他一眼认出我，温语问询，并加以鼓励，亦让我深受鼓舞。屈指算来，认识鲍老师，倏忽已十载，愚钝落后如我，虽苟且浮沉于世路之中，但对于教育的诗与远方的追寻，亦不敢稍停履迹。我就像是班级中的一位后进生，自知资质鲁钝，然幸在老师的关注、厚爱与鼓励下，不曾放弃努力。这一部与倩雯合著的书稿，就有如我完成的一份作业，或许内容无足取处，但对于一位后进生而言，最大的心愿，实莫过于得到老师的肯定与鼓励。于是，本书之序，虚席久矣，翘首以盼。鲍老师虽百务缠身，亦慨然应允。此中道谊深情，铭感五内，不敢稍忘。

　　汲安庆教授是我素来敬慕、钦服的学者。始闻其名，亦大概在十余年前。当时，我偶有论文见诸《福建教育》，故常订、常读该刊，发现该刊有一名家专栏，专栏长驻作者便是汲老师。彼时，我正为自己已发表一二十篇论文而自负自喜，但每读到汲老师的文章，顿生"吾非至于子之门则殆矣，吾长见笑于大方之家"之感慨，始知自己所造之境不过是观海之河伯、窥天之井蛙而已，亦始知学术之境界是何等之广大，而自己之思考是何等之浅陋。后来有幸加了汲老师的微信，虽交流不多，但常常暗自学习其朋友圈发布的观点、文章，获益匪浅。人之相交，往往久而愈疏；然于汲老师，则是久而愈敬，其渊渟岳峙般的涵养、光风霁月般的品格，怎能不让人敬慕、钦服呢？李白在《与韩荆州书》中曾云："今天下以君侯为文章之司命，人物之权衡，一经品题，便作佳士。"我前后两本著作，亦有幸得到汲老师数语品题与肯定，这也让我对自己作品增加了底气与自信。此中道谊深情，铭感肺腑，亦不敢稍忘。

　　赵艺阳老师、周志强老师是我在安溪一中时的两位恩师，前者以名师身份驰誉，后者以长者襟怀见称。两位恩师业已退休，而我也早已离开安溪一中。但每有机会，我都喜欢去拜访他们，再聆教诲。赵老师或许是惜我略有薄才，每劝我应踔厉而进；周老师或许是怜我奔波苦辛，常诫我应止所当止。不论是"进"是"止"的或劝或诫，都是二位恩师对弟子的关注与厚爱，我都铭刻于心，不敢稍忘。陈茜茜老师是我在集美中学的指导老师，茜茜老师更像是一位知心的姐姐，在教学、治研上，都给予巨大的帮助与细致的指导。本书的出版，亦屡屡得到茜茜老师的指导、肯定与鼓励。杜甫曾言"转益多师是汝师"，我是何等的幸运，能得到这三位恩师的教诲、提携、帮助；如果说我能在治学、治研方面取得一些成绩的话，亦尽是得益于三位恩师的指导、鞭策与鼓励。感恩之心，笔劣文拙，实难尽表。

此外，杨书松老师不以我之菲才纳进他的省名师工作室中，三年之间，工作室活动的足迹遍布八闽，我亦全程蹭吃蹭喝兼蹭学，获益极大，也结识了林汇波、郑宣福、吴朝晖等一大批学有专长、术有专攻的志同道合的好朋友。杨极生老师曾与我在同一"战壕"中命题磨题，又是我的市学科带头人培训班指导老师，亦师亦友，惠我多矣。好兄弟庄学培、黄昭文亦襄助极多，学培兄欣然为本书题写推介语，昭文兄慨然为本书题写书名，皆让本书增色生辉不少。本书的责编周敏老师、美编季凯闻老师，自2012年因我的一部著作《审视与建构——中学语文教育之道探索》结缘，至今三部书稿，皆经他们之手。以上诸君子，谨在此一并致谢。

当然，要致敬、感谢的师长、朋友还有很多很多，比如陈岩立、胡卫东两位教研员；比如学科指导组一同"鏖战"的小伙伴们；比如年级302办公室亲如一家的小伙伴们，比如一起同甘苦、共奋斗的备课组团队，限于篇幅，不再赘述。前进的路上，感恩有诸位一路相伴、相扶、相助，书难尽言，言难悉意，然皆寸心铭感，不敢稍忘。

是为记。

后记二

三十而立，繁星不怕被看作流萤

余倩雯

　　三十而立，立什么？立著、立志、立行。

　　三十而立之年，我拥有了第一次出书的机缘。

　　机缘何起？2022年9月底，我应艳明老师之邀，为集美中学高中语文教师和集美大学研究生开设教师专业成长讲座。这场讲座前前后后准备了十余天，开讲当日持续了三个小时，我却丝毫不觉疲惫。为何？皆因格外珍视此次的交流机会，更恐有负艳明老师的信任。此后，交流渐多，我发现艳明老师不仅自身文学素养深厚，专业本领过硬，还对青年教师的成长尤为挂心，往往倾注心力，不求回报。这般才情，此等情怀，着实令人钦服，故而斗胆拜师，亦承蒙不弃，收于门墙。此后，无论是学术研究，还是为人处世，处处皆能感受到吾师学养之深厚、文采之飞扬、人格之正大。我于耳濡目染之间颇为受益。得此良师，实乃我之大幸！

　　2022年10月某日清晨，师父致电邀我合著一书。于我而言，出书是巨大挑战，彼时我同时承担副段长和高三备课组长之职，时间和精力实在有限；但这也是难得机遇，让我得以深度整理、淬炼、锻造六年以来的教学成果；同时，这更是无上信任，师父于万千优秀教师中独邀我加盟，这般信任，怎能辜负？于是，未有片刻犹豫便欣然加入。由此，师徒二人便开启了"艰苦卓绝"的著书之旅。高三毕业班繁杂事务之多、压力之大可想而知，而每周我们必须雷打不动地完成不少于五千字课例的撰写，个中艰辛自不待言。可师徒合力共为，同舟共济，一路互相鼓励，终将洋洋洒洒二十多万字的课例如期完成，完稿交付的那一刻，志满意得，竟颇有"提刀而立，为之四顾，为之踌躇满志"之感。

三十而立之年，我蓄积了第一次出书的底气。

底气何来？这要从我个人的专业成长说起。2020年，入职的第五年，我参加了对我影响至深的一场比赛——厦门市第五届中小学幼儿园教师技能大赛。在此之前，我仍处于茫无头绪、野蛮生长的职初阶段，课堂教学尽显稚嫩、毛羽未丰，更何况赛场上高手云集，我如何能脱颖而出呢？但"躺平认输"不是我的风格，于是我开始加倍认真地研究教学理论，深耕课堂，扎实备课，打磨课例，致力于更为精细化、专业化、体系化的文本解读和课例撰写，于浩瀚文海中寻觅明珠，在百家争鸣里发表创见，最终获得了特等奖的殊荣。此后，我又参加了基础教育精品课比赛、优质课比赛、创新赛……

比赛总有终点，但专业成长没有终点。赛后，我时常能感受到比赛带来的"后坐力"，比赛的意义不在于胜负名次，而在于以赛促教，以赛促学。此后，我会自觉、主动地把每一堂日常课都当成示范课，反复雕琢，淬炼内功，力求上出深度、上出广度、上出温度、上出新意，日积月聚，亦略有得意之作。这些精品课例便是我在六年的教学生涯中用时光打磨、用精力培育、用心血浇灌、用思考锻造的宝贵财富，虽不敢以完美相称，却皆为倾尽心力之作，敬请诸君批评指正。

三十而立之年，我兑现了第一次出书的理想。

理想何为？此番将课例收集成册付梓，既有敝帚自珍之意，亦存有益于人之心。莫尔查斯曾说："我们始于迷茫，终于更高水平的迷茫。"我与诸位一样，在中学语文课堂教学研究之路上孜孜以求，躬耕不辍，常常有所得，亦时时有所感。"三新"背景下的中学语文教学，该走向何方？私以为："教无定法，贵在得法。"而中学语文教学的"法"，一是想方设法把话筒"还"给学生、把思辨"还"给学生、把课堂"还"给学生。为何要"还"？皆因在过去的传统课堂中，学生发声的少，教师主宰的多。如何"还"？昆体良、卢梭都表达过"节制自我力量，俯就学生能力"的理念，于我心有戚戚焉。何为"俯就学生能力"？其实就是让学生层面的课程知识多多出场，从学生的所思所想出发，在学生的能思能想范围内，达到学生的应思应想。二是要深度挖掘文本的苦心孤诣处、细节矛盾处、艺术创新处、空白处、反复处。师生一同披文入情，沿波讨源，向文本更深处漫溯，切勿落入"有接触，没感触；有广度，没深度；有他见，没己见"之窘境。三是要更新课堂样态，优化教学流程。以创设教学情境、优化问题链条、适时科学引导、导向高阶思维、鼓励模仿创生、细化评价设计六环节串联教学，真正实现"情境启动、任务驱动、教师引动、学生主动、师生互动"的灵动课堂。

或曰："以上课例，多为单篇教学，似乎不够时髦。"其实，在大单元、大主题、大概念、项目式学习等理论盛极一时的当下，单篇教学并未"过气"，特级教师程翔老师一句"单篇不单"，一言中其肯綮。何出此言？若无单篇的丰厚，何谈单元的视野？若无具体而微的深度解读，何来登高临下的思辨整合？若无涓涓细流，绵绵发力，如何汇聚江海？将单篇教懂、教厚、教透，在此基础上再谈大单元教学，方才切合时宜，方能锦上添花。简言之，任何课例的设计，只要有益于学生高阶思维的培养、核心素养的落地、关键能力的提升，都值得被认可、被借鉴、被推崇。"知我说法，如筏喻者，法尚应舍，何况非法"，惟愿你我不拘泥于旧的枷锁，不困顿于新的樊笼，不随波逐流，不人云亦云，因时而教，因势而教，因应而教。

中学语文教学之路，虽道阻且长，却风景无垠。加缪曾说："人类无法超越自己的局限，但却终加深对它的认识，超越矛盾，反抗矛盾，方使人为人。"故师徒二人点灯埋首，历时数月，几度增删，终得此书，以期不断突破自身局限，亦希冀诸君能有所收获，助益教学。

浩瀚宇宙中，群星璀璨，光耀寰宇，而我仅是其间一颗极为渺小的星星，普通又平凡，倔强地发着自己微弱的光。在我的成长旅途之中，围绕了很多生命中的"重要他人"。正是他们的"看见",让我不再平凡。

感谢温润如玉、暖若春风的冯渊老师,在茫茫人海中向我发出约稿,并于百忙之中为本书亲撰荐语。要知道,这对于小小的我来说,是多么可贵的信任啊!在此之前,我便已时常拜读冯老师的文章,文字细腻,至真至诚,极富灵气,纵横自如。每每读毕,总觉酣畅淋漓,豁然开朗。然,冯老师对我的影响,绝不止于专业。在此,我斗胆提出一个观点:"有温度的人才有深度。"人如其名,冯老师的专业水平自是如"渊"一般深不可测,但冯老师的深度,绝不仅来自于他渊博的学识,更来自于他对万事万物的珍视和共情。冯老师多次在交谈时提及自己从低洼处起步,走了许多弯路,如今更应该分享自己的经历,让青年教师从更坚实的地方起步,少走一些弯路,至少比他走得更稳健。听闻此言,我甚是感动。只有对万事万物热爱到极致、怜惜到极致的人,才会有这样细腻的笔触、犀利的洞见、惊艳的文采啊!我渴望像冯老师一样,做一个"如饥似渴地汲取知识"的人,做一个"拒绝停滞"、敢于"不断逃离"的人。高山仰止,景行行止,虽不能至,心向往之!

感谢温文尔雅、博学多才的师父——黄艳明老师,是他带我推开了写作的大门。我的学术趣味、学术追求甚至处世准则,多来自他的影响。师父课余最喜案头书卷香,那些令人望而却步的古籍,却是他的心头之爱。他的课堂文化气息浓郁,独具魅力,往往以己所知,助人抵达,于是俘获了一众"生心",从学生常亲切地称其为"黄公"便可见一斑;作为备课组长,他不仅深耕自身课务,钻研课堂新法,还常常想方设法为青年教师的成长铺路搭桥。我有幸拜入师门,无论在为业,还是为人方面都颇为受益。师父待我极为宽厚,每当我在教学上遇到疑难杂症的时候,他总是毫无藏私、倾囊相授。他脚踏实地、勤勉为学的专业态度深刻地影响着我:教学之路,步履坚实,莫为繁花遮眼;静水流深,莫效浅滩哗。应平静且匀速地蓄力,简单且持续地坚持。

感谢陈岩立和胡卫东两位教研员,他们恰如其分的鼓励、正当其时的宽慰、各尽其能的关切、无比专业的指导,让我得以摆脱稚嫩,迅速成长；感谢汲安庆老师，他对专业的痴情与坚守深深地感染着我；感谢陈冬梅老师，我的耳畔时常会响起她不吝言辞的温柔鼓励；感谢李莉莉老师，在我高中求学阶段，专业过硬的她早已是我崇拜的超级偶像；感谢陈文斌书记，在我备赛时倾力支持，为我寻觅良师；感谢厦门市中学语文界诸多优秀教师，他们让我真切地看见"优秀"和"专业"的模样；感谢身边这一群志同道合、一路相互扶持的小伙伴们，他们给了我继续前行的勇气和信心。

路过我们生命的每个人，都参与了我们，并最终构成了我们本身。我曾听闻，一个人必须拥有很大的福德，才能遇到把自己唤醒的人。如此说来，能够得到那么多帮助与爱护，我真是有福之人！真心感谢出现在我生命里，将温暖与善意赠与我的每一个人。纸短情长，因篇幅所限，无法逐一致谢。师友之大爱，定时时铭于心，久久不相忘。

最后，我还想郑重地感谢一个人，那就是——我自己。入职的前四年，我几乎处于迷茫无措的蒙昧状态，专业表现平平无奇，直到后来参加了技能赛，勉强算得上"一鸣惊人"。很多人认为我的成长之路异常顺利。但只有我自己知道，在这快速成长的三年里，常有不为人知的焦虑、忐忑，也有不被看好的委屈、无助，还有始料不及的受挫、失意。三年过去了，我的心境早已全然不同。如今的我已然像一只耐火的"蝾螈"，能够若无其事地穿过"大火"，坦然地面对所有。常常会有人说："好像什么都难不倒你。"其实，我也时常遇到挑战和阻力，只是我从不选择逃避，而是勇敢面对。因为，人只有受到阻力时，才能触动自己。一个人一旦通过这种野性的方式触动自己，心里便会一片透亮，感觉特别有价值感、幸福感，而人一旦体会到这种感觉，就不肯放弃了。这种愉悦一定是在路上探索才能体会的。所以，拯救我们的不是任何道理或技巧，只有直面的勇气。我要感谢自己，在任何艰难时刻都未曾放弃，始终相信心里的那团小火，有莫名的神在保护着它燃烧不灭。我也相信自己，能将每一个辛苦努力的日常，化为未来游刃有余的锋芒！

"以深深的谦虚与忍耐去期待一个新的豁然贯通的时刻。"长辔远御，初心不移。感谢每一个读到此书的你。